EINWÄNDE GEGEN DEN ISLAM

von

MUHAMMAD QUTUB

Übertragung aus dem Arabischen von
Amina Saleh-Ronnweber

Erste arabischsprachige Auflage 1958
Korrekturen: Tilmann Schaible

كتب . فيديو . كاسيت . خدمات

S
K مؤسسة بافاريا للنشر والإعلام والخدمات س.ك.د
D **Bavaeria Verlag & Handel Gmbh**

Franz-Joseph-Str. 31, 80801 München
Telefon 089 / 333567 , 392080-88-89
P.O. Box 43 10 29 , 80740 München
telex 5 214259 slm, Fax 089/ 3401411

I . S . B . N . 3 - 926575 - 25 - 5

دار التوزيع والنشر الإسلامية

٨ ميدان السيدة زينب – القاهرة

تليفون : ٣٩١١٩٦١ – ٣٩٠٠٥٧٢ . ص . ب : ١٦٣٦

ISLAMISCHER VERLAG

8 ALSSAYEDA ZAINAB PLATZ / KAIRO

TEL.: 3911961 - 3900572 . PO.: 1636

Vorwort des Übersetzers

Preis sei Allah, dem Herrn aller Welten, der den Menschen die Möglichkeit zur Unterscheidung von Gut und Böse, Recht und Unrecht gab, und ihnen die Freiheit der Entscheidung schenkte, und sie dadurch von allen anderen Geschöpfen unterschied. Gottes Segen sei mit den Propheten, die den Menschen Gottes Offenbarung mitteilten, auf daß sie Rechtleitung fänden. Und Gottes Segnungen und Sein Frieden seien mit dem letzten, dem Siegel aller Propheten, Muhammad, der uns in allen Lebenslagen ein Vorbild ist, und der uns die letztgültige, allumfassende Schrift Gottes übermittelte.[1]

Das vorliegende Werk erschien in seiner ersten Auflage bereits im Jahre 1958 und stammt von dem Bruder des berühmten Korankommentators Sayyid Qutub, der von ʿAbdul-Nassir trotz zahlreicher Interventionen von Gelehrten und Politikern der verschiedensten islamischen Staaten wegen seiner kritischen Einstellung gegenüber der Staatsführung zum Tode verurteilt wurde.
Auch Muhammad Qutub lebt bereits seit vielen Jahren fern seiner eigentlichen Heimat Ägypten als Universitätsprofessor in Saudi-Arabien. Er ist Verfasser zahlreicher islamischer Schriften und Bücher und anerkannter Gelehrter des islamischen Rechts.

Dieses Buch nimmt gemäß Entstehungszeit und -ort starken Bezug auf lokale Verhältnisse und Entwicklungen. So ist es vorrangig auf die politische, wirtschaftliche, soziale und nicht zuletzt religiöse Situation Ägyptens zugeschnitten. Man kann jedoch mit Sicherheit behaupten, daß ähnliche oder gar identische Verhältnisse in allen anderen Staaten des islamischen Ostens zu jener Zeit gang und gäbe waren, was auch den enormen Erfolg dieses Buches erklärt, das in viele Sprachen übersetzt wurde.

Manche Themen, die angesprochen werden, mögen uns auf den ersten Blick etwas überholt erscheinen, besonders die oftmalige Erwähnung des Kommunismus und die verschiedenen Stellungnahmen dazu. Doch sind die Gedanken, bzw. die Anschuldigungen, die gegen den Islam vorgebracht werden, auch heute noch genauso vorhanden und sie werden von verschiedensten "Kritikern" gehegt und gepflegt wie eh und je. So hat dieses Buch auch heute noch durchaus nicht seine Schlagkraft verloren, wenn sich

[1] Der muslimische Leser soll erinnert und gebeten werden, bei der Nennung des Propheten Muhammad den üblichen Segenswunsch anzufügen!

auch der Verfasser selbst von seiner damaligen Vorgangsweise zu einem späteren Zeitpunkt distanziert.
An dieser Stelle möchte ich erwähnen, daß es sich beim vorliegenden Werk um eine Übertragung des arabischen Textes ins Deutsche handelt, wobei ich aus Rücksicht auf den unterschiedlichen Sprachcharakter weniger die wortwörtliche Übersetzung im Auge hatte, als die Übernahme des gedanklichen Aufbaus und der Beweisführung des Verfassers.
Was für den europäischen Leser interessant sein mag, ist die Erfahrung der gesamtpolitischen Situation des Orients jener Tage, die besonders in den Entwicklungen der letzten Wochen und Monate wieder an Aktualität gewonnen hat. Die Geschehnisse in den islamischen Staaten mögen viele in Unruhe oder gar in Angst versetzt haben, nicht zuletzt bedingt durch die verschiedensten Berichte, die uns immer wieder erreichen. Es ist schwierig, sich in diesem multimedialen Kreuzfeuer zurechtzufinden. So mag dieses Buch dazu verhelfen, so manchen Einblick in diese diffizile Situation zu gewinnen, die für den Großteil der Bevölkerung jener Länder schon seit langem unbefriedigend, kaum ertragbar und voller Widersprüche ist.
Die Aggression, die aus dem Buch manchmal spürbar wird, sollte jedoch keine Aversionen hervorrufen, sondern aufmerksam darauf machen, daß es nicht der Westen alleine ist, der nach seinen Vorstellungen zu leben wünscht (wobei es heute kein Geheimnis mehr ist, daß wir uns unseren Wohlstand auf Kosten anderer haben schmecken lassen). Es sollte vielmehr endlich damit begonnen werden, zu erkennen, daß es nicht nur der American Way of Life ist, der der Menschheit Fortschritt und Segen beschert. Die Unruhe und Unsicherheit über die Situation der Menschheit ist heute überall auf der Welt spürbar, der Aufbruch oder die Umkehr zu anderen Wegen, Lebensinhalten, Lösungen hat bereits eingesetzt, und ehemalige Giganten kämpfen heute ums Überleben. - Uns bleibt nur die Hoffnung, daß in diesem Kampf das Gute siegreich hervorgehen wird, und daß wir zu jenen gehören, die auf der Seite des Rechts stehen!

Und wir wenden uns an Allah, dem Schöpfer alles Seins, und bitten Ihn um Seine Führung, damit wir den rechten Weg erkennen mögen!

Amina Saleh-Ronnweber Dezember 1993

INHALTSVERZEICHNIS

بسم الله الرحمن الرحيم

Bismi-llahi-r-rahmani-r-rahim

"Doch diejenigen,
in deren Herzen
(Neigung zur) Abkehr ist,
suchen gerade
die nicht so klaren (Verse) heraus,
um sie (nach Gutdünken) zu deuten.
Aber niemand
kennt ihre Deutung
außer Gott."
(3:7)

Vorwort zur elften Auflage

Bereits mehr als einmal nahm ich mir vor, dafür zu sorgen, daß dieses Buch nicht mehr zu der Liste der von mir verfaßten Werke gehört, die neu aufgelegt werden.
Dies, obwohl ich weiß, daß es sich bei der islambegeisterten Jugend besonderer Beliebtheit erfreut und in mehrere Sprachen übersetzt wurde. Diese enthusiastischen Leser glauben darin Antworten auf die Vorwürfe zu finden, die die Feinde des Islam ihnen in die Wege legen, und auf die sie keine Erwiderung parat haben. Aus diesem Grund mag dieses Buch eine Hilfe für die muslimische Jugend sein, die sich damit für den Wortstreit mit jenen Zweiflern ausrüstet.

Trotzdem ich das alles weiß, und gerade deswegen, nahm ich mir bereits mehrmals vor, dieses Buch nicht wieder aufs Neue erscheinen zu lassen !
Der Grund dafür ist nicht, daß ich meine Meinung über die Ausführungen, die in diesem Buch behandelt werden, geändert hätte - mit Ausnahme einer Richtigstellung im Kapitel "Der Islam und die Sklaverei" - sondern weil sich meine Einstellung zur Methodik dieses Buches verändert hat.
Es werden zuerst die verschiedenen Einwände der Gegenseite geschildert, sodann folgt die Erwiderung darauf, um sie außer Kraft zu setzen. Heute nehme ich dazu eine andere, ernstere Stellung ein, da eine solche Vorgangsweise den Zweifeln und den Gerüchten um den Islam eine Wichtigkeit verleiht, die diese nicht verdienen. Außerdem gibt sie ihr den Anschein einer Rechtmäßigkeit, die uns dazu zwingt, sie ernst zu nehmen und zu respektieren. - Als würde die Religion Allahs nach unserer menschlichen Anstrengung verlangen, um zu beweisen, daß sie mit diesen Anschuldigungen nichts gemein hat und frei von Fehlern ist!

Als ich dieses Buch vor mehr als zwanzig Jahren verfaßte, stützte ich mich insgeheim darauf, daß die Ablehnung der Götzendiener, der Juden und Christen bezüglich des Korans und seiner Offenbarung an den Propheten dort selbst beschrieben werden. Selbst die Bezweiflung der Göttlichkeit wird im Koran geschildert und darauf erwidert, ohne daß dadurch der Anschein erweckt wird, dem Unglauben Rechtmäßigkeit oder Wichtigkeit zu geben.

In Wahrheit sollte dieses Buch, auch wenn es den Eindruck erweckt aus defensiver Position geschrieben zu sein, eigentlich seiner Konzeption nach eine Offensive auf jene abwegigen Gedanken sein, die sich aus dem

Unwissen um die Wahrheit des Islam ergeben und politische Realität geworden sind. Diese Attacke war es auch, die den zeitgenössischen Orientalisten Wilford Cantwell Smith in seinem Buch "Islam in Modern History" dazu bewegte, über dieses Buch und seinen Autor Tiraden der Schmähungen und Beschimpfungen loszulassen. Wäre es nur einfach um eine Verteidigung des Islam gegangen, wäre dieser Rachezug nicht ausgelöst worden. Vielmehr gibt Smith selbst an, daß ihn am meisten die wilde Kritik des Verfassers an der westlichen Zivilisation störte und dessen Verständnis der Probleme, das die seiner Meinung nach Verantwortlichen dafür als die "Feinde des Islam" bezeichnete.

Und trotz allem haben mich meine Erfahrungen auf dem Feld der islamischen Schriftstellerei und der Arbeit für den Islam während all dieser Zeit gelehrt, daß das Eingehen auf Zweifel und Anschuldigungen nicht die angemessene Methode ist, darauf zu antworten. Der richtige Weg liegt vielmehr in der Darstellung und Klarlegung der islamischen Wahrheiten, und nicht in der Erwiderung auf Anschuldigungen, oder in der Antwort auf Fragen nach der Tauglichkeit oder Anwendungsmöglichkeit des Islam zur heutigen Zeit. Aufklärung ist eine Verpflichtung von Schriftstellern und Gelehrten gegenüber jeder jungen muslimischen Generation. Im Zuge dieser islamischen Wahrheitsdarstellung erst kann es sein, daß man bei einigen Punkten Halt macht, die unklar sind bzw. deren Interpretation sowohl Anhängern wie auch Gegnern des Islam Schwierigkeiten bereitet. Dieser Methodik bedient sich auch der Koran, wenn er auf Zweifel der Götzenanbeter oder der Juden und Christen antwortet!
Die Praxis hat mich außerdem folgendes gelehrt: Diese Wortschlacht, die die islambegeisterte Jugend mit ihren Feinden führt, verdient diesen Aufwand gar nicht! Die Mehrzahl der Diskutierenden sucht nämlich weder nach der Wahrheit noch nach dem Wissen, sondern ihr Hauptanliegen ist es, ihre Kritik zu bestätigen und Unfrieden zu stiften. Die wahre Antwort darauf kann nicht darin liegen, sich mit ihnen in diesen Wortstreit einzulassen, selbst wenn man sie dadurch in Verlegenheit bringen könnte. Vielmehr liegt die wirkliche Erwiderung darauf im Hervorbringen beispielhafter Muslime, die nach den Wahrheiten des Islam erzogen wurden und dadurch zum wirklichen, angewandten Beispiel dieser Wahrheiten wurden. Eine Generation, die andere so sehr beeindruckt, daß sie danach trachten ihnen gleichzutun. Das sind jene, die "den Menschen nützen und auf der Erde wohnen", und dies ist der Bereich der wahren Bekanntmachung des Islam.

Aus diesen Gründen versuchte ich bereits mehr als einmal, dieses Werk aus der Liste der von mir gedruckten Bücher zu streichen, obwohl ich das Interesse von seiten der Jugend in den verschiedenen Teilen der islamischen Welt dafür kenne.
Leider entglitt diese Angelegenheit jedoch meinen Händen. Denn würde ich den Wiederdruck des Buches verbieten, könnte ich nicht sicher sein, daß es nicht ohne mein Wissen und meine Zustimmung doch gedruckt würde. Daher gebe ich mich damit zufrieden, den Lesern meinen Standpunkt zu verdeutlichen und den Hinweis auf die adäquate Methodik zu geben, die zu verfolgen wäre.

Und ich bitte Allah, daß Er das, was wir tun und sagen, von uns annnimmt, und daß Er uns den rechten Weg leiten möge.
"*Es ist keine Macht in mir als durch Allah. Auf Ihn vertraue ich und an Ihn wende ich mich.*" (11:88)

Muhammad Qutub

Vorwort zur ersten Auflage

Ein Großteil unserer "kultivierten" Bevölkerung leidet heutzutage unter einer schweren Religionskrise.
Ist Religion eine Wahrheit des Lebens? Und wenn dies für die Vergangenheit Geltung hatte, verhält es sich heute noch immer so, wo die Wissenschaft das Gesicht des Lebens völlig verändert hat und außer für sie und die von ihr festgestellten Tatsachen kein Platz mehr ist?
Ist die Religion ein Bedürfnis des Menschen? Oder ist sie eine "Privatangelegenheit", über die der Einzelne frei entscheidet?

Außerdem befinden sie sich in einer schweren Auseinandersetzung mit dem Islam im besonderen. Seine Anhänger behaupten: Diese Religion ist ein perfektes System. Sie ist nicht nur Ideologie, nicht nur eine Ausbildung des Geistes oder eine Erziehung zu guten Eigenschaften, sondern sie ist neben all dem auch ein gerechtes Wirtschaftssystem, ein ausgewogenes Sozialsystem, ein Zivil- und Strafrechtssystem, ein Recht zur Regelung der internationalen Beziehungen, eine gedankliche Wegweisung und eine Ausbildung der körperlichen Fähigkeiten.

So stellen sich nun jene Kritiker zahlreiche Fragen, da sie der Meinung waren, der Islam wäre an seinem Ende angelangt und hätte seine Aufgabe bereits erfüllt. Sie wurden von den Anhängern des Islam überrascht, die ihnen sagten: "Diese Religion gehört keineswegs zu den historischen Antiquitäten, die im Museum der Ideen, Systeme und Ideologien abgeladen werden. Sie ist vielmehr bis zu diesem Zeitpunkt ein lebendiges Wesen, und es besitzt die Lebensinhalte der Zukunft, wie sie keinem anderen dem Menschen bekannten System, eingeschlossen dem sozialistischen und kommunistischen, zueigen sind."
Solche Aussagen überraschen jene "Kultivierten", und sie beginnen zu fragen: "Ist dies nicht das System, das die Sklaverei, das Feudalwesen und den Kapitalismus erlaubt? Das System, das der Frau den halben Wert des Mannes zumißt und sie in ihrem Haus gefangen hält? Das System, das die Steinigung und das Abhacken von Gliedmaßen und die Auspeitschung zu legalen Strafen macht? Das System, das seine Anhänger zu Almosenempfängern macht, die Gesellschaft zweiteilt in eine Schicht der Empfangenden und der Gebenden, die von den ersteren ausgenützt werden, bei dem diejenigen, die sich abmühen, keine Sicherheit auf ein ehrenhaftes Leben haben? Kann dieses System heute leben und einer besseren Zukunft

vorgezogen werden? Kann es überhaupt noch überleben neben der großartigen Übermacht der heute entstehenden sozialen und wirtschaftlichen Systeme nach den "wissenschaftlichen" Methoden? Kann ihm der Vorzug gegeben werden neben diesen Giganten des Wettbewerbs und des Erfolgs?!

Und so muß man den derartig "Gebildeten" erst einmal vor Augen führen, wo diese Zweifel ihren Ursprung haben, um zu wissen, ob sie ihre eigenen Gedanken aussprechen, oder ob sie nur nachplappern, was sie nicht verstanden haben.

Sicher sind dies nicht ihre eigenen Zweifel, noch sind sie Ergebnis ihres eigenen Denkens. Und so möchten wir einige Schritte zurück unternehmen, um uns ein wenig mit der jüngeren Geschichte zu befassen.

Im Mittelalter kam es zu den Kreuzzügen, in denen das Feuer zwischen Europa und der islamischen Welt hoch aufloderte. Danach schien es für einige Zeit erloschen zu sein. Wer jedoch denkt, daß es sein Ende gefunden hatte, der irrt, denn Lord Allenby schreit es heraus, als er im Ersten Weltkrieg in Jerusalem steht: "Jetzt sind die Kreuzzüge beendet!"

In den letzten 200 Jahren griffen die europäischen Staaten nach der islamischen Welt, und im Jahre 1882 besetzten die Engländer mit ihrer Armee Ägypten, nachdem Tawfiq sein Land an die Briten verraten hatte, und nachdem sie die Volksrevolution unter der Führung ʿUrabis niedergeschlagen hatten. Es gab keinen Zweifel für die Engländer, daß sie den Weg einer Politik gehen mußten, durch die sie festen Fuß fassen konnten. Sie hatten sich vor allem gegen den islamischen Geist zu schützen, der im Falle seines Zunehmens und Stärkerwerdens wie ein Sturmwind eines Tages über sie hereinbrechen konnte. Und hier erinnern wir uns an Mr. Gladstone, den britischen Premierminister zur Zeit Königin Viktorias, der mit aller Deutlichkeit und Lautstärke über diese Politik sprach, indem er den Koran in seiner Hand hielt und vor dem versammelten Unterhaus sprach: "Solange dieses Buch in den Händen der Ägypter ist, gibt es für uns kein sicheres Verbleiben in diesem Land!"

Also bestand die verlangte Politik darin, die Heiligkeit dieser Religion zu vernichten und sie aus den Seelen ihrer Anhänger zu reißen, indem man ihr Bild in der Gedankenwelt und im Gewissen ihres Volkes verunstaltete, um es am Festhalten an den Gesetzen und der Kultur dieser Religion zu hindern und so den Kolonialherren das Verbleiben in diesem Land zu ermöglichen!

Auf diese Weise gingen die Engländer in Ägypten vor, und sie sorgten durch ihre Bildungspolitik dafür, daß nichts über die Wahrheit des Islam unterrichtet wurde, außer die grundlegendsten gottesdienstlichen Pflichten und den *Dhikr* und die *Masabih* der Sufis. Der Koran wurde gelesen, um Gottes Segen zu erlangen, zusätzlich wurden noch allgemeine Anweisungen zur Charakterbildung erteilt! Jedoch der Islam als Wirtschaftssystem, als System des Rechts und als Verfassung zur Regelung der Außen- und Innenpolitik, der Islam als Erziehungs- und Bildungssystem, der Islam als Lebensweg, davon wurde den Studenten und Schülern nichts unterrichtet. Statt dessen wurden ihnen die Zweifel und Anschuldigungen gelehrt, die den Orientalisten und anderen "Kreuzzüglern" Europas zu verdanken waren. So war es nun die europäische Denkweise, der die Gesetzessysteme entnommen wurden, es waren die Menschenrechte von der französischen Revolution erfunden worden, die Demokratie von den Engländern, und die "Zivilisation" wurde von den römischen Imperatoren begründet. So wurde ihnen kurzgefaßt dargestellt, daß Europa als übermächtiger Koloß vor ihnen stand, dem sich nichts in den Weg stellen konnte, während der Orient als schwacher Zwerg erschien, dem nichts zum Aufstieg verhelfen konnte, außer seine Ergebenheit für Europa, um sich von dort seine neue Identität zu holen.

Diese Politik zeigte ihre Wirkung. Und so wuchsen Generationen von Ägyptern heran, denen man weder Selbständigkeit noch Persönlichkeit anmerkte. Generationen, die zu Sklaven Europas gemacht wurden und die darin völlig untergingen. Generationen, die nicht mit ihren Augen sahen und nicht mit ihren Gehirnen dachten, die nichts erblickten, als das, was die Europäer für sie sahen und die kein Gedankengut, das nicht von den Europäern gewollt war, übernahmen. Und so wie in Ägypten geschah es auch in jedem anderen Fleck der islamischen Welt. Unsere heutigen "Intellektuellen" sind daher ein Ergebnis dieser politischen Planung, die die Imperialisten für die islamische Welt von einem Ozean zum anderen vorgezeichnet hatten.
Sie wissen über den Islam nichts außer Verleumdungen, und sie kennen von der Religion nur das, was die Europäer ihnen zukommen ließen. Deshalb rufen sie wie diese nach der Trennung von Religion und Staat und nach der Trennung von Wissenschaft und Religion.
Und sie vergessen in ihrer Unwissenheit, daß die Religion, von der sich die Europäer entfernten, und die Religion, von der die Anhänger des Islam sprechen, zwei grundverschiedene Angelegenheiten sind. Die Umstände, in denen sich Europa befunden hatte und die zur feindseligen Einstellung gegenüber der Kirche, ja zur regelrechten Religionsflucht geführt hatten, waren spezifisch für das dort lebende Volk. Nichts Vergleichbares geschah

im islamischen Orient und wird auch nicht geschehen. Mit dem Ruf also nach dem Verlassen der Religion bzw. nach der Trennung zwischen Religion und dem täglichen Leben, den gesellschaftlichen Angelegenheiten und der Wirtschaftspolitik importieren sie fertiges Gedankengut und wiederholen das, was auch dort ausgesprochen wird.

Der Bruch zwischen Wissenschaft und Religion in Europa erfolgte, weil die Kirche dort das sogenannte "Wissensgut" zu beherbergen glaubte und behauptete, es handle sich um heilige Wahrheiten, um Worte des Himmels. Als sodann theoretische und praktische Wissenschaften mit ihren Erkenntnissen die Oberhand gewannen, war kein Zweifel mehr daran, daß die Menschen der Wissenschaft glaubten und an der Kirche ungläubig wurden. Hinzu kam noch, daß die Kirche sich selbst göttlichen Herrschaftsanspruch zugemessen hatte und sich auf die Anwendung und Erfüllung dieser Ansprüche in diktatorischer Weise versteift hatte, so daß sie letztendlich wie ein schreckliches Ungeheuer erschien, das die Menschen Tag und Nacht verfolgte. So waren die Folter und das Verbrennen, mit denen man Wissenschaftler verfolgte, weil sie beispielsweise von der kugelförmigen Gestalt der Erde sprachen, von einer solchen Grausamkeit, daß sie damit jeden Denker oder Besitzer eines wachen Gewissens dazu zwangen, bei der Vernichtung dieses Ungeheuers beizustehen, bzw. ihm die Macht zu nehmen. Daher war diese Häresie, wie dies die Kirche bezeichnete, dort eine heilige Pflicht der freien Denker.

Wir befinden uns aber hier im islamischen Orient, also was hat das mit uns zu tun? Warum sollten wir zwischen der Religion und der Wissenschaft trennen wollen, um Streit und Zwietracht dazwischen zu säen? Welche wissenschaftliche Wahrheit wurde hier von der Religion vernichtet, oder wann wurden jemals im Zeichen des Islam Wissenschaftler verfolgt? Die Geschichte zeugt von großen Gelehrten auf dem Gebiet der Medizin, der Astronomie, der Technik, der Biologie und der Chemie, die im Zeitalter des Islam wirkten, ohne daß in ihren Seelen ein Kampf zwischen Wissenschaft und Religion herrschte, und es kam niemals zu Folterungen oder Verbrennungen.
Also was treibt jene "Gebildeten" dazu, ohne Bildung oder genaueres Nachforschen eine Trennung von Religion und Wissenschaft zu fordern, oder die Vernichtung der Religion zu betreiben, außer das Gift der Kolonialmächte, das sie in sich tragen ohne es zu merken? Jene Art der Intellektuellen hatte ich nicht im Sinn, als ich dieses Buch schrieb, da sie nicht aus ihrem Irrtum erwachen werden, bis diejenigen im Westen, deren Vorbild sie nachahmen, an ihrer materiellen, atheistischen Kultur

verzweifeln und bemerken, daß sie nicht der wahre Weg ist, und zu einem System zurückkehren, das Religion und Leben vereint.

Ich hatte vielmehr die aufrecht denkende Jugend vor Augen, die in ihrer Suche nach der Wahrheit ehrlich ist, jedoch auf ihrem Weg stets Angriffen ausgesetzt ist, auf die sie keine Antwort weiß, da durch die Kolonialzeit der Weg zum Licht verdeckt wurde, und sie so im Dunkeln stehengelassen wurden, damit sie den Weg zur Freiheit, Selbstachtung und zum Aufstieg nicht finden mögen.

Dieser Jugend möchte ich mein Buch widmen und bitte Allah, daß er mir Erfolg bescheren möge und ich die Verleumdungen aus Seinem Weg räumen möge.

Ist Religion bereits passé?

Eine große Anzahl der westlichen Bevölkerung dachte im Siegesrausch der Wissenschaft des 18. und 19. Jahrhunderts, daß damit die Religion der Vergangenheit angehöre und der Wissenschaft den Platz zu räumen habe! Dazu gehörten hauptsächlich die Sozialwissenschaftler und Psychologen. So unterteilt beispielsweise Freud das menschliche Wesen in drei psychologische Phasen, nämlich die Phase des Aberglaubens, der Religiosität und des Wissens!

Wir erklärten bereits eingangs die Gründe für diese feindselige Position der europäischen Gelehrten gegenüber der Religion, und wir erwähnten, daß der Kampf, der zwischen Kirche und Wissenschaftlern herrschte, sie zu Recht fühlen ließ, daß der Klerus Rückständigkeit, Dekadenz, Verzögerung und Aberglaube vertrat. Aus diesem Grund war es notwendig, daß der Platz für die Wissenschaft frei gemacht wurde, um einen Fortschritt der Menschheit zu ermöglichen.

Danach wirkte die Nachahmung wie eine ansteckende Krankheit auf den darniederliegenden islamischen Orient, die seinen Bewohnern vormachte, daß der einzige Weg zum Fortschritt darin läge, die Religion zurückzuweisen, wie dies der Westen vorgezeigt hatte, sonst würden sie in Rückständigkeit, Dekadenz, Verzögerung und Aberglauben steckenbleiben!

Jedoch sind die westlichen Gelehrten und Schriftsteller trotzdem nicht alle Feinde der Religion! Unter ihnen gibt es Vernunftbegabte, die sich vom Materialismus und Atheismus befreiten, und die wissen, daß die Religion ein seelisches und geistiges Bedürfnis ist. Zu den brillantesten unter ihnen gehört der Astronom James Jeans, der sein Leben als zweifelnder Renegat begann, danach jedoch mit seinem wissenschaftlichen Forschen zu den größten Fragen des Wissens gelangte, die nur durch das Vorhandensein eines göttlichen Wesens erklärt werden konnten! Oder der bekannte Soziologe Jeans Bridge, der sich auf den Islam beruft, weil er das Materielle mit dem Geistigen in seinem System verbindet. Nicht zu vergessen den berühmten Schriftsteller Somerset Maugham, der in einem wahrhaft beeindruckenden Ausspruch sagt: "Europa hat heute seinen Gott verlassen und sich einer neuen Gottheit zugewendet, der Wissenschaft. Aber die Wissenschaft ist ein wankelmütiges Wesen, denn sie beweist heute, was sie gestern noch verneint hat. Und morgen schon verneint sie das, was sie heute erst bewiesen hat. Daher findet man ihre Anhänger in ständiger Unruhe, niemals stabil."!

In Wahrheit ist jene ständige Unruhe, in der die verwirrte Bevölkerung des Westens lebt, und die die Ursache für die mannigfaltigen psychischen Erkrankungen und nervösen Störungen darstellt, verursacht durch den fortwährenden Lebenskampf, der ausgefochten werden muß, ohne sich dabei auf eine gefestigte Kraft des Diesseits oder Jenseits stützen zu können. Sie erlebt, daß sich alles rundum verändert, die Wirtschafts- und Politsysteme, die Wahrheiten der Wissenschaft und die Beziehungen zwischen den Staaten und den einzelnen Menschen miteinander, all dies befindet sich in fortlaufendem Wandel, der sich auf die Seele der Menschen, die in diesen Verwirrungen leben, zerstörerisch auswirkt.

Die Religion nimmt im Leben des Menschen eine äußerst wichtige Stellung ein, da sie ihm die Sicherheit und Geborgenheit im Schoße Gottes schenkt, und er danach strebt, sich in seinen Taten zu Ihm zu wenden, um gegen die Macht des Bösen und die Ungerechtigkeit anzukämpfen und die Erde gemäß seiner Sendung als Statthalter zu verwalten. Dies alles stellt bereits einen ausreichenden Grund dafür dar, sich an die Religion zu halten, denn was ist schon der Mensch ohne sie? Ein Gefühl der Leere, des Bewußtseins um die Kürze des Lebens beschleicht ihn, und er verirrt sich in seine individuellen Träume und Hoffnungen, läuft seinen Trieben und der Erfüllung ihrer Forderungen hinterher, um sein kurzes Leben so gut wie möglich zu genießen und das Bestmögliche herauszuholen. Es besteht kein Zweifel daran, daß er in diesem Wettlauf mit dem Leben auch Nützliches erreicht und sein Leben genießt. Er wird aber durch dieses verbissene Ringen um den größtmöglichen Genuß und Nutzen zum Sklaven seiner Triebe und Leidenschaften, was ganze Völker schließlich zum Führen verderbnisbringender Kriege treibt, die ihnen wiederum den Genuß am Leben zunichte machen. Selbst die Wissenschaft verwandelt sich dann vom nützlichen Instrument zum Wohle der Menschheit in eine vernichtende, todbringende Kraft.
Würde die Religion im Leben des Menschen nicht so einen wichtigen Platz einnehmen, so wäre es nichts anderes als ein kurzer Ausflug, der den Lebenden gewährt wird, um im diesseitigen Leben alle Hoffnungen erfüllen zu können, und sie mit allen gebotenen Möglichkeiten zu genießen . Die Religion trägt dazu bei, diesen Kampf zu beschwichtigen und gibt den menschlichen Gefühlen der Liebe, des Mitgefühls, der Barmherzigkeit und Brüderlichkeit die Chance sich zu entwickeln, und dies allein ist bereits Grund genug, sich ihr anzuschließen und zu versuchen, nach ihr zu leben und das Gute auf Erden zu bestärken.
Wer wäre imstande, Menschen, die sich an diese hohen Prinzipien und an solch edle Grundsätze halten, in ihrer Geduld, ihrem Erfolg, ihrem

Aushalten gegen die Kraft des Bösen zu brechen? Die meisten Menschen jedoch lassen ihr Leben vorüberziehen, ohne daß sie den angestrebten Gewinn daraus erzielen. Und ihre Lebensgrundsätze, die sich auf die Erringung egoistischer Vorteile konzentrieren, zeigen wohl einige Erfolge, solange sie ihre im Grunde unbedeutenden Ziele erreichen, danach werden sie vom Wind verweht, da sie errichtet wurden, ohne Wurzeln in beständigen Werten zu besitzen.

Nicht immer ist es der unmittelbare Erfolg, der uns zur Geduld und zum Aushalten antreibt. Es gibt auch sogenannte "Weltverbesserer", die ihre Kraft und Geduld aus ihrem Haß schöpfen! Dies mag eine individuelle Abneigung sein, oder die Abneigung gegen eine Gruppe von Menschen, oder aber auch der Haß gegen die gesamte Generation, in der sie leben. Dieser Haß kann von einer derartigen Leidenschaft sein, daß sie auf ihrem Weg der "Weltveränderung" auch Erfolge zu verzeichnen haben, und der sie alle Qualen und Schwierigkeiten ertragen läßt, um zum gesteckten Ziel zu kommen. Aber eine Ideologie, die auf Haßgefühlen anstatt auf Liebe aufbaut, kann die Menschheit nicht zum wahren Guten führen. Sie kann wohl zeitlich begrenzte Probleme lösen, oder ein offensichtliches Unrecht aufheben, sie kann jedoch niemals eine wirkliche Lösung aller Probleme sein, an denen die Menschheit zu leiden hat. Sie muß vom rechten Weg abweichen, da sie nur auf negativen Grundelementen aufgebaut ist, und Schlecht durch Böse, Unrecht durch Ungerechtigkeit, und Niedergang durch Verfall ersetzt.
Jene Religion jedoch, die sich nicht auf das Erwerben augenscheinlicher persönlicher Vorteile konzentriert und nicht von Haß und Abneigung gesteuert wird, sondern in aufrichtiger Liebe und wahrer Brüderlichkeit das Böse bekämpft, weil sie das Gute für die Menschheit wünscht, jene Religion betreibt den Fortschritt der Menschheit.
Wie sonst sollte dieses Ziel zu erreichen sein, ohne den Glauben an die wahre Liebe, die aus der Liebe zu Gott entsteht, und ohne das wahre Gute, das an Gott gebunden ist, und ohne die eigentliche Wahrheit, an der sich alle anderen Tatsachen des Lebens messen lassen? Und wie sollte der Weg zu ihr beschritten werden, ohne den Glauben an ein Jenseits, der hilft, dem verderbnisbringenden, irreführenden Geist des Diesseits entgegenzutreten, und der uns das Gefühl der Beständigkeit und der Ewigkeit verleiht, anstatt zu empfinden, daß alle Anstrengungen ohne Ergebnis bleiben und alle edlen Gefühle ersatzlos verloren gehen?

Soweit zum Glauben - dem Glauben an Allah und den Jüngsten Tag .

Aber der Islam geht noch einen Schritt weiter. Und jene, die denken, daß der Islam bereits eine überkommene Angelegenheit ist, wissen nicht was der Grund für sein Erscheinen war.
Sie wissen nur, wie ihnen in den Geschichtsstunden der ägyptischen Schulen vermittelt wurde[1], deren Lernziele der ehemalige fremde Kolonialherr festsetzten, daß der Islam kam, um die Anbetung von Götzen zu unterbinden und die Menschen zu unterweisen, daß sie nur einen einzigen Gott anzubeten haben. Denn die arabischen Stämme lebten zu jener Zeit getrennt voneinander, sich ständig bekriegend. Der Islam verband sie untereinander und machte sie zur einer einzigen Gemeinschaft. Sie tranken Alkohol, liebten das Glücksspiel und gaben sich der Sinneslust hin, und so kam der Islam, um jene und andere schlechte Angewohnheiten, wie die Blutrache und das Begraben von Mädchen am lebendigen Leib, zu unterbinden. Und so forderte der Islam von den Gläubigen, seine Botschaft weiterzutragen, was auch geschah und was verschiedene Kriege und Schlachten zur Folge hatte, wodurch der Islam seine heute bekannte Ausbreitung fand.
Wenn dies alleine die Sendung des Islam war, so ist daraus leicht zu ersehen, daß sie rein geschichtlicher Natur war und daher in der heutigen Zeit bereits überholt ist, da sie ihre Aufgabe schon erfüllt hat! Heute gibt es in der islamischen Welt ja niemanden mehr, der noch Götzen anbetet, und die Stämme wurden mehr oder weniger geeint. Der Alkohol, das Glücksspiel und die sexuellen Gewohnheiten hingegen werden der "Entwicklung" der Gesellschaft überlassen, da sie trotz des Verbotes in den verschiedenen Religionen immer noch existieren und ein Versuch sie abzuschaffen daher sinnlos ist. Die Verbreitung der islamischen Botschaft ist nicht mehr notwendig, da sie in der modernen Geschichte ohnehin keinen Platz mehr hat. Der Islam ist also eine Angelegenheit, die längst passé ist, und unsere Aufgabe besteht heute darin, uns "modernen Grundsätzen" zuzuwenden, in denen wir die Musik des Lebens finden. Dies ist die neue Botschaft, die unseren Kindern in den Schulen gelehrt wird, ebenso wie die Notwendigkeit der "Anerkennung der Realität", die den Verstandesschwachen und den westlich versklavten Seelen eingebläut wird.

Hier fehlt jedoch das wirkliche Verständnis um den Charakter der Sendung des Islam. Er kann mit dem Wort "Befreiung" ausgedrückt werden. Gemeint ist die Befreiung von jeder Macht oder Herrschaft auf Erden, die das Fortschreiten der Menschheit in negativer Weise beeinflussen, oder sie vom Weg des Guten abbringen will.[2]

---

[1] Ich spreche hier von der Erfahrung in ägyptischen Schulen, da dies meinem Erleben am nächsten kommt. Ähnliches ereignete sich jedoch mehr oder weniger in den verschiedenen anderen islamischen Ländern ebenso.

Gemeint ist die Befreiung von jenen zweifelhaften Mächten, die die Menschen für sich selbst zu Gottheiten wählen, und die sie dann mit Angst und Schrecken erfüllen, da sie von ihnen verlangen, was gegen das Recht ist, ihre Selbstachtung, ihr Vermögen und ihre Seelen zerstören; gemeint ist die Befreiung von ihrer Unterdrückung, indem man die gesamte Herrschaft Gott alleine zuspricht, und der Fortbestand der höchsten Wahrheit, die als Grundweisheit im menschlichen Verstand und Gewissen eingeprägt sein muß und die lautet, daß Gott alleine der Herr über alles ist, der Gewaltige über Seinen Dienern, die ihn allesamt verehren und die alle am Jüngsten Tag einzeln vor Ihm Rechenschaft ablegen müssen. Auf diese Weise werden die Menschen von der Angst vor ihresgleichen befreit.

Dies ist auch die Befreiung von der Herrschaft der Triebe, sogar bis zur Überwindung der Todesfurcht hin, denn sie ist gewollt oder ungewollt eine beliebte Waffe zur Erniedrigung des Menschen, da es genau diese Triebe und Ängste sind, die den Menschen davon abhalten, sich gegen Unterdrückung und Unrecht zu stellen. Aus diesem Grund ließ der Islam gerade der Überwindung dieser Triebe und Ängste besondere Beachtung zukommen, damit die Gläubigen dem Bösen gegenüber den Standpunkt eines starken, strebenden Menschen einnehmen: "*Sprich: Wenn euch eure Väter und Kinder und Geschwister und Ehepartner und Verwandten und das Vermögen, das ihr erworben habt, und Handel, dessen Niedergang ihr fürchtet, und Wohnstätten, die ihr liebt, euch teurer sind als Allah und Sein Gesandter und als der Einsatz aller Kräfte für Seine Sache, dann wartet, bis Allah Seine Entscheidung ergehen läßt. Und Allah weist dem lasterhaften Volk nicht den Weg.*" (9:24)

Der Islam sammelt nun alle Triebe und Leidenschaften auf einer Seite, und setzt auf die andere Seite die Liebe zu Gott, die sich mit dem Guten und der Wahrheit vereint, und das Streben auf Seinem Weg. Die Liebe zu Gott ist es, die alle anderen Leidenschaften überwiegt, und genau das ist die Bedingung für den Glauben!

Ein Mensch, der in seinen Begierden versinkt, glaubt zumeist, daß er die Köstlichkeiten des Lebens mehr als andere genießt. Dieses Denken erweist sich jedoch sehr bald als Trugschluß, da ihn seine Triebe recht rasch in eine Abhängigkeit treiben, aus der kein Entkommen mehr ist, denn je mehr man versucht, sie zu befriedigen, desto mehr verlangen sie nach Sättigung. Jemand, der auf diese Weise beschäftigt ist, kann in der Entwicklung seiner Menschlichkeit keinen Fortschritt machen, sei es auf dem Gebiet der Forschung, der Kunst oder der Religion, ohne sich von diesem Druck zu befreien.

---

[1] Siehe das Kapitel "Die seelische Befreiung" in dem Buch "Die soziale Gleichberechtigung im Islam" (das leider bisher nicht auf Deutsch erschienen ist, Anm.d.Korr.)

Obwohl der Islam streng darauf achtet, den Menschen zur Beherrschung seiner Triebe zu erziehen, erlegt er ihm keineswegs Askese auf, noch verbietet er den Genuß der schönen Dinge des Lebens. Er schult vielmehr den Charakter des einzelnen, diese Triebe in bestimmten Grenzen zu halten und den Genuß auf ein vernünftiges Maß zu beschränken, der den angeborenen Instinkten so weit ihre Rechte verleiht, daß die dem Menschen innewohnende Energie freigesetzt wird, um das Wort Gottes auf Erden in die Tat umzusetzen. Aus diesem Grund trachtet der Islam ebenso danach, daß dem einzelnen ein notwendiges Maß an Ruhe und Erbauung zukommen muß, da sich dies auf die gesamte Gemeinschaft aufgrund der ständigen Wechselwirkung zwischen dem Individuum und der Gesellschaft vorteilhaft auswirkt.[1]

Ein weiterer Aspekt ist die Befreiung vom Aberglauben! Denn die Menschheit war und ist in zahlreiche Formen dieses Aberglaubens verstrickt, von denen einige von den Menschen selbst erfunden und zu Götzen hochstilisiert wurden, und einige andere wiederum von den Religionsgelehrten ins Leben gerufen wurden und an die Seite Gottes gestellt wurden. All dies findet seinen Ursprung in der Unwissenheit des menschlichen Geistes, der noch in seiner anfänglichen Entwicklungsphase steckte. Der Islam kam, um die Menschheit vom Aberglauben zu befreien, von den Erzählungen der Juden und den komplizierten Vorstellungen der Kirche, zurück zu den einfachen Wahrheiten, die Gott uns offenbart hatte, die der Vernunft und dem Gefühl zugänglich sind, und an die das Gewissen glauben kann. Der Islam lädt uns dazu ein, unseren Verstand zu gebrauchen, um die Tatsachen des Lebens zu verstehen und gleichzeitig die Religion in Eintracht mit Verstand und Wissenschaft zu bringen. Es ist weder notwendig, daß der Mensch den Aberglauben benutzen muß, um an Gott zu glauben, noch muß er ungläubig werden, um an die Wahrheiten der Wissenschaft zu glauben. In seinem Bewußtsein muß vielmehr klar und deutlich verankert sein, daß Gott alles in seiner Schöpfung dem Menschen dienstbar gemacht hat. Jedes Erreichen einer wissenschaftlichen Wahrheit geschieht mit dem Willen Gottes, dem der Dank dafür gebührt, und dem wir daher verpflichtet sind, dieses Wissen zum Wohle der Menschen zu nutzen. Aus diesem Grund ist das Wissen ein Teil des Glaubens und nicht eine dem Glauben entgegengesetzte Kraft.
Alles dies sind Ziele, die keineswegs überholt oder altmodisch sind, und es auch niemals sein können, solange der Mensch auf Erden existiert!

---

1 Genaueres siehe im Kapitel "Das Individuum und die Gesellschaft" in dem Buch "Der Mensch zwischen Materialismus und Islam" (das leider bisher nicht auf Deutsch erschienen ist. Anm.d.Korr.)

Oder konnte sich der Mensch bereits vom Aberglauben, von der Unterdrückung und Tyrannei, vom Druck der ihm innewohnenden Triebe befreien?

Die Hälfte der Erdenbewohner gibt sich noch immer der Anbetung von Götzen hin, sei es in Indien, China oder bei den verschiedenen Naturvölkern, die in verschiedenen Teilen dieser Erde leben. Was die andere Hälfte anbelangt, so verehrt ein Großteil unter ihnen einen anderen, vielleicht weitaus gefährlicheren Götzen, der wahrscheinlich eine größere Gefahr in sich birgt, der Einfluß auf das Gewissen der Menschen nimmt und ihre Beziehungen zueinander beeinflußt, nämlich die Wissenschaft!

Die Wissenschaft ist ein gewaltiges Werkzeug der Menschheit auf dem Weg zur Erkenntnis und hat bereits große Leistungen für den Fortschritt und die Entwicklung der Menschheit geleistet. Der Glaube des Westens an sie geht jedoch bereits so weit, daß er die Wissenschaft zur einzigen Gottheit erhoben hat und alle anderen Türen zur Erlangung von Kenntnis geschlossen hat, und so wurde die Menschheit von ihrer Bestimmung abgebracht, und ihr Horizont verengte sich auf jene Bereiche, die der experimentellen Wissenschaft obliegen, nämlich den Bereich der Sinneserfahrungen. Und so weit auch das Spektrum dieses Bereiches sein mag, so bleibt es dennoch beschränkt in bezug auf die Energien und Kräfte des Menschen. Und wie hoch sich diese Wissenschaft auch in ihrer Entwicklung erheben mag, so bleibt sie immer noch niedriger als das, zu dem sich der Mensch aufzuschwingen vermag, indem er seinen Verstand und seinen Geist vereint benützt. Er kann zur göttlichen Wahrheit zu gelangen und das wahre Licht der Erkenntnis einzufangen, indem er wahrnimmt und zugleich erkennt. Und dies ist etwas Größeres und zugleich Edleres als der Aberglaube, der den Menschen vormacht, daß die Wissenschaft jedes Geheimnis der Schöpfung und des Lebens ergründen kann, und daß nur das Wahrheit sei, was durch die Wissenschaft beweisbar ist, alles andere jedoch Humbug. Die Wissenschaft steckt im Prinzip noch immer in ihren Kinderschuhen, und es existieren noch viele Dinge, die bis heute nicht bewiesen werden konnten, und wo sich die Forschung damit begnügen muß, nur die äußeren Erscheinungsmerkmale zu beschreiben. Und trotzdem bleiben die Anbeter der Wissenschaft starr bei ihrem Standpunkt, bestreiten das Vorhandensein einer Seele, und weisen entschieden zurück, daß dieses durch seine menschlichen Sinne begrenzte Wesen die Grenzen der Materie überschreiten kann. Zum Beispiel die telepathische Kontaktaufnahme[1] mit einem

1 Telepathie ist geistige Gedankenübertragung ohne nachweisbaren Kontakt. Eine berühmte Begebenheit ereignete sich mit 'Umar Ibn Al-Khattab, als er in der Moschee saß, während sich ein Heer in der Schlacht mit den Persern befand, und er plötzlich ausrief: "Achtung vor dem Berg, oh ihr Kämpfer des Berges!" Hunderte von Meilen entfernt "hörte" dies der Anführer jener Kampftruppe, zog seine Männer vom Berg ab, hinter dem eine Gruppe feindlicher Kämpfer auf sie

unbekannten, nicht anwesenden Menschen, oder ein Vorhersehen von Dingen, die sich später tatsächlich ereignen - nein, nicht daß dies Dinge wären, die nicht existierten, doch die experimentelle Wissenschaft hat noch keine Beweise dafür finden können! So läßt sich Gott, erhaben ist Er, durch kein Experiment und durch keine Messung beweisen, und daher verzichteten sie auf Ihn, und einige erklärten, daß Er nicht existiere!

Und dennoch würde die heutige Welt so sehr des Islam bedürfen, und zwar keinesfalls weniger als vor 1300 Jahren! Wie sehr hätte sie es nötig, von ihm aus ihrem Aberglauben gerettet zu werden, egal ob es sich um die Anbetung von Götzenstatuen oder die Anbetung der Wissenschaft in der vom Westen praktizierten nachteiligen Weise handelt. Und wie sehr wäre es nötig, endlich wieder die Religion mit der Wissenschaft auszusöhnen! Der Frieden würde wieder in die Menschen einkehren, die von einer verderblichen Ideologie innerlich zerrissen sind, da sie gezwungen sind, zwischen ihrem Bedürfnis nach Wissen und ihrem Bedürfnis nach Gott zu trennen!

Wie sehr wäre der Islam nötig, um den letzten Rest der noch verbliebenen altgriechischen Vorstellungen zum Verschwinden zu bringen, die in Europa als Erbe der Antike übrigblieben, und nach denen die Beziehung zwischen den Menschen und den Göttern ewiger Kampf und Rivalität war. Jedes Geheimnis oder alles Gute, das sich der Mensch erwarb, war nach dieser Vorstellung gestohlenes Gut der Götter, die alles unternahmen um dies zu verhindern. Aus diesem Grund bedeutet jedes Aufdecken einer wissenschaftlichen Erkenntnis ein Sieg über jene Götter - ein Gedankengut, das bis heute im Unterbewußtsein Europas vorhanden ist, und das sich hin und wieder in Äußerungen zeigt, wie z.B. "die Gewalt des Menschen über die Natur" oder "die Wissenschaft entreißt der Natur ihre Geheimnisse" u.ä. Diese Einstellung zeigt sich aber auch in der Beziehung zu Gott, von der man glaubt, daß sich allein aus der Unterlegenheit des Menschen ein Sich-Fügen gegenüber Gott resultiert. Jede wissenschaftliche Erkenntnis, die der Mensch erreicht, erhöht ihn daher um eine Stufe, während es die Gottheit um eine Stufe erniedrigt. So setzt sich diese Entwicklung fort, bis der Mensch endlich alle Geheimnisse des Wissens entdeckt haben wird und sogar imstande sein wird, Leben zu erschaffen (ein Traum, den sich die heutige Wissenschaft zu erfüllen wünscht), und sich der Mensch auf diese

---

gewartet hatte, und entkam der ihm gestellten Falle. - Die Wissenschaft mußte vor diesem Phänomen von ihrem hohen Roß heruntersteigen und zugeben, daß es existiert, jedoch bestreitet sie, daß dies auf das Vorhandensein einer Seele zurückgeführt werden kann und spricht vielmehr von der Existenz eines verborgenen Sechsten Sinnes.

Weise völlig von der Abhängigkeit von Gott befreien wird, er sozusagen selbst "Gott" werden wird!

Wie sehr hätte die Wissenschaft heute den Islam nötig, um aus diesem Irrgarten wieder herauszufinden und sich selbst wieder die Sicherheit, Ruhe und den Frieden zurückzugeben. Denn jedes Wissen, das der Mensch sich erwirbt und für das Wohl der Allgemeinheit verwendet, erweckt auch das Wohlgefallen Gottes, denn im Islam erzürnt Allah nicht über den Wissensdurst und -erwerb, noch fürchtet Er die Konkurrenz des Menschen! Gott erzürnt vielmehr nur dann, wenn dieses erworbene Wissen zum Schaden oder zum Verderb der Menschheit verwendet wird.

Und wie nötig hätten die Menschen heute den Islam, um sich aus der Unterdrückung von Tyrannen zu befreien, so wie er es vor 1300 Jahren tat! Denn die Zahl der Despoten ist heute groß, einige von ihnen sind Könige, andere sind Kapitalisten, die das Blut der Armen saugen und sie in der Demütigung der Armut gefangenhalten. Andere wiederum sind Diktatoren, die mit den Mitteln brutaler Gewalt regieren und behaupten, sie vertreten den Willen des Volkes bzw. den Willen des Proletariats!

Jedoch der Islam rettet die Menschen mit Taten, nicht mit Träumen! So mögen sich einige fragen, warum der Islam sein Volk denn nicht vor seinen ungerechten Herrschern errettet, die seine Gebote in seinem Namen brechen? Die Antwort darauf lautet, daß es nicht der Islam ist, der in diesen Ländern regiert, und daß selbst deren Bevölkerung sich nur mit Namen Muslime nennen kann, auf die die Worte Gottes zutrifft: "*Und wer nicht nach dem richtet, was Allah herabgesandt hat, das sind die Ungläubigen.*" (5:44), oder die Worte: "*Doch nein, bei deinem Herrn; sie sind nicht eher Gläubige, bis sie dich zum Richter über alles machen, was zwischen ihnen strittig ist, und dann in ihren Herzen keine Bedenken gegen deine Entscheidung finden und sich voller Ergebung fügen.*" (4:65)
Der Islam, zu dem wir rufen ist natürlich nicht der, den uns die Regierenden des islamischen Orients heute zeigen, denn sie brechen sämtliche Gesetze Gottes, regieren einmal nach europäischen Gesetzen, dann wieder nach göttlichen Rechtsauffassungen, und sie üben weder im einen noch im anderen System Gerechtigkeit gegenüber den Menschen. Der Islam, den wir meinen, drückt sich in jenen Worten aus: "*Der Schaum aber, der vergeht wie die Blasen; das aber, was den Menschen nützt, bleibt auf der Erde zurück. Und so prägt Allah die Gleichnisse.*" (13:17)
Würde der Islam regieren, so wäre kein Platz für Tyrannen, da er Unterdrückung und Unrecht nicht zuläßt. Dann würde die Jugend in diesem

Sinne erzogen werden, und die Regenten wären dazu gezwungen, sich an das Gesetz Gottes zu halten, da ihnen sonst niemand zu Gehorsam verpflichtet wäre. Oder mit den Worten des ersten Kalifen (*khalifa* = Nachfolger) Abu Bakr ausgedrückt: "Gehorcht mir, solange ich (in meinem Tun) Allah gehorche, wenn ich mich (aber) Allah widersetze, so gebührt mir kein Gehorsam von eurer Seite mehr." Daher hat der Regierende weder im finanziellen noch im gesetzlichen Bereich mehr Rechte als irgendein Bürger, noch kann er anders als durch freie Wahl zu diesem Amt gelangen, bei der nur die Richtlinien der Aufrichtigkeit, Vernunft und Gerechtigkeit gelten dürfen.

Dies ist die Religion, die Gott für uns offenbart hat: *"Heute habe Ich euren Glauben für euch vervollkommnet und Meine Gnade an euch vollendet und euch den Islam zum Glauben erwählt."* (5:3)

* * *

Wie nötig hätte es die Welt, sich von der Habgier und der Herrschaft der niederen Instinkte zu emanzipieren! Wenn wir uns die Welt betrachten, so sehen wir sie hauptsächlich in der Erfüllung ihrer Triebbedürfnisse versunken. So läßt sich feststellen, daß die Wissenschaft wohl einen enormen Fortschritt gemacht hat, die Menschheit sich jedoch gegenläufig dazu regressiv entwickelt. Wenn man sich dem Glauben hingibt, die Erfindung der Rakete, der Atombombe, oder andere Errungenschaften des modernen Lebens seien das Maß des Fortschritts, so befindet man sich in einem groben Irrtum. Das wahre Ausmaß der menschlichen Entwicklung ist vielmehr in der Fähigkeit zu finden, seine Triebe zu beherrschen und zu steuern.

Die Religionen setzen uns diese Richtschnur nicht umsonst, denn wenn wir die Geschichte betrachten, so stellt sich die berechtigte Frage, wieviele Völker waren imstande, sich als geeinte, starke Nationen zu erhalten, nachdem ihre Angehörigen begannen, sich mit dem "Genuß" am Leben über die gesetzten Grenzen hinaus zu beschäftigen? Wodurch zerstörte sich das griechische, römische und persische Weltreich? Was war der Grund für den Niedergang des islamischen Reiches zur Zeit der Abbasiden? Wie verhielt sich Frankreich zu Beginn des Zweiten Weltkrieges? Nach dem ersten großen Schlag ergab es sich, da seine Angst um die Kabaretts und Spielhöllen von Paris größer war als der Wunsch, die Eigenständigkeit und den in der Geschichte sprichwörtlich gewordenen "Stolz" zu verteidigen!

Vielleicht meinen nun einige, daß Amerika, die mächtige, herrschende Kraft des Westens, der Gegenbeweis für diese Behauptung ist. Denn ihre Macht ist nach wie vor ungebrochen, obwohl vom amerikanischen Volk bekannt ist, daß es sich bedenken- und grenzenlos dem Sinnesleben widmet. Man vergißt

jedoch dabei, daß Amerika eine noch recht junge Nation bzw. Weltmacht ist, und es verhält sich mit ihr wie mit einem Jüngling, in dem eine schwere Krankheit steckt, die aber noch nicht zum Vorschein kommt, bzw. als junger Mann ist er noch eher in der Lage, sie zu ertragen. Aber ein erfahrenes Auge kann trotz der zur Schau getragenen Kraft und Gesundheit die Kennzeichen der schlummernden Krankheit bereits erkennen. Es genügt, zwei Nachrichten aus den Zeitungen zu nennen, um daraus zu erahnen, daß die Welt sich samt ihren Errungenschaften in der Natur ihrer Eigenschaften nicht verändert hat, und das Gesetz Gottes immer noch Recht behält.
Die erste Nachricht berichtet von der Entlassung von 33 Angestellten des amerikanischen Außenministeriums aufgrund ihrer homosexuellen Neigungen, da man befürchtete, die Geheimnisse des Staates seien in ihren Händen nicht sicher aufgehoben!
Die zweite Nachricht beschäftigte sich mit der Flucht von 120 000 jungen Männern vor dem amerikanischen Wehrdienst, und dies ist im Verhältnis zur Größe des amerikanischen Heeres eine gewaltige Zahl, noch dazu wenn man bedenkt, daß es sich hier um eine junge Nation handelt, die sich als führende Weltmacht bestätigen muß!
Der Rest wird noch kommen, daran besteht kein Zweifel, wenn die Bevölkerung dieser Nation weiterhin auf diesem Weg bleibt!

Ein weiterer Gedanke ist der, daß Amerika seine gewaltigen Produktionsziffern einzig und allein auf dem materiellen Sektor erreicht, jedoch in der Welt der Prinzipien und Wertvorstellungen nichts Großartiges geleistet hat und sich auf einem Niveau befindet, das dem der Tiere ähnlicher ist. Es genügt, daran zu erinnern, mit welcher Grausamkeit und Unmenschlichkeit diese Nation ihre schwarze Bevölkerung behandelt, um ihren seelischen und menschlichen Horizont zu erkennen.
Nein! - Die Welt wird sich nicht zu Höherem entwickeln, indem sie sich dem Fall in Instinkte und Triebe hingibt!

Es soll niemand behaupten, daß dies ein vergebliches Wollen wäre, dem ohnehin kein Erfolg beschieden sein kann, denn schon einmal hat die Menschheit diesen Aufstieg mit Erfolg versucht, und was einmal geschah kann auch wieder sein. Die Welt vor dem Islam war auf eine ebenso niedrige moralische Stufe gesunken, wenn auch die Mittel, derer man sich bediente, andere gewesen waren, so unterschied sich das Alte Rom nicht wesentlich vom heutigen Amerika, London oder Paris. Mit dem Erscheinen des Islam änderte sich dieses Bild jedoch völlig, und die Gesellschaft entwickelte ein Lebensbild der Feinheit und der edlen Charakterbildung, erfüllt mit Bewegung und Lebensgeist, bemüht um das Wohl der Gemeinschaft, die

Menschlichkeit repräsentierend und verteidigend und auf Fortschritt ausgerichtet. So blieb die islamische Welt lange Zeit auf den verschiedensten Gebieten ein Vorbild für den Rest der Menschheit, bis eines Tages der sittliche Verfall wieder begann, die Herrschaft über die Menschen zurückeroberte, und das göttliche Gesetz sich auch hier wieder bewies.

* * *

Aber der Islam gibt sich nicht allein damit zufrieden, eine Ideologie des Geistes oder ein Weg zur Bildung des Charakters zu sein. Er bedeutet nicht nur Hoffnung auf die Allmacht und Größe Gottes, sondern er ist auch eine Religion der Praxis, die keinen Bereich des Lebens außer acht läßt, sei es der politische, gesellschaftliche oder wirtschaftliche Bereich. Das Individuum ist mit der Gesellschaft verbunden in einem System, das zwischen Verstand und Existenz, Arbeit und Gottesdienst, Himmel und Erde, Diesseits und Jenseits verknüpft.

Dieses Kapitel will jedoch nicht das islamische System in bezug auf Politik, Wirtschaft und Gesellschaft behandeln. Vielmehr wird sich in den folgenden Kapiteln noch Gelegenheit finden, auf die verschiedenen Aspekte einzugehen, indem die Einwände gegen den Islam diskutiert werden sollen. Hier begnügen wir uns mit dem Hinweis auf folgende Tatsachen:

1.) Der Islam ist nicht nur eine theoretische Lehre, sondern ein System der Praxis, das die Bedürfnisse des Menschen kennt und danach trachtet, tatsächlich darauf einzugehen.

2.) Im Zuge dieser Rücksichtnahme auf die Bedürfnisse des Menschen stellt der Islam ein Gleichgewicht zwischen Körper, Verstand und Seele her. Keine dieser Seiten wird benachteiligt zugunsten einer anderen. So wird weder der körperliche Anspruch vernachlässigt zugunsten einer seelisch-geistigen Erhöhung, noch werden die Rechte des Körpers über die Maßen in den Vordergrund gestellt. Beide Seiten werden zu einem System vereint, bei dem die Seele nicht zwischen Strenge und Zügellosigkeit hin- und hergerissen wird, oder sich ständig mit Extremen konfrontiert sieht. Außerdem wird ein Gleichgewicht zwischen den Anforderungen des Individuums und den Anforderungen der Gesellschaft hergestellt, und es gibt weder Gesellschaftsschichten, die über den anderen stehen, noch ein "auserwähltes" Volk. Vielmehr steht der Islam dafür, daß er diesen Bestrebungen Einhalt gebietet, und die Mitglieder der Gesellschaft für das Wohl der Menschheit zusammenarbeiten. Zuletzt gleicht er zwischen der Gesellschaft und ihren unterschiedlichen Kräften aus, indem er ein Gleichgewicht zwischen materiellen und geistigen Faktoren schafft. So werden weder, wie im Kommunismus, allein die materiellen Werte betont, noch wird den geistigen Werten ausschließliches Schwergewicht gegeben. Es wird vielmehr davon ausgegangen, daß beide Faktoren Bestandteile des menschlichen Lebens sind, die in ihrer Gemeinschaftlichkeit das Wesen "Mensch" ausmachen. Das vollkommene System ist jenes, das den Anforderungen des Körpers, des Verstandes und der Seele entspricht und zwischen ihnen Ausgewogenheit und Kooperation herstellt.

3.) Man findet im Islam sowohl kommunistische wie kapitalistische Prinzipien. Seine Besonderheit liegt jedoch darin, daß er es zuwege bringt, zwischen den guten Seiten eines jeden Systems zu vermitteln, ohne dessen Fehler zu begehen. Der Islam ist ein System, das kein Übergewicht auf die Interessen des einzelnen legt, wie dies den westlichen Systemen zueigen ist, wo das Individuum als heilig gilt, und es sich die Gemeinschaft nicht erlauben darf, ihm im Weg zu stehen, da der Kapitalismus darauf baut, daß es der Freiheit des einzelnen erlaubt ist, andere auszubeuten. Der Islam überbetont aber auch nicht die gesellschaftliche Seite, wie es im Orient Europas üblich ist, wo der einzelne als Bestandteil der Gemeinschaft kein Recht auf eigene Persönlichkeit besitzt, und er nur als Teil der Gruppe existiert. Die Freiheit und die Herrschaft gehört einzig und allein der Gesellschaft, und der einzelne hat nicht das Recht, dagegen zu protestieren oder seine Ansprüche geltend zu machen. So nimmt sich im Kommunismus der Staat das unumschränkte Recht der Lebensregelung seiner Bürger. Der Islam ist das System der Mitte, das sowohl den einzelnen als auch die Gemeinschaft anerkennt und zwischen ihnen vermittelt. So wird dem Individuum ein Freiraum eingeräumt, in dem es seine Persönlichkeit zur Entfaltung bringen kann, es aber dennoch nicht die Wesenheit anderer verletzt. Der Gemeinschaft, bzw. dem Staat, der ja die Gemeinschaft interessenmäßig vertritt, wird ein weiter Raum zur Regelung der gesellschaftlichen und wirtschaftlichen Beziehungen gegeben, um ein Heraustreten aus den gegebenen Grenzen zu verhindern. Dies alles passiert auf der Ebene der gegenseitigen Liebe und Zusammenarbeit zwischen dem Individuum und der Gruppe, und nicht auf der der Abneigung und des Kampfes zwischen den Klassen, wie es die kommunistische Philosophie propagiert.

Dieses an sich einzigartige System ergab sich nicht aus wirtschaftlichem Druck, auch nicht aus dem Kampf von einander widersprechenden Interessen, sondern es erschien frei und unbeeinflußt zu einer Zeit, die weder dem Arbeiter ein besonderes wirtschaftliches Gewicht zumaß, noch etwas Konkretes über die gesellschaftliche Gleichberechtigung wußte, so wie wir sie heute verstehen. Und trotzdem ist es dem kommunistischen und kapitalistischen System überlegen, obwohl das jene sind, die den letzten gesellschaftlichen und wirtschaftlichen Erkenntnissen entsprechen. Den grundsätzlichen Forderungen von Karl Marx stehen die des Islam gegenüber: Die Sicherung von Nahrung, Wohnung und die Befriedigung der Sexualität. So sagte der Prophet des Islam vor 1300 Jahren: "Wer für uns arbeitet, und er hat keine Frau, so soll er verheiratet werden, wer keine Wohnung hat, dem soll eine Wohnung gegeben werden, wer keinen Diener hat, dem soll ein Diener gegeben werden, und wer kein Reittier hat, dem soll eines gegeben werden." Der Islam geht mit seinen Forderungen über die von Karl Marx hinaus, und er verwirklichte sie, wozu jener nicht imstande war, und zwar ohne eine blutige Revolution oder die Negierung grundsätzlicher Gegebenheiten des menschlichen Lebens, die über diese Notwendigkeiten hinausgehen.

* * *

Dies sind einige der herausragenden Seiten des Islam.
Eine Religion mit solchen Grundlagen und Regeln, eine Religion, die in diesem Ausmaß das menschliche Leben umfaßt - in seiner Beweglichkeit, seiner Standfestigkeit, seinen Gedanken und Gefühlen, seiner Arbeit und seinem Gottesdienst, in seiner Wirtschaft und seiner Gesellschaft, in seiner natürlichen Veranlagung und seinen seelischen Bedürfnissen - und dies alles in ein ausgeglichenes, einzigartiges System faßt, das in der Geschichte seinesgleichen sucht, eine solche Religion kann nicht ausgedient haben, solange das Leben besteht.

Gerade die Welt, wie wir sie heute kennen, kann es sich keinesfalls leisten, auf die Offenbarung dieses islamischen Systems zu verzichten.
Eine Welt, in der sich der Rassismus in einer solchen Grausamkeit zeigt, wie heute in Amerika und Südafrika, kann es sich nicht leisten, auf den Islam zu verzichten, der vor 13 Jahrhunderten tatsächlich - und nicht nur in Worten oder Träumen - Weiß, Schwarz und Rot gleichwertig und gleichberechtigt machte. Keiner besitzt über den anderen irgendeinen Vorrang außer in seiner Gottesfurcht. Er schenkte dem schwarzen Sklaven nicht nur Gleichberechtigung in bezug auf seine Menschlichkeit, sondern er gab ihm sogar das Recht der Herrschaft. So verfügte der Prophet: "Hört und gehorcht, auch dann, wenn über euch ein abessinischer Sklave, dessen Kopf wie eine Rosine aussieht, eingesetzt würde, solange er nach dem Buch Allahs des Erhabenen regiert." (Überlieferung von Al-Bukhari)

Jenem angeblich "kultivierten" und "fortschrittlichen" Teil der Welt, der heute noch der Meinung ist, er habe das Recht, andere zu knechten und auszubeuten, oder nach seinem Gutdünken umzuformen, sei die Handlungsweise von ʿUmar Ibn Al-Khattab vor Augen gehalten, der den

Sohn von ᶜAmru Bin Al-ᶜAas zur Rechenschaft zog und Vergeltung forderte, und sogar den Vater selbst tadelte, obwohl er ein siegreicher und bekannter Befehlshaber war, nur weil sein Sohn unrechtmäßigerweise einen ägyptischen koptischen Jüngling geschlagen hatte!

Und ebenso wie der kapitalistische Teil dieser Welt eines Systems bedarf, das gegen den Zins und die Habgier auftritt, so braucht man ebenso ein Gegengewicht zur kommunistischen Auffassung, bei der eine vollkommene gesellschaftliche Gleichberechtigung praktiziert wird, ohne daß dem Menschen deswegen seine seelische Dimension genommen werden muß, und er sich allein nur auf die Sinneswelt reduziert zu betrachten hat. Dies alles, ohne daß ein diktatorisches System dem Individuum seinen Willen aufzwingt, denn es heißt im Koran: "la *ikraha fi-d-din*" (Es gibt keinen Zwang in der Religion).

Der Islam wäre der Weg zum andauernden Frieden in dieser noch immer von grausamen Kriegen zerrissenen Welt. Nein - der Islam ist in seiner Sendung nicht überholt, sondern noch immer aktuell, und seine Rolle in der zukünftigen Entwicklung der Menschheit ist keineswegs weniger wichtig oder weniger hervorragend als damals, als er mit seinem Licht das erste Mal die Welt erleuchtete, als Europa noch im Finstern lag.

Der Islam und die Sklaverei

Dies gehört wahrscheinlich zu den gewichtigsten Einwänden der Kommunisten gegen den Islam, um die Ideologie der muslimischen Jugend zu erschüttern! Wenn der Islam für alle Zeiten Gültigkeit besäße, wie seine Anhänger behaupten, warum erlaubt er dann die Sklaverei? Dies ist der Beweis dafür, daß der Islam nur für eine bestimmte Zeit zu gelten hatte, und daß seine Bedeutung bereits vorbei und Geschichte geworden ist!

Und das läßt auch bei der gläubigen Jugend einigen Zweifel aufkommen! Wie kann der Islam die Sklaverei erlauben? Wo doch kein Zweifel daran besteht, daß diese Religion von Allah herabgesandt wurde, zum Wohl der gesamten Menschheit und gültig für alle Generationen. Wie kann das sein...? Jene Religion, die die vollkommene Gleichheit brachte, die die Menschen alle auf den gleichen Ursprung zurückführte, und ebenso ihre Taten auf diesen gemeinsamen Ursprung bezog... - Wie konnte der Islam die Sklaverei als Teil seines Systems anerkennen und zu ihren Gunsten entscheiden? Oder will Allah für immer und ewig zwischen Herren und Sklaven unterscheiden? Ist dies Sein Wille auf Erden? Wünscht Gott für den Menschen, den er vor dem Rest der Schöpfung auszeichnete, daß einige dieser Gattung als Ware auf Erden wandelt, die zu kaufen und zu verkaufen ist? Oder wenn dies nicht Sein Wille war, dann warum offenbarte Er nicht einen klaren Text, der die Sklaverei eindeutig verbot, so wie es mit dem Alkohol, dem Glücksspiel und dem Zins und anderen geschehen war?

Der Gläubige weiß, daß der Islam die Religion der Wahrheit und des Rechts ist, aber es mag ihm ergehen wie Abraham (arab.: Ibrahim), der auf die Frage Gottes, ob er denn nicht glaube, antwortete: "Doch, aber es ist, um mein Herz zu beruhigen!"

Ein anderer aber, der sich mehr der Ideologie des Westens zugewendet hat, wird nicht abwarten, bis sich ihm die Wahrheit zeigt, sondern wird ohne lange nachzufragen meinen, daß der Islam eine antiquierte Angelegenheit sei.

Die vom Kommunismus Inspirierten wiederum übernehmen die sogenannte "Weltrevolution", von der sie annehmen, sie sei die ewige, unsterbliche Wahrheit, an der man nicht vorbeigehen kann und über die es keine Auseinandersetzung geben kann, da sie das Leben des Menschen in mehrere Abschnitte geteilt sehen, von denen der erste der Urkommunismus war, sodann folgte darauf die Sklaverei, dann die Leibeigenschaft, der Kapitalismus und wieder der Kommunismus, der die letzte Phase der Menschheit sein soll! Alles was die Menschheit vordem an Ideologien oder Theorien kannte, war eine Widerspiegelung der wirtschaftlichen Zustände bzw. der jeweiligen Entwicklungsphase. Daher war sie passend für jene Zeit, in der sie vorzufinden war. Aber es gab kein System, das für alle Generationen anwendbar sein konnte. Wenn also der Islam zur Endzeit der Sklaverei erschien, bzw. zu Beginn der Phase der Leibeigenschaft, so hatte er diese Elemente in sein System aufzunehmen gehabt, da er sie zu seiner Zeit in der Gesellschaft vorfand. Der Islam konnte aus diesem Grund auch nicht ein System vorwegnehmen, dessen wirtschaftliche und gesellschaftliche Voraussetzungen noch nicht existierten, wie Karl Marx es formuliert hatte.

* * *

Wir wollen nun zunächst einmal die Tatsachen in ihrem geschichtlichen, gesellschaftlichen und psychologischem Kontext betrachten, und sie vom Staub dieser unwissenschaftlichen Behauptungen befreien. Wenn wir nämlich die Realität darstellen, so wie es unsere Pflicht ist, so brauchen wir von diesen sogenannten "Gelehrten" nichts mehr zu fürchten.

Wir betrachten heutzutage meistens die Sklaverei mit den Augen des 20. Jahrhunderts, im Licht der Abscheulichkeit des Sklavenhandels und der Grausamkeit und Unmenschlichkeit, die besonders die römische Geschichte "auszeichnete". Die Sklaverei ist in unseren Augen eine derart verurteilenswerte Angelegenheit, daß es uns unerträglich erscheint, daß die Religion etwas so Verabscheuungswürdiges belassen konnte, wo doch gerade der Islam gekommen war, um die Menschen von jeder Art der Abhängigkeit zu befreien. Wie sehr hätte es doch unsere Seelen beruhigt, wenn es sofort einen eindeutigen Text zur Verurteilung der Sklaverei gegeben hätte!

Hier sind wir nun bereits bei den geschichtlichen Tatsachen angelangt. Denn diese Grausamkeit, die uns aus der römischen Geschichte bekannt ist, spielte in der islamischen niemals eine Rolle. Ein einfacher Vergleich der Lebensumstände, in denen der Sklave im römischen Imperium zu leben hatte, mit denen der Sklaven im islamischen Reich genügt, um zu erkennen, daß der Islam eine einmalige Änderung und Verschiebung der Zustände zugunsten der Sklaven erwirkt hatte, selbst wenn er nicht zur Beendigung der Sklaverei beigetragen hätte, was jedoch nicht stimmt!

Der Sklave im Verständnis der Römer war eine "Sache", er wurde also nicht als menschliches Wesen betrachtet, und er hatte keinerlei Rechte, und selbst wenn auf ihm alle Last der Welt gelegen hätte, so hätte er trotzdem kein Recht gehabt, sich zu beschweren. Er wurde als Gefangener nach gewonnenen Schlachten mitgeschleppt, wobei diese Schlachten, Kriegs- und Raubzüge nur mit der Absicht unternommen wurden, andere zu unterwerfen, um sie für egoistische Zwecke zu benützen. Denn damit der Römer ein angenehmes Leben genießen konnte, pflegte er sich durch heiße und kalte

Bäder zu erfrischen, die feinste Kleidung zu tragen, die allerfeinsten Speisen zu sich zu nehmen, und im Sinnes- und Triebesleben mit Wein, Weib und Gesang zu versinken, sich auf Festen, Orgien und bei Gladiatorenkämpfen zu vergnügen. Um dies alles zu ermöglichen, war es unbedingt nötig, sich andere Völker zu unterjochen und von ihrem Blut zu leben. Gerade Ägypten ist dafür ein glänzendes Beispiel, als es dem römischen Reich angehörte, bis der Islam kam, um die Bevölkerung dieses Landes von dieser Schreckensherrschaft zu befreien.

Die Sklaven hatten in diesem System, wie bereits erwähnt, nicht einmal das Recht sich der menschlichen Rasse zugehörig zu erklären. Sie mußten auf den Feldern arbeiten und waren mit schweren Ketten gefesselt, die ihnen die Flucht unmöglich machten. Die Nahrung, die sie bekamen, erhielt sie gerade soweit am Leben, daß sie ihre Arbeit ausführen zu konnten. Sie besaßen also nicht einmal das Recht der Tiere oder Pflanzen, sich ihren Anteil an Nahrung zu nehmen. Sie wurden während der Arbeit mit Peitschenhieben angetrieben, um dem "Besitzer" dieser armen Kreaturen das Gefühl zu verschaffen, er sei der unumschränkte Herr über sie, der das Recht besitzt, sie zu quälen, wie es ihm gefällt. Zum Schlafen wurden sie in dunkle, stinkende Kerker gepfercht, in denen allerlei Ungeziefer und Ratten ihre Wohnstatt hatten.
Die größte Abscheulichkeit jedoch waren die Gladiatorenspiele, die die beliebtesten Schauspiele der Römer waren, zu denen sich nicht nur die römische Gesellschaft, sondern sehr oft auch der Imperator persönlich einfand, um das Schauspiel des gegenseitigen Kämpfens und Tötens von Menschen "life" mitzuerleben! Je grausamer und je blutiger dieser Kampf ausfiel, desto mehr Beifall, Beglückung und Bewunderung erreichte dieses Spiel, dessen absoluter Höhepunkt dann erreicht war, wenn einer der beiden Gladiatoren sein Leben verlor! (Der Westen scheint dieses römische Erbe übernommen zu haben, wenn man sich in Erinnerung ruft, mit welcher Methodik die Länder des Orients gegeneinander aufgehetzt wurden, um im Kampf gegen einander sich selbst zuzufügen, worauf der Westen es abgezielt hatte).
Es versteht sich aus dem bereits Erwähnten freilich, daß die rechtliche Situation für den Besitzer des Sklaven alle, für den Sklaven selbst keinerlei Rechte vorsah. Der Herr konnte ihn quälen, foltern, töten, zu Tode arbeiten lassen, ohne daß dem Sklaven das Recht der Klage gegeben war, noch gab es eine Instanz, die seine Klage angehört hätte bzw. sie vertreten hätte. Auch in Indien oder Persien oder in anderen Ländern war die Situation des Sklaven nicht viel anders, d.h. auch dort war er ein Wesen, das grenzenlos

ausgebeutet werden konnte, ohne daß ihm als Gegenleistung dafür irgendetwas geboten werden mußte.
Dann kam der Islam ... und gab diesen Menschen ihre Menschenwürde wieder. Er kam, um den Herren über diese Sklaven folgendes zu sagen: "*Ihr seid einer vom anderen.*" (4:25); er kam, um zu sagen: "Wer einen Sklaven tötet, wird von uns getötet, wer einen Sklaven verstümmelt, wird von uns verstümmelt, und wer einen Sklaven kastriert, wird von uns kastriert." (Überlieferung von Al-Bukhari und Muslim, Abu Dawud, At-Tirmidhi und An-Nisa'i) Er kam, um auf den gemeinsamen Ursprung und den Stammvater der Menschen hinzuweisen: "Ihr seid die Söhne Adams, und Adam wurde aus Staub erschaffen." (Überlieferung von Abu Dawud und Muslim). Er kam, um klarzustellen, daß der Herr über seinen Diener keinen Vorzug besitzt, sondern der Vorrang einzig und allein der größeren Gottesfurcht gebührt: "Weder besitzt ein Araber Vorzug über einen Nichtaraber, noch ein Nichtaraber über einen Araber, noch ein Schwarzer über einen Roten, noch ein Roter über einen Schwarzen, außer in der Gottesfurcht." (Diese Überlieferung stammt von At-Tabari aus seinem Buch "Adab An-Nufus", und er stützt sich dabei auf die Überlieferung eines anderen, der den Propheten diesen Ausspruch bei Mina sagen hörte).
Der Islam kam, um den Herren zu befehlen, daß sie die Sklaven gut zu behandeln haben: "*... und seid gut zu den Eltern und zu den Verwandten, den Waisen, den Armen, dem Nachbar, sei er verwandt oder aus der Fremde, dem Begleiter an der Seite, dem Sohn des Weges und zu dem (Sklaven), den ihr von Rechts wegen besitzt. Seht, Allah liebt nicht den Hochmütigen, den Prahler.*" (4:36)
Dem Besitzer eines Sklaven wird wieder und wieder vor Augen gehalten, daß dies kein Verhältnis der "Erhöhung" und "Erniedrigung" ist, daß es keine Demütigung oder Verachtung geben darf, sondern vielmehr ein Klima der Verwandtschaft und Brüderlichkeit. Die "Herrschaft" ist die Familie der Sklavin, und es ist gestattet, sie zu heiraten: "*Und wer von euch nicht vermögend genug ist, um gläubige Frauen zu heiraten, der heirate von dem Besitz seiner rechten Hand unter den gläubigen Mägden; und Allah kennt euren Glauben sehr wohl. Ihr seid einer vom anderen. Darum heiratet sie mit Erlaubnis ihrer Familien und gebt ihnen ihre Brautgabe nach Billigkeit...*" (4:25)
Die Sklaven sind Brüder ihrer "Herren": "Eure Sklaven sind eure Brüder! Allah hat euch die Oberhand über sie gegeben. Wer dann die Oberhand über seinen Bruder hat, der soll ihm zu essen geben, wovon er selbst ißt, und ihm zum Kleiden geben, wovon er sich selbst kleidet. Tragt ihnen nichts auf, was über ihre Kraft geht; und wenn ihr ihnen etwas auftragt, das über ihre Kraft hinaus geht, so helft ihnen dabei!" (Überlieferung von Al-Bukhari).

Außerdem wurde vom Propheten noch zusätzlich verfügt: "Keiner von euch soll sagen: Das ist mein Sklave und das ist meine Sklavin. Sondern er soll sagen: Das ist mein Knabe und mein Mädchen." (Ein Hadith, das von Abu Huraira überliefert wurde). Abu Huraira stützte sich auf diesen Ausspruch des Propheten, als er einen Mann sah, der auf seinem Reittier saß, und dessen Sklave hinter ihm herlief, und er wies ihn an: "Lasse ihn hinter dir sitzen, denn er ist dein Bruder, und seine Seele ist wie deine Seele!"

Dies war aber noch lange nicht alles. Bevor wir einen Schritt weitergehen, müssen wir erst den gewaltigen Sprung verstehen, den der Islam in der Behandlung der Sklaven gemacht hatte: Er war nicht mehr ein "Ding", sondern er wurde wieder als Mensch anerkannt, dem eine Seele zueigen war, wie die seines Herrn. In sämtlichen anderen Kulturen galt der Sklave als ein anderes Wesen, das mit dem des Herrn nichts gemein hatte, und dieser daher sein Gewissen durch nichts belastete, wenn er dieses "Etwas" tötete oder quälte, ihn mit glühenden Eisenstangen verbrannte oder ihn mit niedriger und schwerer Arbeit demütigte. (So glaubten die buddhistischen Inder, daß der Sklave aus dem Fuß Gottes erschaffen wurde und schon alleine dadurch zu ewiger Niedrigkeit verdammt sei, aus der es kein Entrinnen gibt, außer durch das Ertragen aller Demütigungen und Qualen, um nach seinem Tod zu einer höheren Stufe der Schöpfung aufzusteigen!)
Der Islam erhob die Sklaven auf die Ebene der Bruderschaft, und zwar nicht nur in Worten oder der Theorie, sondern in der gelebten Realität. Die Geschichtsschreibung zeugt von diesen Entwicklungen, und selbst gegen den Islam aufgebrachte Schreiber stellen ihm das Zeugnis aus, daß die Behandlung von Sklaven zur Zeit des Islam eine Ebene erreicht hatte, die ihresgleichen sucht. Nicht selten weigerten sich freigelassene Sklaven, den Haushalt ihrer früheren Herrschaft zu verlassen (obwohl sie finanziell nach Auszahlung ihrer Entschädigung dazu in der Lage gewesen wären), da zwischen ihnen eine familienähnliche Bindung entstanden war.

Der Sklave war außerdem ein menschliches Wesen geworden, dessen Ehre durch das Gesetz geschützt wurde. Jeder Angriff darauf mit Worten oder Taten war untersagt. Was die Worte anbelangte, so war vom Propheten sogar verboten worden, Sklaven als solche zu bezeichnen. Man sollte statt dessen Begriffe zu verwenden, die an Familienbande erinnerten, und er ermahnte mit den Worten: "Allah hat euch die Herrschaft über sie gegeben. Und wenn Er gewollt hätte, so hätte Er ihnen die Herrschaft über euch gegeben."[1] Man

---

1 Imam Al-Ghazali erwähnt diese Überlieferung in seinem Werk "Ihya' 'Ulumi-d-Din" als Teil eines längeren Ausspruchs, von dem er sagt, daß er die letzte Anweisung des Propheten gewesen sei.

soll sich daher stets vor Augen halten, daß die gesellschaftliche Rolle dem einzelnen zugeordnet wurde, daß es aber genauso umgekehrt hätte sein können. So soll derjenige, dem es zukam, der Herr über einen anderen Menschen zu sein, nie vergessen, daß dies äußere Umstände sind und es seine Pflicht ist, seinen Hochmut zurückzuweisen und sich des gemeinsamen menschlichen Ursprungs zu erinnern. Für eine Verletzung des Körpers oder gar die Tötung wurde klar bestimmt, daß Gleiches mit Gleichem zu vergelten sei: "Und wer einen Sklaven tötet, der wird von uns getötet..." Dies bedeutet Gleichheit im Sinne der Menschenwürde zwischen dem Sklaven und dem Herrn, die Sicherung seiner grundlegenden humanen Rechte in der Gesetzgebung, eine legislative Maßnahme, die weder vor noch nach dem Islam in dieser Weise vorgenommen wurde. Alleine das Verbot der Bezeichnung "Sklave" zeigt, daß jeder Weg zu seiner Befreiung geebnet werden sollte.

Wir haben uns nun eingangs bereits ausführlich damit beschäftigt, daß dem Sklaven durch den Islam wieder seine Identität und sein Stolz als Mensch zurückgegeben wurde. Aber der Islam ging noch wesentlich weiter, denn seine primären Grundprinzipien liegen in der Schaffung der Gleichheit zwischen den Menschen und in der Befreiung des Menschen von allen Formen der Ungerechtigkeit. Aus diesem Grund wirkte er tatsächlich auf die Befreiung der Sklaven hin, indem zwei Dinge geschaffen wurden: Die Freilassung (*al-ᶜitq*) und die *Mukataba*.

Was das erstere anbelangt, so verstand man darunter die Freilassung eines Sklaven von seiten seines Herrn, wozu die Gläubigen besonders ermutigt wurden, und wofür der Prophet selbst immer als erstes Beispiel voranging, indem er allen Sklaven, die sich bei ihm befanden, die Freiheit schenkte und seine Gefährten aufforderte, es ihm gleich zu tun. So gab Abu Bakr große Mengen seines persönlichen Vermögens aus, um Sklaven aus dem Besitz der Quraisch loszukaufen und ihnen die Freiheit zu schenken. Später wurde dies dann verstärkt durch Beträge aus der Staatskasse, mit denen regelmäßig Sklaven freigekauft wurden. So überlieferte uns Yahya Bin Saᶜid, was er erlebte: "ᶜUmar Bin ᶜAbdu-l-ᶜAziz entsandte mich, um die Armensteuer in den afrikanischen Provinzen einzusammeln. Ich tat, wie mir befohlen wurde, und fragte dann nach den Armen, um ihnen ihr Recht zukommen zu lassen. Wir konnten jedoch keinen Armen finden und niemanden, dem wir das Geld hätten geben konnen. Da verteilte ᶜUmar Ibn ᶜAbdul-ᶜAziz das Geld an die Leute, um damit Sklaven zu kaufen und sie in die Freiheit zu entlassen."

Der Prophet verfügte außerdem, daß jedem Sklaven, der zehn Muslimen das Lesen und Schreiben beibrachte, oder etwas ähnlich Nützliches für die Gemeinschaft der Muslime leistete, die Freiheit geschenkt wurde. Sodann wurden im Koran Texte offenbart, in denen als Sühne für Fehltaten die

Freilassung von Sklaven gefordert wurde. Überdies bestand der Prophet meistens auf der Freilassung eines Sklaven, wenn jemand eine Sünde begangen hatte und danach trachtete, sich von ihr reinzuwaschen. Dies war der konsequenteste Weg zur Beendigung der Sklaverei, denn solange es Menschen gibt, wird es auch Schwächen und Sünden geben. Eine dieser Stellen im Koran, die als Sühne die Freilassung eines Sklaven verlangt, ist jene: "*Und wer einen Gläubigen aus Versehen tötet: dann soll er einen gläubigen Sklaven befreien und Blutgeld an seine Erben zahlen, es sei denn, sie erlassen es aus Mildtätigkeit.*" (4:92). Aus der Sicht des Islam ist der Getötete eine menschliche Seele, die für ihre Familie ebenso wie für die Gemeinschaft verloren ging. Aus diesem Grund besteht der Islam auf Wiedergutmachung von zwei Seiten, nämlich der Familie eine Entschädigung zu bezahlen und der Gesellschaft einen freien Bürger zu geben, indem man einen gläubigen Sklaven loskauft und ihm die Freiheit schenkt, und damit eine menschliche Seele sozusagen wiederbelebt und der Gemeinschaft zurückgibt. So sieht der Islam trotz all der Besserstellung, die er dem Sklaven brachte, in seinem Dasein eine Art "Tod" der menschlichen Seele, und er nützt jede Gelegenheit, sie wieder zum Leben zu erwecken!

Die Geschichtsschreibung spricht von der großen Zahl der Sklaven, die auf diesem Weg ihre Freiheit erlangten, und die von keinem anderen Volk oder Gesetzessystem jemals erreicht wurde, vor allem, weil dies aus einem lebendigen geschulten Gewissen der Menschen entsprang, das sich an nichts anderem orientierte, als daran, das Wohlgefallen Gottes zu erlangen!

Bei der *Mukataba* hingegen kamen Sklave und Herr überein, daß der erstere auf seinen Wunsch und nach Bezahlung eines festgesetzten Betrages die Freiheit zugesprochen bekam. Die Freilassung war also hier dem Herren zwingend vorgeschrieben, und er konnte sie durch nichts aufschieben, sobald der Betrag, auf den man sich geeinigt hatte, bezahlt worden war. Ebenso besaß auch der Staat hier kein Recht einzuschreiten, um etwa den Herrn zur Freilassung des Sklaven zu zwingen.
Durch die Einrichtung der *Mukataba* wurde tatsächlich der Weg für die Beseitigung der Sklaverei geebnet. Denn sobald der Sklave diesen Vertrag verlangte, da er nicht auf die Gunst seiner Herrschaft warten wollte, mußte seine Arbeit bezahlt, oder ihm erlaubt werden, außerhalb des Hauses für Entgelt zu arbeiten, um die nötige Summe sparen zu können.
Ähnliches ereignete sich später im Europa des 14. Jahrhunderts - oder besser gesagt, nachdem sich die Muslime dort 700 Jahre aufgehalten hatten - nur mit dem Unterschied, daß der Staat für die Freilassungsumme aufkommen mußte, nicht zu erwähnen die nie erreichte Anzahl von freigelassenen

Sklaven im Islam, die ohne Bezahlung freiwillig und um das Gute zu tun zu unabhängigen Bürgern gemacht worden waren. Der Vers im Koran, der auf das Aufteilen der Zakat Bezug nimmt, lautet: "*Wahrlich, die Almosen sind nur für die Armen und Bedürftigen und für die mit der Verwaltung (der Almosen) Beauftragten und für die, deren Herzen gewonnen werden sollen, für die (Befreiung von) Sklaven und für die Schuldner, für die Sache Allahs und für den Sohn des Weges;*" (9:60). Dadurch wurde bestätigt, daß die Zakat (Armensteuer) vom *Baytu-l-Mal* (der Staatskasse) ausgegeben wurde, um den Sklaven, die sich das Geld zur Freilassung nur schwer oder gar nicht verdienen konnten, zu helfen.

Mit diesen Methoden hatte der Islam gewaltige Schritte gegen die Einrichtung der Sklaverei unternommen und war damit seiner Zeit um sieben Jahrhunderte vorausgeeilt. Ja sogar mehr als das, denn er hatte Methoden und Wege eingeführt, die selbst in der neueren Geschichte der Menschheit nichts Ebenbürtiges mehr fanden. Denn diese Befreiung wurde nicht unter dem Druck wirtschaftlicher und gesellschaftlicher Veränderungen unternommen. Diese Methodik bringt auch die Geschicklichkeit der Kommunisten zu Fall, und ihre scheinbare Wissenschaftlichkeit, mit der sie behaupten, daß der Islam ein Glied in der Kette der geschichtlichen und wirtschaftlichen Entwicklungen war, also ein Kind seiner Zeit und ein davon abhängiges ideologisches System. Hier steht dieses System vor uns, mit seinen Ideen und Einrichtungen, die seiner Zeit um mehr als siebenhundert Jahre voraus waren!

Wo bleibt hier also die These, daß alle Systeme (und so auch der Islam) nichts weiter als eine Widerspiegelung der jeweiligen ökonomischen und soziologischen Verhältnisse wären, wie dies der "unsterbliche, unfehlbare" Geist des großen Karl Marx formulierte? Hier steht der Islam vor uns, der, ohne sich um die herrschenden sozio-ökonomischen Verhältnisse der arabischen Halbinsel oder der übrigen Welt zu kümmern, Gesetze erläßt, die damals einzigartig waren und es auch heute in manchen Bereichen noch sind, sei es in den Gesetzen, die gegen die Sklaverei erlassen wurden, oder in der Verteilung des Vermögens, oder in der Beziehung zwischen Regierenden und Untertanen, Lehensherren und Pächtern.

Es stellt sich hier aber immer noch die entscheidende Frage: Wenn der Islam all diese Schritte unternommen hatte, um gegen die Sklaverei vorzugehen, ohne von äußeren zwingenden Verhältnissen dazu gedrungen zu werden, warum tat er dann nicht auch den letzten, entscheidenden, und verkündete die endgültige Aufhebung der Sklaverei?

Um diese Frage zu beantworten, muß man sich über das gesellschaftliche, geistige und politische Umfeld, das den Islam dazu bewogen hatte, das

Prinzip seiner Politik in der langfristigen Lösung dieses Problems zu suchen, im Klaren sein.
Zuerst einmal ist zu bemerken, daß Freiheit nicht gewährt wird, sondern genommen werden muß. Mit der Offenbarung einer schriftlichen Verordnung allein wäre die Befreiung des Sklaven noch nicht erreicht gewesen. Der beste Beweis dafür ist die Erfahrung der Amerikaner. Mit der von außen gesetzesmäßig verfügten Freilassung der Sklaven durch Abraham Lincoln wurde vorerst kaum etwas erreicht, denn die Sklaven wußten mit ihrer plötzlich geschenkten Freiheit nichts anzufangen. Sie kehrten vielmehr zu ihren früheren Herren zurück, darum bittend, daß sie wieder als Sklaven aufgenommen würden. Es bedurfte also auch einer Befreiung von innen, d.h. einer Vorbereitung auf den Zustand der Freiheit, die mit einem Federstrich alleine nicht gegeben war.
Diese Angelegenheit mag vielleicht etwas fremd anmuten, doch liegt eigentlich dem Ganzen eine wohl bekannte Tatsache der menschlichen Psyche zugrunde. Das Leben des Menschen besteht zumeist aus Gewohnheiten. Die Umstände, in denen er lebt, beeinflussen seine Gefühlswelt und prägen seine Empfindsamkeit.[1] Persönlichkeit und Psyche des Sklaven unterscheiden sich von der eines freien Mannes, nicht weil er ein anderes Wesen wäre, so wie dies von früheren Völkern geglaubt wurde, sondern weil das Leben im Schatten der Sklaverei sein gesamtes psychisches Dasein diesen Umständen angepaßt hat. So entwickelt diese den Hang zum Gehorsam bis zur äußersten Grenze und läßt die Fähigkeit zu Verantwortungsbewußtsein und das Ertragen der Konsequenzen verkümmern.
So ist der Sklave in der Lage, eine Vielzahl von Tätigkeiten auszuführen, die ihm sein Herr befohlen hat. Er ist aber nicht imstande, die Verantwortung für etwas zu tragen, selbst wenn es sich um einfachste Dinge handelt. Und da nicht etwa deshalb, weil sein Körper nicht dazu in der Lage wäre, oder sein Geist es nicht verstehen könnte, sondern weil er nicht gewohnt ist, die Konsequenzen zu tragen. So wird er sich die möglichen Gefahren ausmalen, Probleme auf sich zukommen sehen, für die es keinen Ausweg gibt, und wird davor fliehen, um sich von der Gefahr fernzuhalten.
Man sieht die Praxis dieser Umstände im heutigen ägyptischen bzw. orientalischen Leben. Bis heute erkennen wir die Folgen jener Sklaverei, in der die imperialistischen Mächte die Seelen der orientalischen Bevölkerung

---

[1] Die Vertreter der kapitalistischen Idee behaupten, daß die äußeren Umstände es sind, die die Seelenwelt schaffen. Wir denken, daß darin ein grundsätzlicher Denkfehler besteht. Denn es gibt wohl einen bleibenden seelischen Grundgehalt, der trotz aller Lebensumstände erhalten bleibt. Sie haben zwar Einfluß auf diese seelische Grundstimmung, können sie aber nicht aus dem Nichts erschaffen.

gehalten haben. Man erkennt sie in den zahlreichen stillgelegten Projekten, die in den meisten Fällen nur deswegen nicht zu Ende gebracht werden, weil der Mut für die möglichen Ergebnisse fehlt. Man erkennt sie aber auch in den zahlreichen durchstudierten Projekten, zu deren Durchführung die Regierung erst dann bereit ist, wenn ein englischer, amerikanischer oder russischer Experte bereit ist, die Leitung des Projekts zu übernehmen.
Oder jener entsetzliche Zustand der Lähmung, der die Beamten befallen hat, und ihre gesamte Arbeit in der Routine versteinern läßt, so daß sie nur das ausführen können, was ihnen der "Herr" Oberbeamte anordnete, und dieser wiederum kann nur die Befehle des "Herrn" Minister ausführen, usw., dies alles nicht etwa, weil sie alle unfähig zur Arbeit wären - nein, der einzige und wahrhaftige Grund ist der, daß der "Apparat" des Verantwortungtragens gestört ist, während der "Apparat" des Gehorchens besonders ausgeprägt ist. So werden sie zum besten Beispiel für Sklaven, auch wenn sie allgemein für "freie" Menschen gehalten werden!

Diese seelische Anpassung ist es, die den Menschen zum Sklaven macht. Obwohl er von der Natur der ihn umgebenden Lebensbedingungen beeinflußt ist, kann er sich davon befreien und langsam darüber hinaus wachsen, ähnlich wie der Zweig eines Baumes, der, wenn er sich zur Erde neigt, anfängt seine Wurzeln auszutreiben und schließlich unabhängig von seinem Ursprung wird. Diese Anpassung der Psyche an die Lebensumstände kann nicht durch eine offizielle Kundgebung des Staates zum Verschwinden gebracht werden. Dies muß erst durch eine innere Wandlung geändert werden, für die neue Lebensbedingungen geschaffen werden müssen, an die sich die Gefühlswelt im neuen Gewande angleicht und die gewissensbildenden Faktoren in der Psyche des ehemaligen Sklaven wachsen läßt, und schließlich aus der invaliden Persönlichkeit einen emanzipierten menschlichen Charakter erstehen läßt.

Genau das ist es, was der Islam schaffte. Er begann mit der guten Umgangsformen zu Sklaven, und nichts läßt die verbogene Seele des Menschen auf bessere Weise wieder gerade werden, als die Erfahrung einer guten Behandlung. Sie ist es, die dem Menschen wieder seinen Stolz und sein Selbstwertgefühl gibt und ihn seine Individualität spüren läßt, so daß er langsam beginnt, die Freiheit zu bemerken und sich wünscht, sie zu genießen. In diesem Augenblick ergreift er nicht mehr vor ihr die Flucht, wie dies die freigelassenen Sklaven Amerikas taten.

Der Islam erreichte tatsächlich in diesen Punkten ein derart hohes Niveau, daß viele Beispiele genannt werden können. Wir wollen hier noch einige anführen:
Der Prophet, Friede sei mit ihm, begründete wirkliche Bruderschaften zwischen einigen der Sklaven und ihren Herren, die als führende Gestalten der arabischen Stämme galten. So schuf er Bruderschaft zwischen Bilal Bin Rabah und Khalid Bin Ruweiha Al-Khathʿami, und zwischen dem Sklaven Zaid und dem Onkel des Propheten Hamza, und zwischen Kharidscha Bin Zaid und Abu Bakr. Diese Bruderschaft im Islam stellte eine tatsächliche Verbindung zwischen den jeweiligen Betroffenen her, die wie Blutsverwandtschaft wirkte, so daß die früheren Sklaven sogar als Erben eingesetzt wurden.
Des weiteren verheiratete der Prophet die Tochter seiner Tante, Zainab Bint Dschahsch, mit seinem ehemaligen Sklaven Zaid. Gerade die Heirat ist eine äußerst sensible Angelegenheit, besonders von seiten des Mädchens her, da eine Frau wohl die Heirat mit einem Mann akzeptiert, der ihr an Stellung überlegen ist, doch sie weigert sich einen Gatten anzunehmen, der ihr an Herkunft, Rang und Reichtum unterlegen ist. Sie versteht dies als ein Geschehen, das ihren Stolz und ihren Wert mindert. Der Prophet hatte jedoch ein wesentlich höheres und edleres Ziel vor Augen, denn er erhob den Sklaven, den die Menschheit in finstere Tiefe geworfen hatte, auf die Ebene der angesehenen arabischen Herren der Quraisch.
Aber auch das war noch nicht genug. Denn er ernannte Zaid zum Befehlshaber eines Heeres, in dem die Edelsten der Einwohner Medinas und der Ausgewanderten aus Mekka versammelt waren. Als er getötet wurde, übernahm sein Sohn Usama Bin Zaid die Führung über diese Armee, in der Abu Bakr und ʿUmar, die Vertreter und Nachfolger des Propheten nach dessen Tod, anwesend waren, und so wurde ihm nicht nur menschliche Gleichberechtigung zuteil, sondern er wurde zum Führer und Befehlenden über die "Freien" gemacht.

In diesem Zusammenhang sprach der Prophet den folgenden Satz aus: "Hört und gehorcht, auch dann, wenn über euch ein abessinischer Sklave, dessen Kopf wie eine Rosine aussieht, eingesetzt würde, solange er nach dem Buch Allahs des Erhabenen regiert." So wurde den Sklaven das Recht auf den höchsten Posten in der Regierung ermöglicht, nämlich der Vertreter der muslimischen Gemeinschaft zu sein. Selbst ʿUmar meinte, als er Khalifa wurde: "Wenn Salim, der Sklave von Abu Hudhaifa, noch am Leben wäre, so hätte ich ihn mit der Nachfolge (Abu Bakrs) betraut", und ging damit den gleichen Weg, den der Prophet vorgezeigt hatte.

Eine andere Begebenheit aus der Geschichte ʿUmars zeigt ebenso die Achtung, die früheren Sklaven gezollt wurde. Als nämlich Bilal Ibn Rabah sich wegen der Aufteilung der Kriegsbeute gegen ihn stellte, wurde sein Widerstand gegen ʿUmar so vehement, daß dieser keinen Ausweg mehr wußte, als auszurufen: "Oh Allah, schütze mich vor Bilal und seinen Leuten!" Und dies, obwohl er der Kalif war, dem es möglich gewesen wäre, einfach zu befehlen, und Gehorsam zu verlangen.

Mit diesen Beispielen, die der Islam uns zeigt, war die Entwicklung einer inneren Befreiung von der Sklaverei bewirkt worden, die den Einzelnen lehrte, seine individuelle Persönlichkeit zu entwickeln und zu stärken, und aus diesem Bewußtsein heraus seine Freiheit zu verlangen.

Es ist richtig, daß der Islam auch zur Freilassung der Sklaven ermutigte, und dies war wiederum ein Teil der Erziehung der Sklaven zur selbständigen Persönlichkeit. Sie sollten das Gefühl gewinnen, daß die Möglichkeit zur Freiheit vorhanden war, also daß es für sie das erreichbare Ziel gab, genauso wie ihr freier Herr zu leben. Der Wunsch nach diesem freien Leben wuchs in ihnen, bis sie bereit waren, auch die Konsequenzen und die Verantwortung für ihr Handeln zu tragen. Genau hier setzte der Islam an, indem er nach ihrer Freilassung trachtete, da zu diesem Zeitpunkt die Betreffenden reif waren, diese Freiheit zu ertragen und sie zum Guten zu nützen.
Es herrscht ein gewaltiger Unterschied zwischen einem System, das die Menschen zum Erreichen der Freiheit ermutigt und alle Wege dafür ebnet, und sie ihnen in dem Augenblick gewährt, in dem sie nach ihr verlangen, und einem System, das den Dingen ihren Lauf läßt, bis die wirtschaftlichen und sozialen Probleme so übermächtig werden, daß es zur Revolution kommt, die hunderte bis tausende von Seelen vernichtet, um dann gezwungenermaßen denen die Freiheit zu geben, die nach ihr verlangen.

Die Errungenschaft des Islam in dieser Angelegenheit lag darin, daß der Islam sich nicht damit begnügte, gute Absichten zu zeigen, wie dies Lincoln tat, der glaubte, durch die Herausgabe eines Gesetzes alles, was die Vergangenheit in die Seelen der Menschen gelegt hatte, von einem Augenblick zum anderen durch einen Federstrich auslöschen zu können. Wie sehr beweist der Islam Einblick in die Tiefen der menschlichen Seele, indem er sie mit den besten Mitteln zu heilen sucht! Er gibt den Menschen nicht nur ihre Rechte, nein, er erzieht sie auch dazu, daran festzuhalten, sie zu verteidigen und ihrer würdig zu sein. Dies alles begründet sich auf der gegenseitigen Liebe und dem Verständnis aller Seiten der Gesellschaft füreinander.

Ganz anders als in Europa, wo ein fürchterliches Ringen stattfinden mußte, das alle Gefühle der Menschen für- und zueinander zerstörte, Haß erzeugte und vererbte, und alles zunichte machte, was die Menschheit zu ihrem Wohl hätte leisten können.

Es bleibt uns noch, über die noch größere Leistung zur Abschaffung der Sklaverei zu sprechen, die der Islam für alle Generationen hinterließ.
Der Islam konnte alle Quellen der Sklaverei zum Austrocknen bringen, außer die der Kriegsgefangenschaft. Darauf wollen wir nun etwas genauer eingehen.
Es war seit jeher Brauch und Sitte gewesen, jene Menschen, die durch gewonnene Schlachten und Kriegszüge in die Hände ihrer Feinde fielen, zu Sklaven zu machen oder zu töten.[1] Dieser Brauch war zweifelsohne von langer Tradition, und reichte in die dunkelsten Winkel der Menschheitsgeschichte zurück.
Der Islam kam zu einer Zeit, in der die Menschen in diesen Sitten noch gefangen waren. Es kam zu Kriegen zwischen ihm und den Feinden dieser Religion, bei denen muslimische Gefangene zu Sklaven ihrer Feinde gemacht wurden. Ihre Freiheit wurde ihnen genommen und die Männer wurden zu schwerer und demütigender Arbeit herangezogen, während die Frauen jedem zur Ansicht bereitgestellt wurden, und jeder, dem es gefiel, konnte sich ihrer bedienen, ohne Achtung oder Menschlichkeit, und gleichgültig, ob sie verheiratet oder Jungfrauen waren. Die Kinder wurden indes in abscheulicher Unterdrückung und in der Dunkelheit der Sklaverei erzogen. Aus diesem Grunde wäre es aus muslimischer Sicht keine kluge und geeignete Art der Politik gewesen, die eigenen Kriegsgefangenen freizulassen, und so den Feind gegen sich selbst zu ermutigen und zu bestärken, während die eigenen Leute Qualen und Erniedrigungen zu ertragen hatten. Hier heißt es am besten, Gleiches mit Gleichem zu vergelten, jedoch sind trotzdem einige Unterschiede in der Behandlung von Kriegsgefangenen und Sklaven zu bemerken, wenn man den Islam mit anderen Systemen und Völkern vergleicht.
Mit dem Führen von Kriegen wurde und wird in der Regel in der nicht-islamischen Welt das Ausrauben, Vernichten oder Unterjochen des anderen Volkes bezweckt. Als Grund dafür mag entweder der Haß gegen ein anderes Volk, oder vielmehr der Wunsch, seinen eigenen Herrschaftsbereich auf Kosten anderer auszuweiten, oder die Absicht der Ausbeutung der

---

1 In der "Universal History of the World" steht auf Seite 2273 zu lesen: "Und im Jahre 599 lehnte der (römische) Imperator Morius es aus Gründen der Sparsamkeit ab, für die von den Awaren gefangengenommenen Soldaten Lösegeld zu bezahlen, worauf hin sie allesamt umgebracht wurden."

Errungenschaften und Reichtümer anderer, oder schlicht die persönliche Leidenschaft, die Rachsucht, oder der Ehrgeiz einzelner Könige oder Heeresführer dienen. Die Sklaven, die solchen Schlachten zum Opfer fielen, wurden nicht aus ideologischen oder religiösen Gründen, oder weil sie geistig oder charakterlich den anderen unterlegen waren, festgenommen, sondern einzig und allein, weil sie besiegt worden waren. Aus diesem Grund gab es auch keinerlei Hindernisse, Städte und Kulturen jener Besiegten zu zerstören, oder Frauen, Kinder und alte Leute zu töten. Dies ergibt sich selbstverständlich daraus ergibt, daß diese Kriege oder Schlachten nicht aus Gründen der Religion oder anderer höherer Prinzipien geführt wurden.

Als der Islam kam, beendete er all diese Traditionen, indem er alle Kriege verbot, die nicht um Gottes willen unternommen wurden, um die Gefahr oder den Angriff von Feinden gegen die Muslime zurückzuschlagen, oder um gewalttätige Kräfte zu zerschlagen, die die Menschen an der Ausübung ihrer Religion hindern wollten. "*Und kämpft auf dem Pfad Gottes gegen diejenigen, die gegen euch kämpfen, doch übertretet nicht (das Maß). Wahrlich, Gott liebt nicht diejenigen, die (das Maß) übertreten.*" (2:190) "*Und kämpft gegen sie, bis es keine Verfolgung mehr gibt und aller Glaube auf Allah gerichtet ist. Sollten sie aber aufhören, dann sieht Allah wahrlich wohl, was sie tun.*" (8:39)[1]. So wird der Islam schließlich zu einer Religion des Friedens, die auf niemanden Zwang ausüben will: "*Es gibt keinen Zwang im Glauben. Der richtige Weg ist nun klar erkennbar geworden vom unrichtigen.*" (2:256). Juden und Christen blieben in der islamischen Welt ihrer Religion zugehörig, ein klarer, unbestreitbarer und unwiderlegbarer Beweis dafür, daß der Islam niemanden mit der Gewalt des Schwertes auf seinen Weg bringen wollte. [2]
In einer Welt, in der sich die Menschen durch den Islam rechtleiten lassen, gibt es weder Krieg, noch Neid oder Haß des einen Volkes gegenüber dem anderen, noch gilt der Araber mehr als der Nichtaraber, noch gibt es eine Unterscheidung zwischen den Muslimen, außer durch größere Gottesfurcht.

---

1 "Diese Worte 'damit aller Glaube auf Allah gerichtet ist' bedeuten, daß die materiellen Hindernisse, verkörpert in der Unterjochung des Menschen durch tyrannische Herrscher, beseitigt werden müssen, damit keine andere Macht außer der Gottes auf Erden herrschen kann. Die Einzelnen können dann ihren Glauben frei wählen, und kein Andersgläubiger darf Druck ausüben, um sie von der Leitung, die sie als rechtens ansehen, abzubringen. " (Sayyid Qutub), Zitat aus dem Kommentar zu "Die Bedeutung des Korans", Sure Al-Anfal, Verlag SKD Bavaria, S. 32; (Anm.d. Übers.).

2 Dies bezeugt der englische Schriftsteller Arnold in seinem Buch "The Preaching of Islam"

Wer jedoch den Islam nicht als seine Religion und seinen Lebensweg annehmen will, und bei seinem Glauben bleiben will, so soll ihm auch dies gewährleistet werden, ohne daß Zwang oder Druck auf ihn ausgeübt werden darf. Das einzige, was von ihm gefordert wird, ist die Zahlung der *Dschizya*, also einer Abgabe, durch die ihm gleichzeitig Schutz innerhalb des islamischen Staates garantiert wird. Dieser Betrag wird zurückerstattet, falls es den Muslimen nicht gelingen sollte, dieses Übereinkommen zu erfüllen.[1] Dies taten die Muslime, obwohl sie selbst natürlich der Überzeugung waren, daß ihr Glaube der bessere und überlegenere Weg war.
Wer aber sowohl den Islam als auch die *Dschizya* ablehnte, war als feindlicher Gegenspieler zu erkennen, der ein friedliches Zusammenleben nicht wünschte, sondern sich an Waffen und materiellen Gütern überlegen fühlte und dies dem Islam entgegenzustellen wünschte, wie er auch seinem Volk die Sicht auf diese Religion verwehren wollte. Nur in diesem Fall durfte zu kriegerischen Mitteln gegriffen werden, jedoch mußte zuvor eine Warnung und eine Ankündigung dieser geplanten feindlichen Auseinandersetzung erfolgen, um damit die letzte Chance zur Verhinderung des Blutvergießens und zur Findung einer friedlichen Lösung auszuschöpfen.
"*Doch wenn sie sich dem Frieden zuwenden, so wende auch du dich ihm zu und setze dein Vertrauen auf Allah.*" (8:61)
So sieht der islamische Krieg aus, er ergibt sich weder aus der Habgier nach mehr Land und Macht, noch um andere Völker auszunutzen, noch hat die persönliche Lust eines Heeresführers oder eines selbst- und herrschsüchtigen Königs damit etwas zu tun. Er ist vielmehr ein Feldzug, um die Rechtleitung der Menschheit und das Wort Gottes zu verteidigen, wenn alle friedlichen Wege und Mittel fehlgeschlagen sind.

Aber selbst diese Kriegsführung hat ihre Traditionen. So verfügte der Prophet in seinen Empfehlungen: "Kämpft im Namen Gottes und für den

---

[1] Es gibt mehrere Beispiele dafür, daß sich dies tatsächlich ereignete. So beschreibt T.W.Arnold in seinem o.g. Buch auf Seite 61: "In dem Vertrag, den Khalid mit einigen Städten der Nachbarschaft von Hirah schloß, heißt es: 'Wenn wir euch schützen, gebührt uns die Dschizya, aber wenn wir dies nicht tun, so steht sie uns nicht zu.' (Mit Khalid ist der berühmte Heeresführer Khalid Bin Walid gemeint). Als Abu 'Ubaida, ebenfalls berühmter muslimischer Feldherr und Anführer, dies hörte, schrieb er an die Verwalter der eroberten Städte Syriens und ordnete an, daß die gesamte Dschizya, die von den Städten eingehoben worden war, zurückzuzahlen sei, da Herkules, der oströmische Kaiser sich zum Angriff rüstete. Dabei wurden die Einwohner wie folgt informiert: "Wir geben euch euer Vermögen zurück, denn wir haben die Nachricht erhalten, daß sich uns eine starke Streitmacht nähert. Das Übereinkommen zwischen uns war, daß wir euch schützen sollten, doch steht dies nun nicht in unserer Macht, und so geben wir euch alles, was wir nahmen, zurück. Falls wir jedoch siegen, werden wir uns euch gegenüber gemäß unserer alten Übereinkunft verpflichtet fühlen.'"

Weg Gottes. Bekämpft jenen, der ungläubig an Gott ist. Begeht keinen Verrat und verstümmelt nicht, und tötet keine Kinder." (Überlieferung von Muslim, Abu Dawud und At-Tirmidhi)
Niemand, der nicht als Kämpfender mit der Waffe in der Hand dasteht, um den Muslimen entgegenzustehen, darf getötet werden, ebenso wie auch Städte und Kulturgüter nicht verwüstet werden dürfen, oder niemandes Ehre geschändet werden darf. Es geht auch nicht an, daß manche ihren bösen Leidenschaften freien Lauf lassen. Denn: "*Allah liebt nicht jene, die Unheil stiften.*" (5:64)
Diese noblen Traditionen waren den Muslimen heilig und sie hielten sich auch daran, sogar während der gegen sie unternommenen Kreuzzüge, als sie den Feind besiegten, nachdem dieser zuvor alle Heiligtümer geschändet hatte, und die Al-Aqsa Moschee angegriffen hatte, um ein fürchterliches Blutbad unter jenen anzurichten, die darin Schutz bei Allah, dem Herrn aller Menschen, gesucht hatten. Trotzdem suchten die Muslime nicht danach, ihre persönlichen Rachegefühle zu stillen, als sie den Sieg errangen, obwohl ihnen selbst die Religion erlaubt hätte, Gleiches mit Gleichem zu vergelten. "*Wer nun gegen euch gewalttätig vorgeht, gegen den handelt in gleichem Maße gewalttätig, wie er gegen euch gewalttätig war, und fürchtet Gott und wisset, daß Gott mit den Gottesfürchtigen ist.*" (2:194). Sie hingegen gaben ein derart hohes und vorbildliches Beispiel, daß selbst in der neueren Geschichte nichts Ebenbürtiges zu finden ist.

Dies ist der grundsätzliche Unterschied zwischen der Kriegsführung der Muslime und der Nichtmuslime. Die Muslime behandelten jene Aggressoren gegen den Islam nicht als niedere menschliche Wesen, deren verdiente Strafe es gewesen wäre, als "Untermenschen" bzw. als Sklaven behandelt zu werden, obwohl ihre Verhaltensweisen diesen Schluß nahegelegt hätten. Sie sahen in ihnen vielmehr schlicht die Angreifer, die mit den Waffen in der Hand gekommen waren, um sich zwischen die Herzen der Menschen und die Leitung Gottes zu stellen. So war es im Islam nicht selbstverständlicher Brauch, Gefangene als Sklaven zu halten. Der Prophet selbst hatte einige der Gefangenen nach der Schlacht zu Badr ohne Lösegeldforderung freigelassen, während wieder andere gegen Zahlung von Lösegeld zurückgeschickt wurden. Er hatte von den Christen aus Nadschran die Zahlung der *Dschizya* verlangt, und ihre Gefangenen alle zurückgesandt, um den Menschen dadurch ein Vorbild der rechten Verhaltensweise zu geben, und sie so vielleicht für die Zukunft auf den rechten Weg zu lenken.

Es ist nicht unwesentlich, in diesem Zusammenhang die einzigen Verse zu erwähnen, die im Koran in bezug auf die Kriegsgefangenen offenbart wurden: "*(Fordert) dann hernach entweder Gnade oder Lösegeld, bis der Krieg seine Lasten (von euch) wegnimmt.*" (47:4). Die Versklavung von Kriegsgefangenen wird darin nicht erwähnt, sondern es wird von der Zahlung eines Lösegeldes und von der unentgeltlichen, bedingungslosen Freilassung der Gefangenen gesprochen. So wurde der Versklavung der Gefangenen jede gesetzliche Grundlage entzogen, um den Menschen vor Augen zu halten, daß dies nicht eine notwendige Maßnahme ist, sondern nur ein Ausweg, den das muslimische Heer benützen kann, wenn es durch äußere Umstände dazu gezwungen ist. Es muß noch einmal daran erinnert werden, daß den Gefangenen, die in die Hand der Muslime fielen, eine gute Behandlung zuteil wurde, und daß sie keine Qualen oder Demütigungen zu ertragen hatten. Sodann tat sich vor ihnen das Tor zur Freiheit auf, sobald sie dazu bereit waren, die Konsequenzen der wiedererlangten Freiheit zu tragen, denn man darf hier nicht die Tatsache übersehen, daß viele auch vor ihrer Gefangennahme bereits Sklaven gewesen waren. Es waren jene Menschen, die von den Römern oder Persern aus ihrer Heimat geraubt worden waren und zum Kampf gegen die Muslime verwendet worden waren. So handelte es sich in den meisten Fällen überhaupt nicht um eine tatsächliche Versklavung in ihrem urspünglichen Sinn, noch lag es hier immer im Interesse des Islam, auf dem Besitz solcher Sklaven zu beharren. Man schenkte ihnen die Freiheit, um damit andere auf das rechte Verhalten aufmerksam zu machen. Tatsächlich geschah es in vielen Fällen, daß nichtmuslimische Gefangene, die als Sklaven einige Zeit bei den Muslimen gelebt hatte, durch die islamische Lebens- und Handlungsweise so sehr beeindruckt waren, daß sich ihre Herzen für den Islam öffneten und sie sodann entweder die Freiheit geschenkt erhielten, oder nach eigenem Wunsch eine *Mukataba* schrieben, um sich ihre Freiheit selbständig zu erwerben. So wurde die Zeit, die sie in Sklaverei verbracht hatten in Wahrheit eine Zeit der seelischen und geistigen Genesung, bewirkt durch die gute Behandlung und die Anerkennung der Menschlichkeit, die sie erfahren hatten und die sie ohne Zwang zum Licht des Glaubens geführt hatte.

Was die Frauen anbelangt, so wurden sie mit Achtung behandelt, anders als in den nichtislamischen Ländern und Gesellschaften. Sie wurden nicht dem öffentlichen Vergnügen und der allgemeinen Schaustellung zugeführt, wie dies anderswo der Brauch war. Sie wurden vielmehr der Besitz ihres Herrn, und niemand außer ihm hatte das Recht, zu ihnen zu kommen. Außerdem hatten sie das Recht, durch *Mukataba* ihre Freiheit zu erlangen. Im Fall, daß sie ihrem Herrn ein Kind zur Welt brachten, wurde ihnen ebenfalls die Freiheit geschenkt, da ja ihr Kind frei geboren war. Im Großen und Ganzen erfuhren sie eine ebenso edle wie großzügige Behandlung.

Dies ist also die Geschichte der Sklaverei im Islam: Ein ehrenvolles Kapitel in der Geschichte der Menschheit. Denn der Islam machte die Sklaverei nicht zu einem seiner grundsätzlichen Prinzipien, was dadurch bewiesen wird, daß er die Befreiung der Sklaven mit allen möglichen Mitteln betrieben und ermutigt hat, so wie er auch alle Quellen der Sklaverei stillgelegt hat, mit Ausnahme einer einzigen, nämlich der Versklavung von Gefangenen, die in einem Krieg, der ausschließlich zu den von Gott erlaubten Bedingungen geführt werden durfte, gemacht wurden. Und selbst hier haben wir erfahren, daß dies nicht notwendigerweise der Fall war, sondern daß es, wenn dies überhaupt passierte, ebenfalls mit der Freilassung dieser Sklaven endete.

Was hingegen in den nachfolgenden islamischen Zeitaltern geschah, in denen Menschen zu Sklaven gemacht wurden, ohne daß ein Krieg nach göttlichen Maßstäben stattgefunden hätte, bzw. sie geraubt, entführt oder gekauft wurden, so sind diese Handlungsweisen zu verurteilen, da sie schlicht von der Religion verboten sind. Jene, die solche Methoden anwendeten, waren genauso ungerecht oder vom Islam entfernt wie jene zahlreichen sogenannten muslimischen Machthaber der heutigen islamischen Welt mit ihren Gewalt- und Freveltaten!

Unsere Aufmerksamkeit muß sich hier auf folgende Umstände richten:
1.) In den nicht-islamischen Staaten existierten eine Vielzahl von Ursachen für die Sklaverei, wie das Vergnügen daran, andere zu unterjochen, das eine Volk oder die eine Rasse anderen zu unterwerfen, oder die Versklavung aufgrund der Armut des anderen, nicht zu vergessen die Vererbung der Sklaverei mit der Geburt und dergleichen mehr. Alle diese Ursachen wurden durch den Islam zum Verschwinden gebracht.
2.) In Europa, wo viele Formen der Sklaverei vorhanden waren, obwohl dazu keine Notwendigkeit bestanden hätte, wurde die Sklaverei selbst dann noch nicht beendet, als sie formell bereits aufgehoben worden war. Die Geschichtsschreiber bekennen, daß die Sklaverei nur deswegen ihr Ende fand, weil die Lebensumstände der Sklaven derart schlecht waren, daß sie jeglichen Lebens- und Arbeitswillen verloren hatten, so daß die finanzielle Last der Verköstigung und Bewachung der Sklaven mehr ausmachte, als diese durch ihre Arbeitskraft einbrachten! Das Verschwinden der Sklaverei war also einzig und allein einer ökonomischen Berechnung zu verdanken, bei dem Verlust und Gewinn gegeneinander aufgewogen wurden. Es wurde dabei also kein Gedanke an die Menschlichkeit oder die Achtung vor dem menschlichen Dasein verschwendet. Ein zusätzlicher Faktor hierbei waren die ständigen Sklavenaufstände, die das Fortdauern dieser Zustände unmöglich machten.

Und trotzdem bedeutete dies nicht wirklich das Ende der Sklaverei, vielmehr wurde der Sklave, der einem Herrn gehört hatte, zum Sklaven von Grund und Boden, der mit ihm ge- und verkauft wurde, und ihm diente, ohne daß es ihm erlaubt war, ihn jemals zu verlassen, da er sonst als flüchtender Abhängiger mit der Gewalt des Gesetzes verfolgt und in Ketten gelegt und gebrandmarkt zurückgebracht wurde. Diese Art der Sklaverei blieb bis zur französischen Revolution im 18. Jahrhundert, bzw. 1100 Jahre nachdem der Islam die Grundsätze der Sklavenbefreiung bekanntgegeben und angewendet hatte, erhalten.

3.) Man sollte sich durch die Bezeichnungen nicht irre führen lassen. Die Französische Revolution schaffte die Sklaverei in Europa ab, und Lincoln tat dies in Amerika, sodann kam man auf der übrigen Welt überein, daß man diese Einrichtung verbieten müsse. Dies alles sind jedoch nur schöne Worte auf dem Papier. Die Realität sieht anders aus. Mit welchen Ausdrücken würde man das Unrecht bezeichnen, das man heute überall auf der Welt vorfindet? Wie bezeichnet man die Umgangsweise Frankreichs mit dem islamischen Marokko? Was ist es denn, was Amerika an seiner schwarzen Bevölkerung verbricht? Wie nennt man die Vorgangsweise der Engländer mit der Bevölkerung Südafrikas? Definiert sich nicht die Sklaverei aus der Abhängigkeit eines Volkes von einem anderen und aus dem Verweigern von grundsätzlichen menschlichen Rechten für eine Gruppe von Menschen? Welchen Unterschied macht es schließlich, wenn diese Mittel und Wege unter der Bezeichnung der Sklaverei oder unter der Parole von Freiheit, Gleichheit und Brüderlichkeit benützt werden? Was nützen die schönen Bezeichnungen, wenn das, was unter ihrem Deckmantel tatsächlich verfolgt wird, fürchterlicher und unmenschlicher ist als alles, was die Menschheit in ihrer bisherigen Geschichtsschreibung an Greueltaten zu verzeichnen hatte?

Der Islam war mit sich selbst und mit den Menschen aufrichtig, indem er sagte: Es gibt bei uns Sklaverei, jedoch aus folgendem einzigen Grund, und der Weg zur Befreiung daraus ist offen.

Die vorgetäuschte Scheinzivilisation von heute findet jedoch nicht einmal vor sich selbst den Weg zur Wahrheit. Sie ist zu sehr damit beschäftigt, sich selbst in strahlendes Licht zu setzen und sich brillanteste Zeugnisse auszustellen, und sie verbraucht ihre gesamte Kunst darauf, die Tatsachen und Wahrheiten zu verfälschen. Warum mußten hunderttausende Menschen in Tunesien, Algerien und Marokko getötet werden, nur weil sie Freiheit, Selbstachtung und Menschlichkeit verlangten? Sie forderten die Freiheit, in ihrem Land ohne Eindringlinge zu leben, ihre eigene Sprache zu sprechen, ihrer Religion nachzugehen, für niemanden außer für sich selbst zu arbeiten

und ihre Freiheit, mit anderen Staaten direkt in ihrer eigenen Politik und Wirtschaft zu verkehren. Der Mord an diesen Unschuldigen, ihre Haft in schmutzigen Kerkern ohne Nahrung und Wasser, die Schändung ihrer Heiligtümer und die Abscheulichkeiten, die an ihren Frauen begangen wurden, die ohne jeden Grund umgebracht wurden, und selbst ihre Leiber aufgeschnitten wurden, damit man sehen konnte, ob sie noch Kinder in sich trugen - all diese Grausamkeiten verschwinden im 20. Jahrhundert unter dem Deckmantel der Zivilisation und des Fortschritts und der Verbreitung der Grundsätze von Freiheit, Gleichheit und Brüderlichkeit.
Hingegen die ehrenvolle und großzügige Handlungsweise, die der Islam vor bereits 1300 Jahren den Sklaven angedeihen hat lassen, indem er ihm, ohne daß äußere Zwänge ihn dazu getrieben hätten, Menschlichkeit, Mitgefühl und Anerkennung schenkte und feststellte, daß die Sklaverei ein vorübergehendes notwendiges Übel sei, diese Handlungsweise wird als Rückständigkeit, Erniedrigung und Barbarei bezeichnet.

Wenn jedoch in Amerika auf den Eingangstüren von Hotels oder Clubs die Tafeln hängen mit der Aufschrift: "Nur für Weiße", oder wenn mit ganz unverfrorener Frechheit geschrieben wird: "Eintritt für Schwarze und Hunde verboten", wenn ein Farbiger von den sogenannten "kultivierten" Weißen zu Boden geschlagen und mit den Füßen auf ihn eingetreten wird, bis er sein Leben verliert, und dies nur, weil er es gewagt hatte, neben einem weißen Mädchen zu gehen, und zwar mit ihrer Einwilligung, also ohne daß er sie dazu etwa gezwungen hätte, so passiert dies alles innerhalb der Kultur und des Fortschritts des 20. Jahrhunderts!

Im Gegensatz dazu wird über 'Umar das Urteil der Barbarei und der Menschenverachtung gefällt. Wie verhält sich jedoch dazu die Tatsache, daß ein Sklave, der dem Mazdaglauben[1] angehörte, 'Umar mit der Ermordung drohte, und dieser, obwohl er die Drohung verstanden und ernst genommen hatte, nichts anderes unternahm als zu sagen: "Der Sklave hat mich bedroht". Er ließ ihn weder ins Gefängnis werfen, noch ließ er ihn töten (etwa mit dem Argument, daß dieser Sklave einer menschlichen Rasse zweiten Ranges angehörte), sondern er ließ ihn weiterhin frei herumlaufen, bis jener sein Verbrechen verübte, und der Kalif der Muslime getötet wurde. Dies alles, weil 'Umar keine Macht besaß, über ihn zu urteilen, bevor nicht tatsächlich das Verbrechen verübt worden war!

Betrachten wir die Geschichte der Einwohner Südafrikas und ihr Kämpfen um die grundsätzlichen Menschenrechte. Sie wurden getötet oder "gejagt", je

1 Magischer Glaube, in dem das Feuer verehrt wurde (Anm.d.Übers.)

nachdem welcher Ausdrucksweise sich die britische Presse bediente, weil sie sich erfrechten, ihren Stolz zu entdecken und ihre Freiheit zu fordern. Dies sind die britische Gerechtigkeit, ihre Kultur und ihre Zivilisation, ihre Menschlichkeit und ihre hohen Prinzipien. Der Islam hingegen ist eine barbarische und rückständige Religion, da er verlangte: "Hört und gehorcht, auch dann, wenn über euch ein abessinischer Sklave, dessen Kopf wie eine Rosine aussieht, eingesetzt würde, solange er nach dem Buch Allahs des Erhabenen regiert."

* * *

Als letztes wollen wir noch einmal näher auf die Frau in der Sklaverei eingehen, denn dies ist ein Thema für sich.

Der Islam erlaubte dem Herrn, daß er eine Anzahl von Sklavinnen halten konnte, die aus den gewonnen Schlachten mitgebracht wurden, um sich an ihnen zu vergnügen, bzw. eine zu heiraten, falls es ihm gefiel.[1]

In den Augen Europas ist dies eine verabscheuungswürdige Handlungsweise, die die Sklavin als erlaubten Gegenstand der Triebbefriedigung betrachtete, als einen Körper, dem weder Achtung noch Ehre entgegengebracht wurde, und dessen ganze Aufgabe darin lag, die tierische Lust des Mannes zu befriedigen, dem sie gehörte.

Das wahre "Verbrechen" des Islam liegt jedoch darin, daß er gegen die Prostitution auftritt! Denn die kriegsgefangenen Frauen wurden in anderen Ländern zum Gegenstand der allgemeinen Sinnesfreude und Triebbefriedigung gemacht, da man davon ausging, daß sie ohnehin kein Recht auf Familie mehr hatten. Da ihre Herren ihnen gegenüber in keinster Weise moralische Skrupel hatten, wurden sie als Prostituierte beschäftigt, die für ihre Herren einen gewinnbringenden Handel betrieben, indem sie sich selbst verkauften. Der "rückständige" Islam jedoch akzeptiert die Prostitution in keiner Weise, und achtet darauf, daß seine Gesellschaft rein von Verbrechen jeglicher Art bleibt. Deshalb beschränkte er die Sklavin einzig und allein auf ihren Herrn, der die Pflicht hatte, sie zu ernähren, zu kleiden und vor jedem Verbrechen zu schützen, und letztlich auch, aber nicht ausschließlich, ihre sexuellen Bedürfnisse zu befriedigen, was natürlich auch seinem eigenen Wunsch entgegenkam.

Das Gewissen Europas kann diese "Niedrigkeiten" nicht ertragen, aus diesem Grund erlaubte es die Prostitution, und nicht genug damit, es gewährt ihr sogar Gesetzesschutz!

---

1 Es sei nochmals daran erinnert, daß Sklavinnen, die nicht auf diese Weise zu den Muslimen kamen, d.h. die geraubt, entführt oder gekauft wurden, nicht unter diese Erlaubnis fallen.

Außerdem verbreitete Europa diese Einrichtung in allen Ländern, in die es seinen Fuß als Kolonialherr setzte. Wodurch wurde also die Sklaverei verändert, nachdem sie einen neuen Namen trug? Wo bleibt der Stolz und die Ehre der Hure, die kein Recht besitzt, den Freier abzulehnen, der sie ohne jedes Mitgefühl oder eine Regung der Verantwortlichkeit zur Befriedigung seiner niedrigsten Triebe benützt?

Der Islam ist aufrichtig mit sich selbst und mit den Menschen, indem er sagt: "Dies ist Sklaverei. Und dies sind Sklavinnen. Die Grenzen ihrer Behandlung liegen zwischen diesem und jenem." Die vorgetäuschte heutige Zivilisation jedoch findet nicht zu dieser Aufrichtigkeit, denn sie nennt die Hure nicht Sklavin, sondern bezeichnet sie als "gesellschaftliche Notwendigkeit"!

Und warum das? Weil der westlich kultivierte Mann für niemanden sorgen möchte, weder für eine Ehefrau, noch für Kinder. Er möchte genießen, ohne dafür Konsequenzen tragen zu müssen. Er braucht den Körper der Frau, um sich mit seiner Hilfe seiner sexuellen "Ladung" zu entledigen. Es ist ihm unwichtig, wer sie wirklich ist, noch welche Gefühle sie für ihn hegt, oder umgekehrt. Er bedient sich ihres Körpers, um seine animalischen Triebe auszuleben, und sie wiederum stellt ihren Körper zur Verfügung.

So sieht die "gesellschaftliche Notwendigkeit" aus, die im modernen Westen die Versklavung der Frau erlaubt. Würde sich der westliche Mann zu einem höheren Niveau erheben, so wäre sie nicht länger eine "Notwendigkeit" und die Allmacht seines Egos wäre gebrochen.

Jene westlichen Staaten, die die Prostitution abgeschafft haben, taten dies nicht, weil sie die Ehre und die Achtung der Frau im Auge hatten, oder weil etwa ihr charakterliches und geistiges Niveau bereits so hoch entwickelt war, sondern im Gegenteil, weil die freiwilligen Prostituierten so überhand nahmen, daß für die Professionellen kein Geschäft mehr zu machen war!

Und trotz all dieser Tatsachen glaubt sich der Westen dennoch weiterhin dazu berufen, über die Kriegssklavinnen im Islam die Nase zu rümpfen, über ein System, das vor 1300 Jahren existiert hat, das von Beginn an nicht dazu erkoren war, für die Ewigkeit gemacht zu sein, und dennoch wesentlich sauberer und gerechter war, als das des 20. Jahrhunderts. Es zu verurteilen oder zu kritisieren wagt niemand, selbst wenn es bis ans Ende der Menschheit andauern sollten. Es soll nur jetzt niemand sagen, daß jene "freiwilligen" Prostituierten von niemanden dazu gezwungen würden, und daß sie dieses Los durch ihre eigene freie Entscheidung herbeigeführt hätten. Ein System, das seine Bevölkerung durch die wirtschaftlichen, sozialen, politischen, und ideellen Umstände dazu bringt, die Hurerei anzunehmen und sie noch dazu als bleibende Realität zu akzeptieren, schafft keine mündigen und verantwortlichen Charaktere!

Dies war und ist die Geschichte der Sklaverei im Westen: Sklaverei für Männer und Frauen, für Völker und Rassen. Eine Sklaverei, die durch zahlreiche Quellen gespeist wurde und sich in verschiedenen, sich ständig ändernden Formen zeigte.

Wir könnten noch weiter die Form der kommunistischen Versklavung ausführen, die seinem Volk jedes Recht auf freie Wahl nimmt, oder die andere kapitalistische Seite dieser Welt, die dem einzelnen nur die Wahl läßt, zwischen den verschiedenen Arten und Herren der Ausbeutung zu wählen.

Lassen wir dies nun alles beiseite und stellen wir uns nur noch eine Frage: Hat die Menschheit einen tatsächlichen Fortschritt in diesen vergangenen Jahrhunderten gemacht, in der sie sich vom Islam und seiner Offenbarung immer weiter entfernte? Oder braucht sie in ihrer tatsächlichen Rückschrittlichkeit und in der Dunkelheit, in der sie sich befindet, nicht um so mehr die Hilfe eines Systems, das sie aus dieser Finsternis wieder ans Licht bringt?

Der Islam und der Feudalismus

Vor kurzem[1] kam mir zu Ohren, daß ein Student der Universität eine wissenschaftliche Studie vorlegte, in der er beweist, daß der Islam ein feudalistisches System ist, und daß der Besagte dadurch den Magistergrad erlangte! Ich war über die Meinung der Professoren noch weitaus mehr erstaunt als über die des Studenten, denn dieser mag unwissend sein oder schlechte Absichten verfolgen. Wie ist es jedoch möglich, daß Universitätsprofessoren, die die Elite der Wissenschaft darstellen und über ein fundiertes geschichtliches Wissen verfügen sollten, im Verständnis von sozio-ökonomische Verhältnissen und Systemen auf ein derart niedriges Niveau sinken können?

Meine Verwunderung legte sich jedoch sehr bald wieder, als ich mich daran erinnerte, aus welcher Schule diese "hervorragenden" Wissenschaftler kamen. Sie waren es, die der bedauernswerten Generation entstammten, die nach der westlichen Fasson erzogen wurden, und die speziell dafür nach Europa geschickt wurden, um "ihr Wissen zu erweitern", wie es hieß.

Nun, ehrenwerte Wissenschaftler, was ist der Feudalismus wirklich, und was sind seine Eigenschaften?
Ich will hier eine Definition zitieren, die ich dem Buch "An-Nizham Al-Ischtiraki" ("Das sozialistische System") von Dr. Raschid Al-Barawi entnommen habe: "Der Feudalismus ist die Bezeichnung für eine Art der Produktion, der auf der andauernden Leibeigenschaft (engl.: Serfdom) besteht. In diesem System ist der eigentliche Produzent seinem Herrn verpflichtet, ihm bestimmte wirtschaftliche Forderungen zu erfüllen, die entweder in Form von Diensten, oder durch Bezahlung mit Geld oder Naturalien geleistet werden." Um dies alles noch etwas näher zu erklären, kann man sagen, daß das feudalistische System sich in zwei Klassen aufteilte: Die erste, die sich aus den Großgrundbesitzern zusammensetzte, und die zweite Klasse derjenigen, die das Land bebauten, und die je nach ihrer Tätigkeit in verschiedene Lohnklassen aufgeteilt waren. So gab es Bauern, Knechte und Landarbeiter. Die Bauern waren die eigentlichen Produzenten, denen das Recht auf ein Fleckchen Erde gegeben war, auf das sich ihr gesamter Lebensunterhalt begründete. Ebenso betrieben sie in ihren Häusern einfache Handwerksarbeit, die mit der Landwirtschaft in Zusammenhang stand. Als Gegenleistung dafür mußten sie vielerlei

---

[1] Dieses Buch erschien in seiner Erstausgabe bereits im Jahre 1958

Dienstleistungen vollbringen, wie z.B. den Grund und Boden der Herrschaft mit ihren Geräten und ihrem Vieh bebauen, außerdem waren sie während der Erntezeit zu zusätzlichen Arbeiten verpflichtet, so wie sie auch bei den verschiedenen Festen und feierlichen Anlässen der Herrschaft Geschenke darbieten mußten. Zusätzlich waren sie verpflichtet, die Mühlen oder Pressen des Gutsbesitzers zu benutzen, wofür jener natürlich Bezahlung verlangte.
Dem Gutsherrn oblag außerdem die Gerichtsbarkeit, das heißt, er verwaltete das gesamte gesellschaftspolitische Lebenssystem seiner Untertanen. "...Außerdem erfreute sich dieser eigentliche Produzent im feudalistischen System nicht der "Freiheit" im heutigen Verständnis des Wortes, denn ihm gehörte eigentlich nicht wirklich der Boden, von dem er lebte, da er in keiner Weise das Recht hatte, darüber zu verfügen, sei es durch Verkauf, Vererbung oder Schenkung. Trotzdem er seinen eigenen Vorteil dabei oft in den Hintergrund stellen mußte, hatte er für den Boden, der seiner Herrschaft gehörte, harte Arbeit zu leisten. Zusätzlich hatte er seinem Herrn auch Steuern zu bezahlen, deren Höhe keine Grenzen kannte. Dadurch bekannte sich der Leibeigene zu seiner ihm zugeschriebenen Natur, und er mußte es auf sich nehmen, samt dem Grundbesitz weitergegeben zu werden, wie es den Feudalherren gefiel. Er besaß außerdem kein Recht dazu, seinen Arbeitsplatz zu verlassen oder unter einem anderen Herrn zu dienen. Der Leibeigene nimmt also die Mittelstellung zwischen dem Sklaven in alter Zeit und dem freien Bauern in der neuen Zeit ein."

Der Grundbesitzer bestimmte die Größe der Bodenfläche, die er dem Bauern überließ, um sie für seine eigenen Zwecke zu bebauen. Er setzte auch das Maß der übrigen Dienstleistungen fest, die er vom Pächter verlangte, und jeder der Feudalherren war in seinen Entscheidungen und Bestimmungen völlig frei und unabhängig. Im allgemeinen nahm er auch auf die Forderungen und Nöte seiner Leibeigenen keine Rücksicht.
Al-Barawi führt weiter aus, daß im 13. Jahrhundert die Bauern immer öfter versuchten, aus ihrer bedrückenden Lage zu entfliehen, und es setzte die sogenannte "Bauernflucht" ein. Die Adeligen beantworteten dies, indem sie sich untereinander verbündeten, so daß jeder Bauer, egal auf wessen Grundstück er angetroffen wurde, zu ergreifen und gefangenzunehmen war. Was die Adeligen beunruhigte, war, daß dies eine allgemeine Erscheinung geworden war, und sie um ihre eigene Abhängigkeit von diesen Arbeitskräften wußten. Ihre Bemühungen, die alten Zustände wiederherzustellen, scheiterten schließlich, und so waren sie gezwungen, nach einer anderen Lösung zu suchen. Man bot den Leibeigenen die Möglichkeit, sich aus dem Frondienst loskaufen zu können und auf diese Weise ihre Leibeigenschaft beenden zu können.

Vielen der Bauern gelang es sodann, die Not der adeligen Feudalherren auszunutzen und sich ihre persönliche Freiheit zu erwerben. Diese Entwicklungen blieben zwar nicht vorherrschend bis ins 14. Jahrhundert, aber das Entscheidende daran ist, daß der Zusammenbruch der feudalistischen Gesellschaft begonnen hatte, und er sich in den darauffolgenden Jahrhunderten fortsetzte.[1]

Dies sind die wesentlichen kennzeichnenden Punkte des Feudalsystems, die wir im Detail beschrieben haben, um jedes Mißverständnis oder jede Verwechslung mit anderen Begriffen und Systemen zu verhindern. Nun lautet meine Frage: Wo und wann finden sich diese Elemente im Islam?

Ich nehme an, daß jene "Wissenschaftler" die Feudalwirtschaft mit einer Entwicklung der islamischen Gesellschaft verwechseln, die zu einer Aufteilung zwischen Landgutbesitzern und Bauern führte, die diese Ländereien bewirtschafteten. Dies ist jedoch eine sehr oberflächliche Betrachtungsweise, die nicht durch Fakten begründbar ist. Um näher darauf einzugehen kehren wir zu den kennzeichnenden Faktoren der Leibeigenschaft zurück, um sie Punkt für Punkt mit dem zu vergleichen, was in der islamischen Gesellschaft passierte.

1. Die andauernde Leibeigenschaft (engl.: Serfdom)

2. Die Verpflichtungen, die der Bauer gegenüber seinem Herren übernehmen mußte, und die bestanden aus:
a) Unbezahlter Zwangsarbeit auf dem Grund und Boden des Herrn einen Tag in der Woche,
b) Frondienst während der Erntezeiten,
c) er Abgabe von Geschenken zu verschiedenen Festtagen und feierlichen Anlässen (Es ist dabei besonders zu bemerken, daß der Arme dem Reichen etwas schenken mußte!),
d) dem Mahlen des Kornes in den Mühlen des Grundherrn (wobei wir das Pressen der Weintrauben hier übergehen wollen, da Alkohol im Islam verboten ist).

3. Das Recht des Adeligen, nach seinem eigenen Ermessen das Ausmaß der Grundfläche zu bestimmen, die der Leibeigene für sich zugesprochen bekam. Außerdem setzte er alleine fest, welche Arbeiten und Steuern zu leisten waren.

---

1 vgl. dazu "An-Nizham Al-Ischtiraki" S. 22 bis 33

4. Die Ausübung der alleinigen Gerichtsbarkeit durch den Adeligen, der je nach seiner Laune und seinem Gutdünken über die Leibeigenen verfügen konnte, da es kein allgemeingültiges Gesetz gab.

5. Der Zwang, daß die Bauern sich ihre Freiheit erkaufen mußten, als dieses System ins Wanken geriet.

Nun, nach diesen Ausführungen, steht jedem der Weg offen, in der islamischen Geschichte nach einem solchen System zu suchen!

Was die fortdauernde Leibeigenschaft anbelangt, so kennt und kannte der Islam außerhalb der Einrichtung der Sklaverei einen solchen Gedanken überhaupt nicht, und was die Gründe und Ursachen bzw. die Möglichkeiten der Befreiung waren, das haben wir zur Genüge im vorangegangenen Kapitel behandelt. Fest steht, daß im Islam eine Leibeigenschaft in bezug auf Grund und Boden nicht existiert. Die Sklaven, die durch den Krieg gewonnen wurden und, jedenfalls im Verhältnis zur Gesamtbevölkerung, eine Minderheit waren, arbeiteten für ihre Herren im Landbau, falls sie nicht freigelassen wurden oder sich durch die *Mukataba* ihre Freiheit erwerben wollten. Es gibt aber hier einen Bedeutungsunterschied, da mit den Leibeigenen sowohl Bauern als auch sämtliches anderes Arbeitspersonal gemeint war, die dem Grund und Boden "gehörten", und nicht wie die Sklaven, einem Herren. Sie besaßen weder das Recht, diesen Boden zu verlassen, noch sich von den Pflichten, die ihnen auferlegt waren, zu befreien.

Diese Art der Sklaverei bzw. Leibeigenschaft gab es im Islam tatsächlich nicht, da es grundsätzlich nur **eine** wirkliche Abhängigkeit geben kann, nämlich die gegenüber Gott, dem Schöpfer des Lebens. Der Gedanke, von einem Geschöpf Allahs besessen zu werden, wird vom Islam grundsätzlich abgelehnt. Wenn es diese Erscheinung in der Sklaverei vorübergehend gegeben hatte, so nur, weil sie eine unumgängliche Notwendigkeit gewesen war, deren Wurzeln man zu vernichten trachtete, und bei der der Staat selbst alles unternommen hatte, Hilfestellung und Unterstützung in jeder Weise zu geben.
Außerdem begründete der Islam niemals seine Ökonomie auf dem System der Abhängigkeit eines Menschen gegenüber einem anderen. Wie wir bereits wiederholt darstellten, gab es für die Sklaverei keinerlei wirtschaftliche Notwendigkeit, und daher tat der Islam und der islamische Staat alles dazu, diese Sklaven zu selbständigen Individuen zu erziehen, so daß sie für ihr eigenes Dasein verantwortlich sein konnten. Der Islam begründet sein

System auf der Freiheit der Arbeit, auf der Zusammenarbeit und auf der gegenseitigen Unterstützung aller. Der Staat ist jedoch stets präsent, um helfend einzuspringen, falls jemand aus irgendeinem Grund nicht fähig zur Arbeit ist. Wenn also der Schutz des Staates stets vorhanden ist und für jeden offen steht, gibt es keinerlei Anlaß, daß sich jemand einem anderen oder dem Grundbesitz zum Sklaven macht, da er seine Freiheit und die Erfüllung der Grundanforderungen des Lebens auf andere Weise besitzt.

Was das Verhältnis von Bauer und Grundbesitzer anbelangt, so kannte der Islam jene Verpflichtungen des Frondienstes und andere überhaupt nicht. Die Beziehung, die zwischen dem Bauern und dem Besitzer des Landes bestand, war die der Pacht bzw. die der *Muzarica*, d.h. ein zeitlich begrenzter Pachtvertrag gegen einen prozentualen Anteil am Ackerland. Im ersten Fall mietet der Bauer je nach seinem Vermögen und seinen Möglichkeiten ein Stück Land. Er ist frei anzubauen, was er will, so wie auch die Ernte und die Ausgaben für den Landbau ihm überlassen sind.
Im zweiten Fall ist der Bauer Teilhaber des Grundbesitzers, wobei dieser für die Ausgaben aufkommen muß, während der andere durch seine Arbeitskraft seinen Anteil für das Ackerland leistet. Die Gewinne aus der Ernte werden am Ende des Jahres geteilt.

In beiden Fällen gibt es weder zwingende Verpflichtungen noch kostenlose Dienstleistungen des Bauern gegenüber dem Grunbesitzer. Die Pflichten, Freiheiten und Rechte sind vielmehr auf beide Seiten aufgeteilt. Es ist dem Bauern frei überlassen, sich das Ackerland oder den Grundbesitzer, dessen Teilhaber er werden will, auszusuchen. Er ist außerdem frei in seinen Verhandlungen mit dem Grundbesitzer über die Höhe der Pacht. Wenn das Angebot nicht gewinnbringend für ihn wirkt, so kann niemand ihn zwingen, trotzdem für diesen Mann zu arbeiten. Ebenso verhält es sich in der *Muzarica*, wenn der Bauer der Meinung ist, daß das Verhältnis seiner Arbeit nicht im Einklang mit der Leistung des Landbesitzers steht.
Es ist auch nicht wie im Feudalsystem üblich, daß der reiche Grundbesitzer vom armen Bauern beschenkt wird. Im Gegenteil dazu sieht der Islam es als Pflicht des Reichen, den Armen zu beschenken und zu unterstützen. Dies ist besonders im Ramadan der Fall, der bei den Muslimen eine ganz besondere Stellung genießt, und in dem sich die Verwandtschafts- und Freundesbande besonders fest verknüpfen und bestätigen sollen. Diese Verhaltensweise entspringt auch dem natürlichen und logischen Verständnis des menschlichen Verhaltens.

Das geerntete Korn wird nach altem islamischen Brauch von den Armen in den Mühlen gemahlen, denen diese Aufgabe überantwortet wurde, um sich aus dieser Tätigkeit ihren Lebensunterhalt zu verdienen. Es obliegt in keiner Weise dem Grundbesitzer, die Verwendung seiner Mühlen den Bauern aufzuwingen.

Im Islam wurde also eine freiheitliche Beziehung aufgebaut, die sich auf der gegenseitigen Achtung und der völligen Gleichberechtigung der menschlichen Ehre begründete. Was den Schutz anbelangt, den der feudalistische Grundherr seinen Untertanen gewährte, so mußten die Bauern diesen "Dienst" mit völliger Abhängigkeit und Unterdrückung bezahlen. Im Islam hingegen übernahmen die Grundbesitzer diese Tätigkeiten selbstverständlich und freiwillig, ohne daß sie dafür eine Gegenleistung erwarteten, denn sie taten dies alles, um Allah dadurch näher zu kommen und Ihm zu dienen. Dies ist der gewaltige Unterschied zwischen einem System, das auf dem Glauben an Gott beruht, und einem System, das außerhalb des Glaubens errichtet wird. Im ersteren werden alle sozialen Dienstleistungen zum Gottesdienst, während sie im letzteren nur noch eine Angelegenheit von Gewinn und Verlust sind, bei der jeder darauf achtet, möglichst wenig zu bezahlen und möglichst viel zu erlangen, und so gehört das Recht schließlich dem Stärkeren, anstatt dem Gerechten.

Der nächste Punkt in der Liste der Kennzeichen des Feudalsystems ist der, daß es dem adeligen Grundbesitzer überlassen war, wieviel Landfläche er dem Leibeigenen gewährte, bzw. die Festsetzung des Ausmaßes und der Art des Frondienstes. Diese beiden Elemente finden sich nun schon gar nicht im Islam, dessen System sich auf völlig anderen Grundelementen aufbaut, als denen der Herrschaft des Adeligen über den leibeigenen Bauern. Die Größe des Landstriches, den der muslimische Bauer zu pachten wünscht, bestimmt er selbst frei nach seinen Möglichkeiten, während die Arbeit, die er leistet, von ihm und für sich selbst ist. Die Aufgabe des Landbesitzers ist einzig und allein die Festsetzung der Höhe der zu zahlenden Pacht.
In der *Muzarിʿa* hingegen entspricht das Ausmaß der zu bearbeitenden Ackerfläche der Anzahl der dem Bauern zur Verfügung stehenden Hände (zumeist die seiner Familie) und seiner eigenen körperlichen Fähigkeiten. Die Arbeit, die von ihm verlangt wird, ist jene, die benötigt wird, um aus dem Boden den entsprechenden Ertrag zu erbringen, an dem er selbst ja seinen gleichberechtigten Anteil hat. Was die übrige Ackerfläche des Grundbesitzers anbelangt, so hat sie mit dem Vertrag zwischen Besitzer und Bauer nicht das Geringste zu tun, und natürlich ist er in keinster Weise dazu verpflichtet, auf ihr zu arbeiten.

Der wichtigste Punkt, in dem sich das feudalistische System vom Islam unterscheidet, ist jedoch der der Ausübung der unbedingten Gerichtsbarkeit des Feudalherrn über seine abhängigen Untertanen, und seine Lenkung ihres sozialen und politischen Lebens.

In den europäischen Staaten existierte zu dieser Zeit noch nicht einmal eine umfassende Gesetzesgebung, die dem allgemeinen Verständnis von Gesetz gerecht geworden wäre. Das römische Recht, das später die Grundlage der europäischen Gesetzgebung wurde, gab den Feudalherren das Recht, ihr ihnen abhängiges Volk zu regieren und zu richten, wie es ihnen angemessen erschien, also nach persönlichem Gutdünken. Es handelte sich sozusagen um einen Kleinstaat im Staat, in dem sich die Regierung nicht einmischen konnte.

Im Islam sah dies völlig anders aus, da das allgemeine Recht von einer zentralen Regierung ausging, die dessen Befolgung im gesamten Staatsbereich überwachte. Zu diesem Zweck wurden Gerichtshöfe eingerichtet mit spezifischen Wirkungsbereichen, denen wiederum entsprechend ausgebildete Richter zugewiesen wurden, die in der Rechtsprechung völlig unabhängig waren (ausgenommen Irrtümer oder persönliches Fehlverhalten). Was sich bis zur heutigen Zeit verändert hat, ist das Bild der Regierung, denn sie nahm den Charakter einer vererbbaren Monarchie an, die nicht mehr durch einen frei zu leistenden Eid der Untertanen bestätigt werden mußte. Was jedoch bis heute blieb, ist das Rechtssystem, bei dem die Regierung sich um alle seine wesentlichen und unwesentlichen Teile annimmt. Es sind noch immer die allgemein gültigen Gesetze, nach denen die Menschen richten und gerichtet werden. Vielleicht gibt es zwischen den Auslegungen der einzelnen Rechtsgelehrten Unterschiede, doch auch diese haben gewisse Grenzen. Entscheidend ist, daß der Landbesitzer keinen spezifischen Willen in dieser Hinsicht kundtun kann. Er hat sich nach der Leitung Gottes und nach Seinem Gesetz zu richten, das auf alle Menschen gleich, ohne Unterschied auf Zugehörigkeit zu einer bestimmten Gesellschaftsklasse, angewandt wurde. Dies gilt nicht nur im Fall von Grundbesitzer und Bauer, die ja beide als freie Männer gelten, sondern auch im Fall Sklave und Besitzer, und selbst wenn es sich um König und Untertan handelt.

Es gibt keinen Zweifel daran, daß es Fälle gab, in denen Richter nicht nach dem Gesetz oder nach ihrem besten Wissen und Gewissen richteten, sondern ihren eigenen Interessen oder denen eines reichen, wichtigen Mannes dienten. Solche Fälle können aber nicht als Allgemeinzustand betrachtet werden, denn selbst die europäischen Geschichtsschreiber bekennen, daß dies Ausnahmefälle waren. Es kann auch nicht angehen, nur solche Fälle zu zitieren, und alle anderen, die beispiellos in der Geschichte der Menschheit dastehen, außer acht zu lassen. So z.B. als ein Richter für den Armen und gegen die Interessen des Reichen und Mächtigen entschied. Dieser Reiche war nicht ein Grundbesitzer oder Minister, nein es war der Sultan persönlich, gegen den er das Urteil fällte. Der Richter wurde weder seines Amtes enthoben, noch rächte sich der Sultan an dem Richter in anderer Weise!

In der islamischen Welt gab es niemals eine ähnliche Erscheinung wie die Bauernflucht der europäischen Feudalzeit. Die Bauern waren ja Heren ihrer selbst und konnten nicht nur von einem Grundherrn zum anderen ziehen, sondern überhaupt von einem Land ins andere wechseln, so oft sie wollten und wie weit es ihnen beliebte. Die einzige Gewalt, die sie an einem bestimmten Flecken Erde festhalten konnte, war ihr eigener Wille und ihre eigene Liebe zu diesem Landstrich. So war es immer schon eine Eigenschaft der ägyptischen Bauern, eher seßhaft und wenig wanderlustig zu sein. Andere jedoch waren nicht so sehr auf ein bestimmtes Land fixiert und reisten fleißiger umher, wobei ihnen keine Gewalt im Wege stand, die sie daran gehindert hätte.
Es versteht sich von selbst, daß islamische Bauern sich niemals loskaufen mußten, da sie ja tatsächlich freie Menschen waren.

Es ist außerdem erwähnenswert, daß es in islamischen Ländern eine große Anzahl von kleineren Ländereien gab, die deren Besitzer neben ihrer Arbeit im Handel zu See oder zu Land, oder in den verschiedenen Gewerben, die damals bekannt waren, bewirtschafteten, um daraus ihren Eigenverbrauch zu decken. Dies hinterläßt freilich ein völlig anderes Bild, als das der dunklen Feudalzeit des europäischen Mittelalters, aus dem sie erst durch ihre Berührung mit dem Islam während der Kreuzzüge bzw. während der Zeit der Muslime in Andalusien erwachten.
Aus all dem, was wir bis jetzt angeführt haben, läßt sich leicht ersehen, daß es kein feudalistisches System gab, solange der Islam die Länder regierte, denn sein ideologisches, ökonomisches und juristisches System erlaubten solche Auswüchse gar nicht. Selbst die beginnenden feudalistischen Entwicklungen zur Zeit der Umayyaden und Abbasiden waren noch sehr begrenzt und besaßen noch nicht den Charakter eines vorherrschenden Phänomens. Tatsächliche Leibeigenschaft in islamischen Ländern findet man erst während der späten Zeit der Osmanen, als die Religion ihren Einfluß auf die Seelen der Menschen bereits verloren hatte, und der Islam nur noch als Bezeichnung gekannt wurde. Dies ist die Zeit der osmanischen Paschas, deren bekannteste Gestalt Muhammad ᶜAli der Große war, und der anderen ähnlich ausgerichteten Königshäuser der islamischen Welt. Diese Tendenz zur Religionsentfremdung wurde noch durch die imperialistischen

europäischen Mächte verstärkt, die den Orient besetzten und den letzten noch verbliebenen Geist der Frömmigkeit und des Verantwortungsbewußtseins für die Gemeinschaft vernichteten. Die Reichen nützten nun schamlos die Armen aus und versetzten sie mit Hilfe der Untersuchungsbehörden des Königshauses und der Fürsten in erniedringende Abhängigkeit und Angst. Bis heute lebt diese Art der Leibeigenschaft in unseren Landen, aber sie hat ihren Ursprung nicht im Islam, er ist nicht verantwortlich dafür, so wie er es auch nicht war, als er noch in unserem Land regierte. Heute regieren die europäischen Gesetze, die Schüler des Westens ins Land brachten, und an denen sie in der Abhängigkeit von Leibeigenen festhängen und die feudalistische Tradition fortführen!

* * *

Am Ende unserer Ausführungen können wir nun einiges zusammenfassend darstellen, was gerade in der heutigen Welt der gegensätzlichen Prinzipien und Ideologien immer wieder Verwirrung schafft:

1.) Es ist weder der Besitz, der die Menschen hauptsächlich zur Leibeigenschaft führt, noch ist es das Verlangen nach Eigentum. Es ist vielmehr die Natur der Beziehung zwischen Besitzendem und Nicht-Besitzendem, die entscheidend ist. Aus diesem Grund finden wir im Islam Besitzende, jedoch keinen Feudalismus, da die Natur der Beziehungen, die der Islam zwischen die Menschen setzt, die Abhängigkeit von Menschen untereinander nicht erlaubt.

2.) Der Grund für den europäischen Feudalismus ist nicht in der zwingenden wirtschaftlichen Situation zu suchen, oder etwa darin, daß man davon ausgeht, daß dies eine unvermeidliche Entwicklungsphase der Menschheit wäre, durch die sie auf jeden Fall hindurch müßte. Der wahre Grund liegt vielmehr in der nicht vorhanden gewesenen Religion, die die Menschen das Mitgefühl füreinander gelehrt hätte, und ihre Beziehungen zueinander geregelt hätte. Wäre ein solcher Glaube präsent gewesen, so hätte er die Entwicklung einer solch unmenschlichen Politik verhindert, selbst wenn die ökonomische Situation dazu gedrängt hätte.

3.) Die Entwicklung der ökonomischen Verhältnisse, wie sie die kommunistische Theorie zeichnet, nämlich in den Phasen von Urkommunismus, Sklaverei, Feudalismus, Kapitalismus und Endkommunismus, trifft einzig auf die Geschichte des Westens zu und spiegelt nur die westliche Realität wider. Das heißt jedoch noch lange nicht, daß der Rest der Welt diesen Weg zu gehen hätte oder ihn gehen wird. Denn wir haben gesehen, daß die islamische Welt darauf verzichten konnte, daher besteht auch keine Notwendigkeit für sie im Kommunismus zu enden!

Der Islam und der Kapitalismus

Der Kapitalismus entstand nicht in der islamischen Welt, da er erst nach der Erfindung der Maschinen geboren wurde. Das Zeitalter der Industrialisierung hatte, wie wir alle wissen, seinen Anfang im Westen. Dies hätte jedoch nicht zwingend der Fall sein müssen, wenn die islamische Herrschaft in Andalusien angedauert hätte und nicht durch die Bemühungen der Inquisition ihr Ende genommen hätte.

Gewiß, die wissenschaftliche Bewegung in Andalusien war auf dem besten Weg zur Erfindung der Maschine, jedoch die politischen Entwicklungen vertrieben die Muslime aus diesem Land, und so verspätete sich der wissenschaftliche Fortschritt um einige Jahrhunderte, bis Europa endlich aus seinem Dornröschenschlaf der Unwissenheit erwachte, und sich die Forschungen und das Wissen der Muslime aneignete, sowie auch das Wissen der Griechen, das ebenfalls in den Bibliotheken der islamischen Welt erhalten geblieben war. Von diesem Moment an stieg die westliche Welt in der Leiter der Wissenschaft und Forschung nach oben und wurde führend auf dem Gebiet der Erfindungen.

Der Kapitalismus wurde vielmehr in die islamische Welt verschleppt, als sie in Armut, Unwissenheit, Krankheit und Rückständigkeit ertrinkend, dem Griff Europas ausgeliefert war. Er nahm seinen Weg im Namen des "Fortschritts", und einige glaubten, daß der Islam den Kapitalismus in seinen guten wie in seinen schlechten Eigenschaften akzeptiere, da er auch das Recht auf persönliches Besitztum gutheißt. Man glaubte daran, daß dieses Recht im Laufe der Zeit und des allgemeinen Fortschritts eben zum kapitalistischen Besitzrecht geworden sei, und daß daher vom islamischen Gesetz und System her nichts dagegen einzuwenden sei, denn wenn der Islam den Ursprung befürwortet. Dann kann er auch gegen das Ergebnis nichts vorzubringen haben!

Als Antwort auf solche Gedanken würde bereits eine einfache Binsenweisheit genügen, die jeder kennt, der ein bißchen Ahnung von Ökonomie hat, nämlich, daß der Kapitalismus nicht ohne seine Zinsen- und Monopolwirtschaft entstehen und zu dem Ausmaß, das er heute besitzt, anwachsen konnte. Beides sind Dinge, die der Islam bereits vor mehr als tausend Jahren, und noch lange bevor es den Kapitalismus gegeben hat, eindeutig verboten hat!

Wir wollen uns jedoch nicht so sehr mit unserer Antwort beeilen, sondern einmal von der Annahme ausgehen, die Maschine wäre in der islamischen Welt erfunden worden. Wie wäre der Islam diesem enormen ökonomischen Fortschritt, der durch diese Erfindung ins Rollen gebracht worden wäre, gegenübergestanden? Wie hätten die islamische Gesetzgebung und das islamische System die Beziehung von Arbeit und Produktion behandelt?

Die Wirtschaftsexperten, auch jene, die wie Karl Marx dem kapitalistischen System feindlich gegenüberstehen, sind sich darüber einig, daß der Kapitalismus bei seinem Entstehen einen gewaltigen Schritt nach vorne in der Entwicklung der Menschheit tat, und daß er für sie auf den verschiedensten Gebieten große Dienste geleistet hat. So vergrößerte sich die Produktion, es verbesserten sich die Verkehrsmittel, und die natürlichen Ressourcen wurden in noch nie dagewesenem Ausmaß genützt. Die Lebensqualität der Arbeiterklasse wurde im Vergleich zu ihrer früheren Abhängigkeit von der landwirtschaflichen Produktion verbessert. Diese Sonnenseite war jedoch nicht von allzu langer Dauer, da der Kapitalismus in seiner natürlichen Entwicklung, wie manche sagen, dazu führte, daß sich der Reichtum in den Händen einiger weniger ansammelte, während das Kapital der Arbeiter immer weiter schrumpfte. So beschäftigte der Besitzer des Kapitals den Arbeiter, der nach kommunistischer Meinung der eigentliche Produzent ist, um die größtmögliche Produktionsrate zu erzielen. Er bezahlte dem Arbeiter dafür einen niedrigen Lohn, während er den Wertzuwachs in Form von atemberaubenden Gewinnen einstrich und damit ein Leben in unerhörtem Luxus führte. Dem Arbeiter hingegen war es von seinem kargen Lohn nicht einmal möglich ein menschenwürdiges Dasein zu fristen.
Hier setzt bereits der nächste Schritt an: Der niedrige Lohn des Arbeiters erlaubt ihm nicht, sich der Produktion in ausreichendem Maße zu bedienen. Andererseits kann der Lohn des Arbeiters nicht so weit erhöht werden, daß die Produkte im eigenen Land vollen Absatz finden, denn so würden die Gewinnbeträge in empfindlichem Ausmaß heruntergesetzt werden, was wieder der kapitalistischen Idee zuwider läuft, denn sie produziert ausschließlich zur Erzielung von Gewinn. Und hier genau beginnt der Zuwachs der produzierten Waren, der die kapitalistischen Länder veranlaßte, auf der Suche nach neuen Absatzmärkten ihre Hand nach Kolonien auszustrecken, aus denen man gleichzeitig billige Rohstoffe einführen konnte. Was dann noch auf den Märkten liegenblieb, verbrauchte sich in fürchterlichen, alles zerstörenden Kriegen...!
Trotzdem ereigneten sich in der Geschichte des Kapitalismus einige Krisen als Folge der ständig kleiner werdenden Reallöhne und der weltweiten Absatzkrisen im Vergleich zur steigenden Produktionsrate.

Es gibt einige, die in ihrer Naivität behaupten, daß diese Mißstände von den Besitzern des Großkapitals nicht beabsichtigt waren, und daß sie gar keine Absicht gehabt hätten, andere auszunützen, es handelte sich vielmehr um die Natur des Kapitals, die diese Entwicklungen verursachte! Diese Gedanken beweisen den Charakter von passiven Menschen, die vor der Macht des Kapitals kraft- und hilflos stehen und ihre Persönlichkeit verloren haben. Wir wollen indes zurückkehren zu unserer Frage, was wäre geschehen, wenn der Kapitalismus sich in der islamischen Welt entwickelt hätte?

Der erste Schritt dazu ist die Behauptung der Wirtschaftsexperten, daß der Kapitalismus in seinen Anfängen für die Menschheit viel Gutes gebracht hätte, bzw. daß das Gute in ihm das Überwiegende gewesen wäre, und daß der Islam daher nichts gegen diese Wirtschaftsform einzuwenden gehabt hätte, da es seine Aufgabe sei, das Gute auf der Welt zu unterstützen und zu verbreiten.

Es liegt jedoch nicht in der Natur des Islam, solche Entwicklungen ohne einen gesetzlichen Rahmen zu belassen, der die Ausbeutung, die mit dem Kapitalismus einhergeht, egal ob sie nun vom Besitzer des Grundkapitals veranlaßt und beabsichtigt ist oder nicht, verhindert hätte. Die gesetzlichen Bestimmungen, die das islamische Recht vorsieht, definieren den Arbeiter als Teilhaber des Finanziers am Gewinn. Einige Rechtsgelehrte der malikitischen Schule gingen sogar so weit, das Verhältnis der Teilhaberschaft des Arbeiters zu der des Geldgebers mit der Hälfte am gesamten Gewinn festzulegen, da die Anstrengung des Arbeiters mit der des Geldgebers in gleichem Verhältnis zu setzen seien.
Es fällt einem sofort die fast schon befremdend wirkende große Fürsorge auf, mit der der Islam auf die Herstellung, das Wachsen und die Fortdauer der allgemeinen Gerechtigkeit achtet. Und dies nicht aufgrund von wirtschaftlichen Zwängen, die den damaligen Rechtsgelehrten noch gar nicht bekannt waren, und nicht aufgrund der Auseinandersetzungen zwischen den unterschiedlichen Klassen, die gewissen wirtschaftlichen Theorien erst den Anstoß dazu gaben, sich als die wahren treibenden Kräfte zur Entwicklung der ökonomischen Beziehungen zu verstehen. Zu jener Zeit hatte die gewerbliche Produktion einen äußerst einfachen, handwerklichen Charakter, bei der wenige Arbeiter in einem bescheidenen Betrieb arbeiteten. Diese Gesetzgebung, die wir vorhin aufgezeigt haben, war jedoch bereits die Garantie für eine gerechte Beziehung zwischen Geldgebern und Arbeitern. Von solcher Redlichkeit konnte Europa in seiner langen Geschichte nur träumen!

Die islamischen Rechtsgelehrten blieben jedoch an diesem Punkt stehen, da über die islamische Welt inzwischen alle Arten von Katastrophen hereinbrachen, angefangen von den Mongolen bis zum Auftreten ungerechter tyrannischer Herrscher, vom Zusammenbruch Andalusiens bis zur inneren Zersetzung, die den Muslimen alle Kraft für den nötigen Fortschritt raubte, und sie zur Heimat der geistigen, seelischen und gefühlsmäßigen Unterdrückung machte, an der sie bis heute leidet.

Während dieser Zeit der Stagnation machte die Welt eine ungeheuer rasche Entwicklung durch, entdeckte immer wieder neue Maschinen und neue Formen der menschlichen Beziehungen, an denen der Islam keinen Anteil hatte und von rechtswissenschaftlicher Seite keinen Beitrag leistete.

Aber *Fiqh* (das islamische Recht) und *Schari^ca* (die offenbarten Rechtsgrundlagen) sind voneinander verschieden, denn in der Schari^ca liegen die festgesetzten bleibenden Grundlagen, die die allgemeinen Prinzipien enthalten (und zusätzlich dazu auch manchmal genaue Erklärungen und Details). Fiqh hingegen ist die Anwendung der Grundsätze in ihrer Entwicklung, die aus der Schari^ca ableitet, was der jeweiligen Zeit entspricht. Es ist also ein flexibler Charakter, der nicht in einem bestimmten Zeitalter oder bei einer bestimmten Generation Halt macht.

Daher bedarf es für uns keiner großen Anstrengung, für die Entwicklung des Kapitalismus einen rechtlichen Rahmen aus der *Schari^ca* abzuleiten, da sie uns mit klaren Prinzipien ausgestattet hat, die keine Veränderung oder eigenmächtige Interpretation dulden.

Wenn wir wieder auf das Urteil der Wirtschaftsexperten zurückgreifen, die die Wirtschaftsgeschichte beschreiben, so lesen wir, daß sich der Kapitalismus im Laufe seiner Entwicklung mehr und mehr auf die Volksverschuldung stützte, auf der das Finanzierungssystem errichtet wurde, das die gigantischen kapitalistischen Projekte finanzierte. Zu diesem Zweck wurden Banken eingerichtet, die Kredite gaben, die sodann mit Zinsen aus den erfolgten Gewinnen wieder zurückbezahlt werden mußten.

Wir brauchen hierzu nicht mehr weiter in schwierige Details der Ökonomie eindringen, und wer dies dennoch wünscht, findet genügend Fachliteratur. Was uns vielmehr interessiert, ist die Tatsache, daß diese Kredite, wie auch andere Transaktionen, die die Banken tätigen, auf dem Nehmen und Geben von Zinsen aufgebaut sind, was vom Islam eindeutig und unwiderruflich verboten wurde.

Fachleute sind außerdem der Meinung, daß der Wettbewerb unter den Firmen letztlich zum Zusammenbrechen der kleineren Firmen führt, bzw. in einer Assimilation der kleinen Firmen durch die großen endet, aus denen riesige Konzerne entstehen, die Monopolstellung besitzen. Dies ist eine Tatsache, die heute überall auf der Welt klar zu erkennen ist. Die Schaffung von Monopolen ist aber ebenfalls eine Angelegenheit, die vom Islam durch eindeutige Aussprüche des Propheten untersagt wurde.[1]

Ausgehend von diesen beiden Vorbedingungen wäre es unmöglich zu einem solch schrecklichen Bild von Ausbeutung, Imperialismus und zerstörerischen Kriegen gekommen, wenn er im Schoß des Islam aufgewachsen wäre. Zu welcher Erscheinung wäre es jedoch im Islam gekommen? Wäre er bei der bescheidenen Produktion stehen geblieben, die wir in der islamischen Rechtsauslegung noch vorfinden, oder hätte er einen anderen Weg genommen? Eine regressive Produktionsrate ist sicherlich nicht im Sinne des Islam, da er auf Progression ausgerichtet ist. So ist kein Zweifel daran, daß er seinen Weg zur Massenproduktion genommen hätte.

Was aber die Entwicklung der Produktionsvoraussetzungen und -bedingungen anbelangt, so wäre sehr wahrscheinlich ein anderes Bild vor uns entstanden, wenn es in der Obhut der islamischen Gesetzgebung herangewachsen wäre, so wie es sich aus dem Beispiel der Beteiligung an der Hälfte der Gewinne erahnen läßt.

Der Islam hätte also zuerst zwei Dinge zum Verschwinden gebracht, nämlich Zinsen und die Errichtung von Monopolen, die beide durch seine *Scharica* verboten sind. Des weiteren hätte er das abscheuliche Unrecht ausgemerzt, durch das die Arbeiter zur Beute der Unternehmer wurden, die ihre Arbeitskraft schamlos ausnutzten, und sie einem Leben der demütigenden Armut und verachtenden Unterdrückung auslieferten. Dies alles sind Elemente und Zustände, die der Islam nicht zulassen kann.

Es soll niemand meinen, daß der Islam zu diesem Ergebnis nicht gekommen wäre, ohne all die bitteren Erfahrungen und schwierigen Phasen des wirtschaftlichen Drucks und des Klassenkampfs durchzustehen, der ihn dazu gezwungen hätte, seine Gesetzgebung zu ändern und anzupassen. Wir haben bereits vorher den Beweis dafür gesehen, daß der Islam imstande war, die Entwicklung der Menschheit zu überholen und in den Schatten zu stellen, wie dies in seiner Gesetzgebung bezüglich der Sklaverei und der Leibeigenschaft, und selbst in der Form eines einfachen Kapitalismus der Fall war. Dies alles geschah, ohne daß Druck von außen auf ihn ausgeübt worden war, aus freiem Begreifen des Rechts und der Gerechtigkeit, beides urewige und unveränderliche Wahrheiten, über die Friedrich Engels und andere seiner Genossen zu spotten wagten. Genauso wie sich erwies, daß Rußland selbst sich aus der Phase des Feudalismus zum Kommunismus

---

[1] **Es gibt zahlreiche Aussprüche des Propheten, die die Monopolisierung verbieten. Wir wollen den kürzesten und treffendsten wählen: "Wer alles an sich rafft, der ist am Irrweg." (überliefert von Muslim, Abu Dawud und Tirmidhi)**

aufschwang, ohne deshalb die kapitalistische Phase durchlaufen zu müssen. Gerade dieser Staat, der sich auf der Philosophie von Karl Marx begründete, ist der erste Gegenbeweis für dessen Theorie der Entwicklungsphasen der Menschheit, von denen er behauptet, daß sie durchlaufen werden *müssen*.

Der Imperialismus und die Kriege der Ausbeutung, die den Kapitalismus gemeinsam mit anderen bösen Erscheinungen begleiteten, sind von vornherein außerhalb der Kalkulation, da der Islam solche Methoden nicht zu seinen Grundprinzipien zählt. Der einzige Krieg, der akzeptiert wird, ist jener, der zur Abwehr gegen bewaffnete Feinde geführt werden darf, oder wenn der friedlichen Bekanntmachung des Islam ein bewaffneter Aggressor gegenübersteht. Der Islam steht auch außerhalb der kommunistischen Theorie, daß der Imperialismus ebenfalls eine notwendige Phase in der menschlichen Entwicklung gewesen wäre, den keine Ideologie oder Religion hätte aufhalten können, da er durch die Überproduktion verursacht wurde, für dessen Abbau notwendigerweise andere Absatzmärkte gefunden werden mußten. Es gibt gar keinen Grund für all dieses Geschwätz, denn die Kommunisten selbst behaupten, daß sie dieses Problem mit einer anderen Taktik in den Griff bekommen, indem sie den Anteil der Arbeiter an der Produktion erhöhen, oder eine Kürzung der Arbeitszeit einführen, so daß kein Überschuß entsteht. So braucht es auch keinen Kolonialismus, um ihn wieder abzubauen. Das Argument der Kommunisten steht aber schon alleine deshalb auf schwachen Beinen, da der Imperialismus eine sehr alte Erscheinung in der menschlichen Gesellschaft ist und nicht erst des Kapitalismus zu seiner Entstehung bedurfte. Er legte vielmehr nur an Unmenschlichkeit hinzu, da er über zerstörerische Mittel verfügte, die früher nicht bekannt waren. Was jedoch das Prinzip anbelangt, so unterscheidet sich der Imperialismus des 19. und 20. Jahrhunderts in seiner Abscheulichkeit nicht von dem der alten Römer. Die Geschichte zeugt davon, daß der Islam seine Kriege, mit wenigen Ausnahmen, die man vernachlässigen kann, nicht zur Ausbeutung und Unterjochung anderer Völker mißbrauchte. Es wäre auch nicht nötig gewesen, das Problem der Überproduktion als solches zu lösen, da es ja eigentlich nichts anderes als ein Erzeugnis des Kapitalimus ist, das es gar nicht gegeben hätte, wenn die Grundlagen und Methoden andere gewesen wären![1]

All dies ist erst eine Seite der Medaille. Die andere ist, daß der oberste Vertreter der Muslime nicht untätig dastehen würde, um zuzusehen, wie sich Reichtum in der Hand einiger ansammelt, während die übrige Masse des Volkes in einem Zustand der Armut und Entbehrung versinkt. Dies wäre ein

---

1 Siehe das Buch "Ar-Riba" von Prof. Abu-l-A'la Maudoodi

klares Vergehen gegen die eindeutigen Anweisungen für die Verteilung des Vermögens auf die Gemeinschaft: "*Was Allah Seinem Gesandten gegeben hat, das ist für Allah und für den Gesandten und für die Verwandten und die Waisen und die Armen und den Sohn des Weges, damit es nicht nur bei den Reichen unter euch herumläuft.*" (59:7). Es ist die Aufgabe des "ersten Mannes" im muslimischen Staat, die Prinzipien der *Scharīʿa* zu vertreten und mit allen ihm zur Verfügung stehenden erlaubten Mitteln zu verteidigen. Er besitzt in seiner Hand zur Verwirklichung dieser Prinzipien eine weitausgreifende Macht, deren Grenzen allein der Gehorsam gegenüber Gott festlegt. Allein schon das System der Erbschaft weist auf eine völlig unterschiedliche Vorgangsweise hin, indem der Reichtum eines einzelnen auf eine ganze Generation von Erben aufgeteilt wird. Oder das Prinzip der Zakat, bei der ein Vierzigstel des gesamten Vermögens und der jährlichen Gewinne abgezweigt wird, um an die Armen verteilt zu werden. Oder die gegenseitige Vereinbarung, daß das brachliegende Kapital in schweren Zeiten bei Investitionen des Staates verwendet werden kann, soweit es die Staatskasse benötigt. Außerdem das Verbot des Hortens von Vermögen und das Verbot von Zinsen, die der Hauptgrund für das überdimensionale Anhäufen von Besitz sind. Und zu guter Letzt die Natur der Beziehungen der Mitglieder der Gesellschaft untereinander, die auf gegenseitige Unterstützung aller aufgebaut ist.

Betrachten wir des weiteren die Sicherheiten, die der Prophet den Staatsbeamten gewährte, um ihre grundlegenden Bedürfnisse zu erfüllen: "Wer für uns arbeitet und keine Wohnung hat, dem soll eine gegeben werden, wer nicht verheiratet ist, dem soll eine Ehefrau gegeben werden, wer keinen Diener hat, dem soll einer gegeben werden, wer kein Reittier (zu seiner Fortbewegung) hat, dem soll eines gegeben werden." (Überliefert von Ahmad und Abu Dawud). Diese Bestimmungen gelten aber nicht nur für die Beamten, sondern sie sind vielmehr Grundforderungen für jedermann, deren Erfüllung man durch die Arbeit, die direkt für den Staat oder an anderer Stelle für das Wohl der Gemeinschaft getan wird, erlangt. Wenn der Staat seinen Beamten diese Zusicherungen gibt, so hat er auch dafür zu sorgen, daß jedem anderen, der für das Wohl des Staates arbeitet, die gleichen Garantien gegeben werden. Zusätzlich dazu übernimmt der Staatshaushalt die Sorge für jene, die aus bestimmten Gründen nicht zur Arbeit fähig sind, wie z.B. Kranke, alte Leute oder Kinder, und hilft Bedürftigen, denen es nicht möglich ist, den Grundanforderungen des Lebens selbst nachzukommen. Die Art und Weise, in der die Grundbedürfnisse des Arbeitenden erfüllt werden, ist nicht wesentlich und kann je nach Zeit und Möglichkeit variieren. Das Wesentliche ist das Prinzip, das der Verteilung von Gewinn und Verlust auf die verschiedenen Seiten der Gesellschaft zugrundeliegt. Indem der Islam den Arbeitern diese Sicherheiten gibt, schützt er sie vor übler Ausbeutung und garantiert ihnen ein freies und achtbares Leben.

Aber der Islam gibt sich nicht nur mit dem Festlegen von Gesetzen für die Wirtschaft oder für andere Bereiche des Lebens zufrieden. Er versucht auch die charakterliche und seelische Rechtleitung, die Kommunisten lächerlich finden, da sie ihrer Meinung nach im leeren Raum angesiedelt ist ohne auf einem praktischen Prinzip aufzubauen. Der Islam jedoch geht einen anderen Weg. Er trennt nicht zwischen Gesetzgebung auf der einen Seite und Charakter- und Seelenbetreuung auf der anderen. Er verbindet in seiner einzigartigen Weise die Bildung des Geistes mit der Gesellschaftsordnung und bringt sie in Übereinstimmung miteinander. Er läßt nicht das Individuum verloren und ratlos dastehen vor dem Problem, wie Vorbild und Realität zu vereinbaren wären. Der Islam baut sein Gesetz auf dem Charakterprinzip auf und läßt die Bildung des Charakters im Einklang mit dem Gesetz geschehen, und so treffen sich die beiden Seiten in ein und demselben System, und jede wird das ergänzende und verbindende Glied der anderen.

Der Anspruch des Charakters verbietet das Leben in Luxus und bekämpft es. Oder entsteht denn aus dem Horten von Besitz und Vermögen etwas anderes als der Wunsch nach einem ausschweifenden Leben im Luxus? Der Charakter ist es, der es verbietet, den Arbeiter auszunützen und ihn zu unterdrücken, indem man ihm nicht genügend Lohn bezahlt. Oder woraus erwachsen große Gewinne, wenn nicht aus der Ausbeutung der Arbeiter? Der Charakter ist es auch, der den Menschen dazu veranlaßt, selbst sein gesamtes Vermögen in den Dienst Gottes zu stellen. Oder woraus entsteht die Armut der meisten Völker dieser Welt, wenn nicht aus dem Egoismus der Reichen, die ihr Vermögen nur für sich selbst verwenden, anstatt um Gottes Willen das Gute zu tun?[1]

Die Seele ist es, die den Menschen mit Gott verbindet, ihn alle Schätze dieser Welt vergessen oder unwichtig erscheinen läßt, und ihn nur noch danach trachten läßt, Gott zufrieden zu stellen und auf seinen Lohn im Jenseits warten läßt. Oder würde der Mensch noch länger danach trachten, sich Vermögen anzusammeln und dafür andere zu demütigen und auszunutzen, wenn zwischen ihm und Gott eine Verbindung existierte?

---

1 Damit ist nicht gemeint, daß die Besitzer von Firmen und Fabriken Almosen bezahlen sollen, sondern daß sie sich mit etwas weniger Gewinn zufrieden geben und den Rest für wohltätige Zwecke ausgeben, wie z.B. der Errichtung von Schulen und Krankenhäusern. Siehe das Kapitel "Der Islam und Almosen"

So ist es der Charakter und die Seele des Menschen, die den Weg der Gesetzgebung vorbereiten, die dem Kapitalismus entgegensteht, so daß es letztlich nicht die Furcht oder der Gehorsam vor dem Staat ist, der die Gesetze entstehen läßt, sondern sie aus einem inneren Bedürfnis des Gewissens erwachsen.

Der Kapitalismus, den wir heute in der islamischen Welt in seiner abschreckendsten Form erleben, hat mit dem Islam nichts gemeinsam, und er ist auch nicht verantwortlich dafür, denn es ist nicht der Islam, der das Leben dieser Menschen bestimmt, weder im Großen noch im Kleinen!

Der Islam und das Recht auf Eigentum

Ist der Drang nach persönlichem Besitz eine natürliche Veranlagung des Menschen?

Die Kommunisten bestehen darauf, daß dies nicht der Fall ist. Sie gehen von der Annahme aus, daß die erste Gesellschaft im Urkommunismus lebte, also in einer Gesellschaftsform, in der es nichts gab, was einer bestimmten Person gehörte. Alles war Besitz der gesamten Gemeinschaft, die durch einen Geist der Brüderlichkeit und Zusammenarbeit geführt wurde. Aber dieses engelsgleiche Zusammenleben war leider nicht von langer Dauer. Mit der Entdeckung des Ackerbaus begann der Streit um den Boden, der bebaut werden sollte und um die Produktionsmittel. Und damit begannen auch die ersten Kriege... und so gewann für die Menschheit die Gier nach persönlichem Besitz an Bedeutung, und bis heute noch ist sie damit beschäftigt, sich deswegen gegenseitig aufzureiben. Aus diesem Übel gibt es nur noch einen Ausweg, nämlich wieder zum Urzustand, also dem Kommunismus, zurückzukehren, in dem das Individuum nichts besitzt, sondern nur die Gemeinschaft, und auf diese Weise wieder Eintracht und Frieden unter den Menschen einkehrt!

* * *

Verlassen wir für ein Weilchen die Kommunisten, und wenden wir uns den Psychologen und Soziologen zu, zwischen denen große Meinungsverschiedenheit darüber herrscht, was man als natürliche Veranlagung des Menschen bezeichnen kann, und welche anerworbenen Verhaltensweisen in seinen Gefühlen und seinem Denken bestimmend sind. Natürlich sind sie sich auch nicht darüber einig, ob nun der Drang nach persönlichem Besitz eine angeborene Verhaltensweise oder der Einfluß der Umwelt auf den Menschen ist. Ist der Grund dafür, daß ein Kind sein Spielzeug an sich reißt und festhält darin zu suchen, daß es nicht genug davon hat, oder weil andere versuchen, es ihm wegzunehmen? Denn wenn zehn Kinder um ein Spielzeug geschart sind, dann ist es eine natürliche Reaktion, daß sie darum streiten. Wenn hingegen für zehn Kinder auch zehn Spielsachen zur Verfügung stehen, so gibt sich jedes mit einem Spielzeug zufrieden und es gibt keinen Streit mehr....(?)

Als Antwort auf diese und jene Behauptungen gibt es einiges zu sagen:

1.) Keiner dieser Wissenschaftler konnte bisher beweisen, daß der Drang nach Besitz keine natürliche Veranlagung des Menschen ist. Alles was bisher gesagt wurde, ist, daß es **keinen eindeutigen Beweis** dafür gibt, daß dem nicht so ist. Der Unterschied zwischen links gerichteten Gelehrten und anderen besteht einzig darin, daß erstere, sollte ein eindeutiger Beweis gegen ihre Theorie gefunden werden, sie ihn trotzdem ablehnen würden, da dies ein Widerspruch zu ihren Gedanken wäre.

2.) Das angeführte Beispiel von den Kindern und deren Spielsachen ist keine schlüssige Beweisführung. Denn wenn es zehn Kinder und zehn Spielsachen gibt, und die Kinder ohne um das Spielzeug zu zanken sich beschäftigen, so heißt das nur, daß der Wunsch nach Besitz sich im Falle der Gleichberechtigung mit dem Anteil, der ihm wie den anderen zugedacht wird, zufrieden gibt. Das macht aber den Drang nach Besitz zu greifen nicht ungeschehen, sondern begrenzt einzig und allein sein Ausmaß. Außerdem wird ein Beobachter bei solchen Situationen bemerken, daß mehrere Kinder versuchen werden, auch das Spielzeug von anderen zu erlangen, und daß es einigen gelingen wird, auf Kosten von anderen sich mit mehr einzudecken, was aber auch noch nicht bedeutet, daß die Verlierer nicht ebenso den Wunsch hätten, mehr zu besitzen!

3.) Der engelsgleiche Zustand, den die Kommunisten annehmen, und für dessen geschichtliche Existenz wir keinerlei Beweise besitzen, fand statt, noch ehe es die Möglichkeit zu Produktion gab. Wie hätte man sich also um etwas streiten können, was noch gar nicht vorhanden war? Sie ernährten sich von den Früchten der Bäume direkt und ohne sich dafür besonders anstrengen zu müssen. Die Jagdmethoden, derer sie sich bedienten, verlangten natürlich nach der Gemeinschaftlichkeit, da die Gefahr, als einzelner Jäger von den Bestien zerrissen zu werden, die Menschen dazu zwang. Das bedeutet jedoch noch lange nicht, daß es nicht doch einzelne Mutige gab, die alleine auf die Jagd gingen, um dadurch ihren Mut und somit ihre Sonderstellung unter den Menschen zu beweisen. Dies ist eine äußerst wichtige Eigenschaft, auf die wir noch zurückkommen werden. Es gab auch keine Möglichkeit das Erjagte für längere Zeit aufzubewahren, da es verdorben wäre. So machte man sich in der Stunde des Bedarfs fertig zur Jagd. So kann das Fehlen einer Auseinandersetzung um Besitz nicht als Beweis dafür dienen, daß es den Drang zu besitzen gar nicht gab, denn es war nichts vorhanden, worum es hätte Streit geben können. Die Tatsache, daß mit der Erfindung des Ackerbaues die Auseinandersetzung um Besitz ihren Anfang nahm, ist der Nachweis dafür, daß der innewohnende Drang freigesetzt wurde, der bis dahin keinen Anlaß gehabt hatte, sich zu zeigen.

4.) Niemand bedachte bis zu diesem Augenblick die Stellung des Kampfes der Männer um den "Besitz" der Frauen. Denn wenn auch behauptet wird, es hätte einen sexuellen Kommunismus gegeben, so kann uns doch niemand beweisen, daß dies hundertprozentig richtig ist. Selbst wenn die Frau als Allgemeinbesitz gegolten hätte, so verhindert das noch lange nicht vehemente Auseinandersetzungen um eine in den Augen der männlichen Bevölkerung besonders reizvolle und schöne weibliche Person. Und hier sind wir beim entscheidenden Punkt angelangt, der von besonderer Wichtigkeit bei der Erläuterung dieses Themas ist. Wenn alles und jedes sich ähnelt und gleichwertig ist, so gibt es darum auch keinen Streit. Sobald sich aber die Werte und die Dinge voneinander unterscheiden und in den Augen der Menschen als wertvoll oder unwichtig erscheinen, so kommt es selbst im engelsähnlichen Zustand der urkommunistischen Gesellschaft zum Kampf und zur Auseinandersetzung, auf dem sich schließlich auch die Träume für die ferne Zukunft errichten.

5.) Niemand konnte bis jetzt verneinen, daß es keine Anstrengungen gegeben hätte, sich durch besondere Eigenschaften, wie z.B. Mut, Stärke und Ausdauer von anderen zu unterscheiden. Betrachten wir doch die Naturvölker, die in ihren ursprünglichen Bräuchen leben, und die die Kommunisten gerne als Paradebeispiel ihrer Theorien verwenden. So gibt es unter ihnen solche, die nur dem Mann ihre Tochter zur Frau geben, der hundert Peitschenhiebe aushalten kann, ohne zu jammern oder zu stöhnen. Warum das? Und warum akzeptieren die Jünglinge solche Torturen als Beweis ihrer besonderen Fähigkeiten? Wenn sich alles nach einer völligen Gleichberechtigung ausrichtet, was bringt dann den einzelnen dazu, von sich zu behaupten: "Ich bin nicht wie alle anderen, sondern besser!"? Dies ist der zweite Punkt, von dem wir glauben, das er von Bedeutung ist. Denn wenn man von der Annahme ausgeht, daß der Drang zum Eigentum keine angeborene Eigenschaft des Menschen ist, so verbindet sich dies mit einem weiteren ursprünglichen Merkmal des Menschen, nämlich dem Drang, sich selbst von anderen zu unterscheiden, beides Eigenschaften, von denen sich der Mensch seit seinen Anfängen bis heute nicht befreien konnte.

* * *

Verlassen wir das Gebiet der möglichen Theorien und Vermutungen und begeben wir uns zur Frage, was der Islam zum persönlichen Eigentum zu sagen hat.

Die Kommunisten gehen davon aus, daß der Drang nach Besitz und Eigentum ständig in Begleitung mit Unterdrückung und Unrecht einhergeht, und daß es nötig ist, die Menschheit von diesem Drang zu befreien, um ihr Ruhe und Eintracht zu geben. Sie übersehen dabei jedoch die wichtige Tatsache, daß es ohne diese Angewohnheit des Menschen keinen Fortschritt geben kann, so wie dies der Fall war in der Zeit des Urkommunismus. Daher ist dieser Kampf um das Eigentum nicht ausschließlich ein Element des Bösen, sondern seine Existenz ist eine seelische und gesellschaftliche Notwendigkeit, jedoch müssen ihm vernünftige Grenzen gesetzt werden.[1]

Der Islam geht nicht davon aus, daß der Wunsch nach persönlichem Besitz der Anlaß für das Unrecht ist, das die Menschheit plagt.
Das Unrecht und die Unterdrückung erwachsen vielmehr aus der Schaffung einer besitzenden Klasse in der Gesellschaft, die die Gesetze festlegt und über die Gesellschaft regiert und richtet. Denn selbstverständlich erläßt sie diese Gesetze zu ihrem eigenen Vorteil und richtet nach ihrem Gutdünken. Im Islam existiert jedoch keine bestimmende Kategorie von Menschen, und das Gesetz wird nicht von der vermögenden Gesellschaftsschicht gemacht, sondern es stammt von Gott, dem Schöpfer aller Menschen. Vom Begriff des Islam her sind alle Menschen gleichwertig, und keiner ist einem anderen vorrangig außer in der Gottesfurcht, aber sie sind alle völlig gleich vor dem Gesetz, das für alle gleich angewendet wird.[2]
Das Oberhaupt des islamischen Staates wird durch eine freie Wahl des gesamten muslimischen Volkes gewählt, und er gehört keineswegs einer besonderen Klasse an, um zur Wahl aufgestellt zu werden.
Nachdem er sein Amt ergreift, erstreckt sich sein Herrschafts- und Machtbereich nur auf die *Scharica*, die nicht von ihm, sondern von Allah stammt. So sagte Abu Bakr: "Gehorcht mir, solange ich (in meinem Tun) Allah gehorche, wenn ich mich (aber) Allah widersetze, so gebührt mir kein Gehorsam von eurer Seite mehr." Das Gesetz räumt ihm keinerlei Vorzugsrechte gegenüber den anderen Menschen im muslimischen Staat ein. Daher kann er selbst auch nicht eine Klasse oder Gruppe einer anderen vorziehen, und z.B. der besitzenden Klasse besondere Vorrechte oder Erleichterungen auf Kosten der Armen zugestehen. Wir sprechen hierbei

---

1 Der Islam sieht im Wettbewerb selbst nichts Böses. Er wird erst dann zum Unrecht, wenn er zum Zweck des Bösen gemacht wird. Wenn es ihn aber zum Zweck des Guten gibt, so sagt der Koran: "...und *um dies mögen die Begehrenden wetteifern.*" (83:26), oder an anderer Stelle: "*Und wenn Allah nicht die einen Menschen durch die anderen zurückgehalten hätte, dann wäre die Erde wahrhaftig von Unheil erfüllt.*" (2:251)

2 Wenn Allah im Koran sagt: "Und *Allah hat einige von euch vor den anderen mit Gaben begünstigt.*" (16:71), so ist hiermit etwas völlig anderes angesprochen; auf dieses Thema werden wir im nächsten Kapitel zurückkommen. Hier ist die Stellung des Einzelnen vor dem Gesetz gemeint, in der es absolut keinen Unterschied geben darf.

natürlich von der Zeit, in der der Islam in seiner Vollständigkeit und Reinheit angewendet wurde, und lassen jene außer acht, in der die Regierung zur vererbbaren Monarchie wurde, denn dies ist nicht vom Islam, und er kann auch unmöglich dafür verantwortlich gemacht werden. Die Kürze der Zeit, in der der Islam in seiner beispielhaften Form angewendet wurde, bedeutet nicht, daß er ein nicht realisierbares System ist. Was einmal in der Anwendung funktionierte, das kann auch eine Wiederholung erleben, und immer mehr Menschen sehnen sich nach der Wiederbelebung jener Zeit, die heute vielleicht greifbarer erscheint, als zur Zeit unserer Großväter.[1]
Im Islam gibt es also kein Gesetz, das der Regent für sich selbst verändert, sondern er dient wie alle anderen auch, dem Gesetz der *Schari^{c}a*. Falls jedoch Meinungsverschiedenheiten bezüglich eines der Texte auftreten, so wie dies auch mit allen anderen Gesetzestexten der Welt geschehen kann, dann haben die Gelehrten des *Fiqh* das ausschlaggebende Urteil zu fällen.[2] Die islamische Geschichte bezeugt, daß die Rechtsgelehrten niemals für die Stärkeren oder Reicheren ihr Urteil gefällt haben, sondern immer den Armen und Unterdrückten näher gestanden haben, um ihnen ihre Forderungen und Rechte zu sichern. Ein Beispiel dafür haben wir bereits im vorhergehenden Kapitel angeführt, in dem wir beschrieben, daß der Arbeiter zur Hälfte der Teilhaber des Arbeitgebers ist.
Der Islam geht nicht davon aus, daß die Natur des Menschen derart verdorben ist, daß Besitz immer gleichbedeutend mit Unterdrückung und Despotismus sein muß. Denn gerade in der Erziehung des menschlichen Charakters setzte der Islam eine scharfe Grenze, der die Menschen dazu bringt, Vermögen zu besitzen, jedoch sie "*hegen in sich kein Verlangen nach dem, was ihnen gegeben wurde, sondern sehen (die Flüchtlinge gern) vor ihnen selbst bevorzugt, auch wenn sie in Dürftigkeit leben.*" (59:9). Sie lassen andere an dem teilhaben, was sie besitzen, ohne dafür Gegenleistung zu verlangen, einzig in der Erwartung der Vergebung Allahs und Seines Lohns.

Tatsächlich gab es bereits in der Geschichte die Erscheinung, daß Besitztum nicht von Unterdrückung begleitet war. Wir nannten bereits zwei Beispiele in den vorhergehenden Kapiteln, nämlich als wir vom Besitz des Ackerlandes sprachen und zeigten, daß dies nicht zur Leibeigenschaft führte, da die wirtschaftliche und soziale Gesetzgebung den Besitzlosen ein achtbares und

---

1 Siehe auch das folgende Kapitel.

2 Dies gilt nur für den Fall, daß kein eindeutiger Text vorhanden ist.

freies Leben garantierte und sie nicht von der Ausbeutung der Besitzenden abhängig machte.

Das zweite Beispiel handelte vom kapitalistischen Eigentum, bei dem wir erkannten, daß, wenn man von der Annahme ausgeht, daß der Kapitalismus in islamischer Zeit gewachsen wäre, kein Platz für all die bekannten negativen Entwicklungen gewesen wäre, da seine Gesetzgebung dies verhindert hätte, so wie er auch die Anlage der öffentlichen Einnahmen zum Vorteil jedes einzelnen festgelegt hätte.

Ein drittes Beispiel, das wir anführen wollen, ist nicht der islamischen Welt entnommen. Ich meine die Völker Skandinaviens, für die selbst England, Frankreich und Amerika (trotz ihrer Arroganz und ihres Egoismus) Zeugnis ablegen, daß sie die höchst entwickelten Länder der Welt sind, in bezug auf Ausgeglichenheit, Gerechtigkeit und Mitgefühl für andere. Und trotzdem negierten sie bis heute nicht das persönliche Besitztum, sondern alles, was aus der Produktion kommt, wird Gegenstand der gerechten Verteilung des Reichtums, um die Kluft zwischen den einzelnen Volksschichten zu verkleinern und um einen bestmöglichen Ausgleich zwischen Anstrengung und Entlohnung zu erreichen. In diesem Bereich sind dies die Länder, die einer Facette des Islam in ihrer Verwirklichung am nächsten kommen.

Eine Trennung zwischen wirtschaftlichem System, Ideologie und Gesellschaftsphilosophie ist nicht möglich, denn das eine steht hinter dem anderen.

Wenn wir die drei Systeme Kapitalismus, Kommunismus und Islam miteinander vergleichen, so finden wir, daß die Wirtschaftssysteme und ihre Auffassungen von Eigentum in einer festen Verbindung mit der Gesellschaftstheorie stehen. Der Kapitalismus etwa begründet sich auf der Annahme, daß das Individuum der Mittelpunkt ist, dessen Freiheit durch die Gemeinschaft nicht eingeschränkt werden darf. Aus diesem Grund wird das grenzenlose Ansammeln von Eigentum nicht als verwerflich angesehen.

Der Kommunismus hingegen begründet sich auf der Gemeinschaft als Grundprinzip. Dem Individuum wird nicht einmal eine eigene Persönlichkeit zugesprochen. So setzt er das Eigentum in die Hände des Staates, der der Vertreter des Volkes ist, und verbietet es dem einzelnen.

Der Islam steht in seiner Gedankenwelt wieder anders da und begründet ein unterschiedliches Wirtschaftssystem. Das Individuum wird als selbständiges Wesen gesehen, das zwei wesentliche Eigenschaften in sich vereint: Die Eigenschaft eines unabhängigen Wesens und die eines Mitglieds der Gemeinschaft. Er handelt einmal entsprechend der einen und ein anderes

Mal entsprechend der anderen Persönlichkeit, jedoch am Ende verbindet er die beiden miteinander und wird den beiden gerecht.
Die soziale Idee, die sich darauf begründet, geht nicht von der Trennung des Individuums und der Gesellschaft aus, und macht sie nicht zu zwei miteinander im Wettkampf stehenden Kräften, die einander zu zerstören suchen. Die Gesetzgebung hat die Aufgabe, zwischen der Neigung zur Persönlichkeit und der Neigung zur Gemeinschaft auszugleichen, und schafft die Ausgewogenheit zwischen den Interessen des einzelnen und denen der Gesellschaft, ohne dabei eine der beiden zu vernachlässigen.
So verbindet der Islam die Positiva der beiden anderen Systeme miteinander, ohne deren Fehler zu begehen. So wird der Drang nach eigenem Besitz als solcher anerkannt und erlaubt, jedoch werden Grenzen gesetzt, die den Schaden an der Gemeinschaft verhindern. Gleichzeitig wird dem Vertreter der Gemeinschaft die Möglichkeit in die Hand gegeben, das Privateigentum zu steuern bzw. zum Wohl der Gemeinschaft darauf zurückzugreifen. Die Anerkennung dieses Dranges des Menschen nach persönlichem Eigentum, gemeinsam mit dem Recht der Gesellschaft, ihn zu leiten und zu regeln, ist auf jeden Fall für die Psyche der Menschheit heilvoller, als die Möglichkeit des Privateigentums von Grund auf zu verwehren. Noch dazu, da die Annahme, von der man dabei ausgeht, nämlich daß es sich dabei gar nicht um eine angeborene Eigenschaft der Menschen handelt, offensichtlich nicht richtig ist. Rußland selbst ist der beste Gegenbeweis dafür, da man sich auch dort gezwungen sah, einige Formen des Privateigentums zuzulassen. So empfiehlt es sich wohl eher, die natürlichen Anlagen des Menschen nicht außer acht zu lassen, sondern dafür zu sorgen, daß sowohl diese als auch die Interessen der Gesellschaft gleichberechtigt gewahrt bleiben.

* * *

Zum letzten Mal wollen wir die Frage danach stellen, warum wir das Privateigentum abschaffen sollten.
Die Kommunisten behaupten, daß dies der einzige Weg dazu sei, Gleichheit zwischen den Menschen zu schaffen. Betrachten wir kurz die Entwicklung in Rußland, und sehen wir, ob diese Ziele erreicht wurden.
Bereits unter Stalin mußte man einsehen, daß man wieder dazu greifen mußte, den allgemeinen Arbeitsehrgeiz der Menschen durch Versprechen zusätzlicher Prämien anzuheben. Dadurch wurde der Wettkampf zwischen den einzelnen Arbeitern angestachelt, um die Produktionsrate wieder zu verbessern.
Sodann betrachten wir die Arbeitslöhne der verschiedenen Arbeitsgruppen. Gibt es tatsächlich keinen Unterschied in der Bezahlung eines Arztes und

eines Krankenpflegers? Die Vertreter Rußlands selbst machen damit Reklame, daß die höchsten Löhne an Ingenieure und Künstler bezahlt werden, und bekennen somit, daß sehr wohl ein Wettkampf bzw. Verhandlungen um unterschiedliche Lohnzahlungen existieren.
Und schließlich die Frage, ob es sich tatsächlich so verhält, daß der Wettkampf um Macht und Vorrangstellung vor den anderen zu Ende ist? Wie könnte es dann geschehen, daß in der Sowjetunion Gewerkschaftsvertreter, Fabrikdirektoren, Kommissare und ähnliches ausgewählt werden? Und wie kommt es, daß man zwischen einem aktiven und passiven Parteimitglied unterscheidet?
So ist zuletzt festzustellen, daß die Aufhebung des Privateigentums den gegenseitigen Wettbewerb nicht aufheben konnte. Was sollte uns aber dazu veranlassen, eine natürliche Veranlagung im Menschen zu unterdrücken, wenn sich dadurch nichts verbessern läßt? Oder könnte man sagen, daß das Positive an der russisch-kommunistischen Entwicklung im geringen Unterschied zwischen den verschiedenen Gruppen liegt, so daß es weder einen übermäßigen Luxus noch eine erschreckende Armut gibt?
Dies können wir bejahen und hinzufügen, daß der Islam sich ebenso verhält: Bereits 1300 Jahre vor dem Aufkommen des Kommunismus erschuf er die Prinzipien, die die Unterschiede zwischen den Menschen geringer halten sollten, und er verbot das ausschweifende luxuriöse Leben, ebenso wie er mit Armut und Entbehrung aufräumte. Dabei beschränkte er sich jedoch nicht nur auf Gesetze, sondern schenkte den Menschen noch zusätzlich den Glauben an Gott und die Liebe zum Guten.

Der Islam und die Einteilung der Gesellschaft in Klassen

"*Und Allah hat einige von euch vor den anderen mit Gaben begünstigt.*" (16:71)
" *... und Wir erhöhen einige von ihnen über die anderen im Rang...*" (43:32)
Diese Verse finden wir im Koran. Wie kann man dann noch behaupten, der Islam kenne keine Gesellschaftsklassen?

* * *

Um darauf eingehen zu können, ob der Islam einem Klassensystem zustimmt oder nicht, müssen wir zuerst untersuchen, was darunter eigentlich zu verstehen ist.

Wenn wir einen Blick auf das europäische Mittelalter werfen, so finden wir eine eindeutige Aufteilung in verschiedene Gesellschaftsschichten vor, nämlich die oberste Schicht der Adeligen und hohen Geistlichen und die des breiten Volkes, die sich so sehr in Bildung und Lebensumständen unterschieden, daß man auf den ersten Blick erkennen konnte, zu welcher Schicht der einzelne gehörte.
So waren Geistliche sehr leicht an ihren spezifischen Roben zu erkennen. Ihnen gehörte die hauptsächliche Autorität, und der Papst stellte eine starke oppositionelle Macht im Staat gegen Könige und Kaiser dar. Er war es, der sie krönte und ihnen auf diese Weise die Macht über ihre Völker verlieh. So war es auch meist ein mehr oder weniger geheimes Anliegen der Könige und des Kaisers, sich von der Autorität des Papstes zu befreien. Die Kirche verfügte außerdem über ein gewaltiges Vermögen, das sie aus Stiftungen von religiösen Spendern bezog, bzw. aus den Einnahmen der Kirchensteuern, die allen Gläubigen auferlegt wurden. Ja für einige Zeit unterhielt sie sogar ein eigenes Heer.

Der Adel hingegen war eine Gesellschaftsklasse, die durch Geburt zu diesem Vorzug kam. So wurde ein Kind adelig geboren und blieb es sein Leben lang, ungeachtet der Taten, die es als Erwachsener beging, und ob sie diesem Status entsprachen oder nicht.
In der Zeit des Feudalismus besaßen die Adeligen absolute Macht über das Volk, das durch die Leibeigenschaft völlig von ihnen abhängig gemacht worden war, und über das sie durch legislative, exekutive und judikative Autorität verfügten, durch die sie das Volk nach Willkür und Laune beherrschten. Ebenso wurde der Oberste Rat, der über die Gesetzgebung des

Landes beriet und entschied aus dieser obersten Klasse zusammengestellt, die dabei freilich ihre eigenen Interessen im Auge hatte und nur darauf achtete, ihren Vorteil wahrzunehmen.

Das Volk bestand aus der breiten Masse der Armen, die keine Rechte, jedoch alle Pflichten besaßen. Sie erbten von einer Generation zur anderen nichts als Erniedrigung, Armut und Unterdrückung.

Dann geschah es, daß wichtige wirtschaftliche Veränderungen eine neue Gesellschaftsklasse hervorbrachten, nämlich die Bourgeoisie oder das Großbürgertum, unter deren Führung und auf den Schultern des Volkes die Französische Revolution dem Anschein nach die Klasseneinteilung aufhob und die Prinzipien von Freiheit, Gleichheit und Brüderlichkeit proklamierte.

Später war es genau diese Gruppe, die den Kapitalismus errichtete und durch ihn auf das Niveau der früheren Adeligen gelangte, jedoch mit einigen Verbesserungen für die breite Masse des Volkes, die durch neue ökonomische Entwicklungen erzwungen worden waren. Ein grundsätzliches Kennzeichen veränderte sich jedoch nicht, nämlich, daß diese oberste Schicht der Bürger mit dem Geld auch die Macht besaß, mit der sie die Regierung steuerte. Die vorgezeigte Freiheit, die durch die Möglichkeit der demokratischen Wahl garantiert werden soll, bietet noch ausreichend Mittel und Wege für die Mächtigen des Kapitals, ihre Vorstellungen durchzusetzen. Und so finden sie zu ihren Sitzen im Parlament, um unter den verschiedensten schönen Titeln und Parolen ihre Interessen wahrzunehmen.

In England, von dem uns einst gesagt wurde, es sei die Mutter der Demokratie, gibt es bis heute das "House of Lords", oder auch Oberhaus genannt, in dem noch immer Gesetze aus der Feudalzeit gang und gäbe sind, wie z.B. die Bestimmung, daß alle Söhne und Töchter zum Vorteil des ältesten Sohnes vom Erbe ausgeschlossen werden, um damit zu verhindern, daß der Reichtum auf mehrere Nachkommen und deren Familien zerfällt, und um das Image der Familie zu erhalten, das aus der Feudalzeit des Mittelalters in die Neuzeit gerettet wurde.

So sieht das System der Gesellschaftsschichten aus, das im Wesentlichen bedeutet, daß die oberste besitzende Schicht die gesetzgebende Macht im Staate übernimmt, also das Kapital, die Macht und das Gesetz in seinen Händen hält, sei es nun auf direktem oder indirektem Weg. Das Volk bleibt dieser Schicht ausgeliefert und muß auf viele Rechte verzichten, um der besitzenden Klasse ihre Vorrangstellung zu gewährleisten.

Wenn wir uns diese Dinge vor Augen führen, fällt es uns nicht mehr schwer zu bemerken, daß es im Islam kein Klassensystem gibt. Denn es existieren im Islam keine Vorrangstellungen, die durch Geburt weitergegeben werden, wie wir dies bei den Adeligen des Westens finden. Dabei lassen wir selbstverständlich jene Auswüchse der islamischen Welt außer acht, die dazu führten, daß der Thron durch Vererbung an die Söhne weitergegeben wurde, bzw. die Errichtung einer Schicht von "Noblen" und "Prinzen", denn dies alles hat nichts mit dem Islam zu tun. Das Auftauchen dieser Erscheinungen geht gemeinsam mit der Einführung von Alkohol, Glücksspiel und Zinsen in die muslimische Gesellschaft einher, ohne daß jemand behaupten könnte, daß diese Dinge im Islam erlaubt wären.

Des weiteren gibt es im Islam keine Gesetze, die den Reichtum in den Händen weniger Privilegierter belassen, die ihn durch Erbe an einen ebenfalls Privilegierten weitergeben. Im Gegenteil, der Islam verabscheut solche Methoden und bestimmte mit Eindeutigkeit: "*... damit es nicht nur bei den Reichen unter euch herumläuft*", und erließ von anderer Seite klare Gesetze, die die Verteilung des Reichtums garantieren. Nach dem islamischen Erbgesetz wird das Vermögen auf eine möglichst große Anzahl von Personen aufgeteilt, so daß es von einer Generation zur nächsten bereits in der Gemeinschaft aufgegangen ist. Die Fälle, bei denen ein einzelner Erbe das gesamte Gut erbt, weil er keine Angehörigen besitzt, sind sehr selten und können nicht als repräsentativ gelten. Doch selbst hier gibt es vom Koran her eindeutige Bestimmungen, die uns an die Erbschaftssteuer der heutigen Tage erinnert: "*Und wenn bei der Teilung anwesend sind die Verwandten und die Waisen und die Armen, so schenkt ihnen etwas davon und sprecht freundliche Worte zu ihnen.*" (4:8). Auf diese Weise wird die Konzentration von Reichtum in der Hand eines einzelnen verhindert und macht jene, die durch besondere Umstände zu außergewöhnlichem Reichtum gelangen, zu Ausnahmen und nicht zur Klasse. Diese Einzelfälle haben keine Gelegenheit, sich zusammenzurotten, um eine Unterscheidung der Menschen in verschiedene Schichten zu erwirken. Die Geschichte beweist, daß diese ständige Neuverteilung des Vermögens in den islamischen Gesellschaften für lange Zeit tatsächlich der Fall war, so daß der Reiche von heute schon morgen der Arme sein konnte und umgekehrt. So kam es nicht zum Entstehen solcher Trennungsgrenzen zwischen Reich und Arm, denn man lebte im Bewußtsein, daß dies nichts anderes als der Ausdruck besonderer Lebensumstände ist, die sich schnell ändern können.

Was uns jedoch am wichtigsten erscheint, ist die Tatsache, daß das Gesetz im Islam von gar niemand gemacht oder manipuliert werden darf, da die *Scharīʿa* von Gott herabgesandt wurde, um alle Menschen ohne irgendwelche

Unterschiede zu richten. So gibt es keine Vorrechte, denn Allah hegt keine Vorlieben und unterdrückt niemanden. Von hier aus wird es klar, daß es im Islam keinen Platz für Gesellschaftsklassen geben kann, denn ihr Vorhandensein ist aufs Engste mit dem Vorrecht zur Gesetzgebung verbunden. Wenn dieses Vorrecht jedoch überhaupt nicht zur Debatte steht, so gibt es auch für niemanden einen Grund, sich einer besonderen Klasse zugehörig zählen zu wollen. Und was bleibt dann noch übrig, um ein Klassensystem zu errichten?

* * *

Was bedeuten dann aber die beiden Verse, die wir an den Anfang dieses Kapitels stellten?
Die Verse wollen nichts mehr, als eine reale Tatsache dieser Welt darstellen, nämlich, daß die Menschen in Einkommen und Rangstellung unterschiedlich sind. Nehmen wir hier nochmals Rußland als Beispiel: Erhalten dort alle Menschen den gleichen Lohn für ihre Arbeit? Oder gibt es nicht vielmehr auch dort solche, die etwas mehr besitzen als andere? Nehmen dort alle den Rang eines Präsidenten ein, bzw. sind sie alle nur Regierte? Oder sind sie alle Generäle (bzw. einfache Soldaten)? Oder stehen nicht auch dort einige Menschen in ihren Positionen über anderen? Über diese Tatsache kommt man nicht hinweg, sondern es ist die Realität des Lebens. Die beiden Verse geben jedoch weder einen bestimmten Grund für diese Differenzierung an, noch wollen sie die Menschen dadurch in eine bestimmte Richtung führen. Sie behaupten nicht, daß diese Differenzierung durch den Kapitalismus, den Kommunismus oder durch den Islam geschaffen wurden. Ja sie behaupten nicht einmal, daß die Wirkung dieser Unterscheidung oder ihre Verteilung ständig gerecht sein müsse; auch nicht, daß sie ein dauerndes Unrecht darstelle. Sie stellen schlicht und einfach nur eine Tatsache fest, der wir nicht entrinnen können, da wir alle dem Gesetz und dem Willen des allmächtigen Schöpfers unterliegen, dessen Wirkungsbereich das gesamte Universum ist.

* * *

Es gibt nur eine einzige Klasse, deren Vorhandensein im Islam kurze Zeit akzeptiert und vom Koran reglementiert wurde, und dies sind die Sklaven. Wir haben über dieses Kapitel bereits ausführlich berichtet, und dessen Umstände, Voraussetzungen und Bestimmungen erklärt. Wir wollen nur noch wiederholen, daß der Islam nicht darauf aus war, diesen Zustand beizubehalten, da er von seiner Grundstellung her kein Prinzip der islamischen Gesellschaft ist.

Wie behandelte der Islam die Sklaven ? Wir brauchen nicht nochmals zu wiederholen, was wir bereits behandelten, es soll hier nur eine beispielhafte Geschichte in die Erinnerung gerufen werden, durch die ʿUmar das Prinzip der "Klassen" im Islam errichtete!
In jener Geschichte, wird von einem der Noblen berichtet, der zur Hadsch ging, jedoch dabei durch seinen Hochmut, seine Mitbrüder verletzte und seine Unwissenheit und Kleinheit des Glaubens zeigte, der sein Herz von diesen Gewohnheiten noch nicht gereinigt hatte. Er war einer jener, von denen es im Koran heißt: "*Die Wüstenaraber sagen: Wir glauben. Sprich: Ihr glaubt nicht; sagt vielmehr: Wir haben den Islam angenommen, und der Glaube ist noch nicht in eure Herzen eingedrungen.*" (49:14)
Während der Umschreitung der Kaʿaba geschah es, daß ein "Sklave" auf das zu lange Gewand (auch das gilt als Zeichen des Hochmuts) des Noblen trat. Der "Edle" fühlte sich aufs Äußerste durch diese "Frechheit" des Sklaven beleidigt und ohrfeigte den Armen, denn das hielt er für die gerechte Vergeltung einer solchen Freveltat!
Der Sklave ging zu ʿUmar, um sich über die Tat des noblen Herrn zu beschweren. - Lautete die Antwort des Kalifen: "Mach dir nichts draus! Denn dies ist ein reicher, edler Mann, und du bist nur ein Sklave und gehörst einer anderen Klasse an! Er besitzt Rechte, die du nicht besitzt!"? Erließ ʿUmar ein Gesetz, das die Reichen davor beschützte, von Armen auf ihr Gewand getreten zu werden? Oder ein Gesetz, daß den Sklaven dazu bestimmte, die Ohrfeige eines Reichen zu akzeptieren und zu ertragen?
Nein, ganz und gar nicht! Was tatsächlich geschah, ist in der Geschichte verzeichnet und bekannt: ʿUmar bestand auf Vergeltung und verfügte, daß der Sklave den Reichen ebenso zu ohrfeigen habe, um seine Ehre zu wahren und sein Recht wieder zurückzuholen. Das Gesetz Allahs unterscheidet nicht zwischen arm und reich, Sklave oder Edelmann! Die Geschichte endete damit, daß der Reiche diese Behandlungsweise nicht akzeptieren wollte, vor ʿUmar floh und später auch den Islam aufgab, da er diesen göttlichen Gesetzen, die keine Vorrechte und keine Klassenunterschiede kennen, nicht zustimmen wollte!

Der Islam und Almosen

Ist das die soziale Gerechtigkeit, die sich die Verfechter des Islam wünschen? - Daß das arme Volk in der Erwartung und Abhängigkeit von Spenden wohlgesinnter Reicher lebt? Nennen sie das Gerechtigkeit, wenn sie sich wünschen, daß der menschliche Stolz auf diese Weise zu Grabe getragen wird?

Dies ist einer der gefährlichsten und herausragendsten Irrtümer, dem auch die Anhänger der kommunistischen Ideen gern verfallen, nämlich, die Annahme, daß die Zakat eine Spende oder ein Almosen der Reichen ist, das sie aus gutem Willen den Armen überlassen. Wir sollten uns nicht von fremdem Gedankengut derart beeinflussen und einnehmen lassen, daß wir uns wie Marionetten bewegen lassen, die keinen wachen Geist besitzen, um die Realität der Dinge zu erkennen! Denn der Begriff "Almosen geben" ist in seinem natürlichen Verständnis mit der Vorbedingung der Freiwilligkeit verknüpft, und er ist keine Sache, die das Gesetz oder die Regierung ihm aufzwingen kann. Die Zakat ist aber eine Pflicht, die die *Scharicа* dem Muslim auferlegt, und gegen deren Nichterfüllung der Staat aufzutreten hat, ja sogar das Recht hat, denjenigen, der auf Nichteinhaltung dieser Pflicht beharrt, zu töten, da er als Abtrünniger betrachtet wird! Dies hat klarerweise absolut nichts mit einer Spende oder dem Geben von Almosen, das dem Gewissen des Einzelnen überlassen wird, zu tun!

Die Zakat ist von finanzieller Seite her betrachtet die erste geregelte Steuer, die in einem Wirtschaftssystem jemals eingeführt wurde. Zuvor wurden die Steuern nach dem Belieben des Herrschers erlassen, der damit seine Ausgaben und Interessen finanzierte. Die Steuerlast fiel daher immer mehr zu Lasten der Armen als zu Lasten der Reichen aus, ja manchmal trug sie auch nur die breite Masse des armen Volkes, während die Reichen die Nutznießer waren.

Der Islam kam mit der Zakat, um die Einkommensabgaben dadurch zu reglementieren und einen bestimmten Prozentsatz zu bestimmen, der im Normalfall nicht überschritten wird, und dessen Träger die Reichen und durchschnittlich Wohlhabenden sind, während die Armen davon ausgenommen sind.
Diese Tatsache sollten wir uns ständig im Gedächtnis bewahren, und sie braucht eigentlich weder besondere Erklärungen noch Beweise.

Das zweite, ebenso wichtige Charakteristikum ist, daß die Einkommen aus der Zakat vom Staat selbst an die Armen verteilt werden, und nicht der Reiche ist es, der sein Geld direkt an die Armen verteilt. Der Staat nimmt die Zakat in Gewahrsam und er ist es, der sie wieder unter das Volk verteilt. Der Begriff *Baytu-l-Mal* bedeutet nichts anderes als ein Finanzministerium, das die öffentlichen Einnahmen sammelt, um dann wieder je nach Bedarf die Ausgaben des Staates dadurch zu unterstützen. Wenn der Staat die Versorgung der Bedürftigen übernimmt, die aus einem triftigen Grund zum Erwerb ihres Lebensunterhalts nicht fähig sind, so wird dadurch verhindert, daß dies den Charakter einer mitleidigen Wohltat annimmt, oder die Selbstachtung der Bedürftigen verletzt. Oder würde ein Beamter, der sein Gehalt aus den Einnahmen des Staates bezieht, fühlen, daß er auf Kosten der Reichen lebt? Und so verhält es sich mit den Kindern und alten Menschen, die aus den Einkommen des Staates ihren Unterhalt beziehen, dessen Aufgabe es ist, diesen Pflichten nachzukommen. Die Idee eines Sozialstaates, der für die Versorgung seiner Bürger aufkommt, ist das Ergebnis modernen Denkens, das erst nach langer Geschichte der sozialen Ungerechtigkeit und Unterdrückung im Westen aufgekommen ist. Wie eigenartig ist es doch, daß dieses System als fortschrittlich und hervorragend bejubelt wird, wenn es aus dem Westen kommt, jedoch als rückschrittlich bezeichnet wird, wenn man darauf aufmerksam macht, daß dies eine Errungenschaft des Islam vor 1300 Jahren war?

Die dritte erwähnenswerte Tatsache ist, daß das direkte Verteilen der Zakat an die Armen in Form von Naturalien oder Bargeld nicht die einzige Weise war, wie der Staat seiner Verpflichtung nachkam. Es wurden außerdem Krankenhäuser und Schulen errichtet, in denen die Bedürftigen unentgeltlich behandelt bzw. unterrichtet wurden. Es wurden Vereinigungen und Firmen gebildet, die für Unterhalt und Beschäftigung der Armen sorgten. Mit einem Wort, all jene Einrichtungen, auf die der moderne Sozialstaat so stolz ist, hatten im Islam bereits praktische Anwendung gefunden. So wurde die Zakat hauptsächlich in dieser Weise verteilt, und nur in besonderen Fällen, wie z.B. bei Kranken, Kindern und alten Leuten als Bargeld ausbezahlt.

Ein vierter Punkt ist ebenso wesentlich, nämlich daß es nicht zu den Prinzipien des Islam gehört, in seinem Staat Arme zu belassen, die von den Einnahmen der Zakat leben müssen. Und so erreichte der islamische Staat in der Regierungszeit von ᶜUmar Ibn ᶜAbdul-ᶜAziz eine so beispielhafte Form, daß die Zakat eingesammelt wurde, jedoch keine Armen mehr gefunden werden konnten, auf die man sie hätte verteilen können. Darüber berichtete Yahya Ibn Saᶜid: "ᶜUmar Bin ᶜAbdul-ᶜAziz sandte mich, um die Zakat-Gelder

Afrikas einzuholen, und ich tat, wie mir gesagt worden war. Als ich damit fertig war, verlangte ich nach den Namen der Armen, um die Verteilung des Geldes zu bestimmen. Doch fanden sich keine Bedürftigen und niemand wollte das Geld nehmen, denn sie alle waren in jener Zeit ausreichend versorgt."

Die Armut ist eine Erscheinung, mit der sich jede Gesellschaft auseinandersetzen muß. So ist es entscheidend, mit welchen Maßnahmen man ihr entgegentritt. In jener Zeit des Islam schlossen sich immer neue Länder an, in denen noch unausgeglichene Verhältnisse mit allen negativen Erscheinungen herrschten, die durch die islamische Gesetzesregelung sukzessive zu jener beispielhaften Blüte gebracht wurden, wie sie zur Zeit des ᶜUmar Bin ᶜAbdul-ᶜAziz zu finden war.

* * *

Nun fehlen noch ein paar Bemerkungen hinsichtlich der Gabe von Almosen (*sadaqa*). Damit sind nun die Spenden gemeint, die Wohlhabende aus freiem Willen für Bedürftige spenden. Der Islam fordert die Menschen dazu auf und fördert diese Wohltätigkeit in verschiedenster Weise. So finden wir die *Sadaqa* in Form von Versorgung für Eltern und Verwandte, Versorgung von Bedürftigen im Allgemeinen, und als Wohltat an andere in Form von guten Taten oder verbindenden Worten.

So mancher behauptet, daß jemand, der seine Familie unterstützt, dadurch ihre Gefühle verletzt oder sie verachtet. Im Gegenteil dazu meine ich, daß sich damit Mitgefühl, Zuneigung, Zusammengehörigkeitsgefühl und Annäherung der Herzen verbindet. Wenn man seinem Bruder ein Geschenk gibt, oder zur Ehre seiner Verwandten ein Fest veranstaltet und sich um ihr Wohl kümmert, so wird man dadurch nicht ihren Haß und ihre Mißgunst ernten.

Das Geben freiwilliger Spenden ist im Islam eine Tat, die der Hilfe des Armen dient, und in vielfältiger Weise Form annehmen kann. So kann dies auch geschehen, indem man den verschiedenen Organisationen, die sich zum guten Zweck der sozialen Hilfe bilden, Spenden zukommen läßt. Man kann aber auch dem islamischen Staat bei der Ausführung seiner verschiedenen Projekte helfen.

Sollte das Idealmodell des islamischen Staates erreicht sein und es keine armen Menschen mehr geben, die man durch freiwillige Spenden unterstützt, so findet auch diese, ebenso wie die Zakat, keine Anwendung in diesem Bereich mehr. Dann bleiben nur noch jene zu versorgen, die aus Alters- oder Krankheitsgründen nicht zur Arbeit fähig sind.

In diesem Zusammenhang ist es wichtig, noch einmal den hauptsächlichen Punkt zu diesem Thema herauszustreichen.
Der Islam begründet **nicht** das Leben seiner Bevölkerung hauptsächlich darauf, von den Wohltaten anderer zu leben. Der Staat ist verantwortlich für die Versorgung seines Volkes, aber er ist auch verpflichtet, jeden zur Arbeit anzuhalten, der dazu fähig ist. So kam einmal ein Mann zum Propheten, und bat ihn um eine Gabe. Da reichte ihm der Prophet ein Seil und eine Hacke und befahl ihm, nach Brennholz zu suchen, es zu verkaufen und davon zu leben. Er wies ihn außerdem an, wieder zurückzukommen, um ihm zu berichten, wie es ihm ergangen sei.
Nun meinen viele, daß dieses Beispiel den heutigen Anforderungen nicht mehr gewachsen sei, denn heute haben wir es nicht nur mit einem Mann, sondern mit Millionen von Arbeitslosen zu tun. Es handelt sich nicht mehr um Seil und Hacke, sondern um Fabriken und verschiedenste Zweige der Produktion. Es war jedoch vom Propheten nicht verlangt, von Problemen und Einrichtungen zu berichten, die zu dieser Zeit niemand kannte. Seine Aufgabe bestand darin, die Prinzipien und Gesetzmäßigkeiten aufzuzeigen und allgemeine Grundregeln festzulegen, aus denen jede Generation für ihre Zeit und ihre Methoden die entsprechenden Ableitungen schaffen kann. In dem genannten Beispiel ist das Prinzip einfach zu erkennen: Der Prophet zeigte, daß es seine Aufgabe war, für den Hilfesuchenden Arbeit zu finden, und er verlangte von ihm, daß er zurückkommen müsse, um ihm zu berichten, wie es ihm ergangen wäre. Das bedeutet die Verantwortung des Staates für die Arbeitsplatzbeschaffung der Bürger. Sollte ihm dies jedoch aus irgendeinem Grund nicht gelingen, so muß aus den Staatsfinanzen für die Arbeitslosen gesorgt werden. Auf diese Weise behalten sie ihre Achtung vor sich selbst, vor dem Staat und vor ihren Mitmenschen.

Der Islam und die Frau

Im Orient gibt es heutzutage einen Riesenlärm um das, was sich "die Rechte der Frau" und "die völlige Gleichberechtigung mit dem Mann" nennt.

In der Mitte dieses Aufruhrs, der schon einem Fieber gleichkommt, gibt es auch viele, die im Namen des Islam sprechen. So behaupten einige, daß der Islam zwischen den beiden Geschlechtern keinen Unterschied macht, und andere wiederum proklamieren, daß der Islam der Feind der Frau sei, der ihr ihren Stolz nimmt und sie demütigt, in ihr das Gefühl der Selbstachtung und der eigenen Persönlichkeit zerstört und sie in ihrem Rang eher den Tieren nahestellt als den menschlichen Wesen. Sie sei nur Werkzeug zur Triebbefriedigung des Mannes und die Brutstätte seiner Nachkommen. Ihre Aufgabe sei es, dem Manne zu folgen und zu gehorchen, während der Mann sie in Allem beherrscht und ihr in Allem vorgezogen wird.
Weder die Einen noch die Anderen kennen die Wahrheit des Islam, bzw. falls sie darum wissen, geben sie ihr absichtlich ein anderes, verfälschtes Gesicht, um die Abkehr vom Islam und die Spaltung und Zerstörung der Gesellschaft zu bewirken.
Ehe wir auf die Stellung der Frau im Islam näher eingehen, sollen noch einige Bemerkungen zur Geschichte der europäischen Frau gesagt werden, denn dies ist die Quelle des Übels, das heute auf den Orient übertragen wird.

* * *

Die Frau war in Europa und auch in der übrigen Welt eine unwichtige Angelegenheit, der niemand wirklich Beachtung schenkte. Einige der "Wissenschaftler" und "Denker" stritten sich selbst über die Frage, ob die Frau nun eine Seele besäße oder nicht, und wenn ja, ob diese Seele wohl menschlichen oder tierischen Charakter habe? Aber selbst wenn man ihr noch eine menschliche Seele zuerkannte, so stellte sich dennoch die Frage, ob sie im Rang dem Sklaven gleichzustellen war oder doch etwas höher!

Selbst in den wenigen Zeiten, in denen die Frau einen gesellschaftlichen Stellenwert besaß, ob in Griechenland oder im römischen Imperium, galt dies nicht ihrem Geschlecht, sondern es handelte sich um einige wenige Ausnahmen, die aufgrund ihrer besonderen Eigenschaften in den Genuß dieses "Vorrechts" gelangten. Aber auch die Frauen der Hauptstadt, die als Zierde bei den Sitzungen und Versammlungen dienten, bzw. eine Facette des Luxuslebens waren, ein Gegenstand des Vergnügens, mit dem man sich in

der besseren Gesellschaft unter anderem vergnügte, auch sie wurden nicht wegen ihrer menschlichen, eigenständigen Persönlichkeit willen geachtet, sondern waren Gegenstand des Egoismus und der Triebe des Mannes.
Dieser Zustand veränderte sich auch nicht während der Feudalzeit Europas, und die Frauen selbst nahmen in ihrer Unwissenheit ihr Schicksal auf sich, und arbeiteten, aßen und tranken, trugen und gebaren Kinder, so wie es von ihnen verlangt wurde. - So lange, bis eine künstlich hervorgerufene Revolution die größere Katastrophe für die Frau brachte.

Bis zur Zeit der industriellen Revolution gestalteten sich die allgemeinen Umstände so, daß der Mann für den Unterhalt der Frau aufkommen mußte. Die Frau "arbeitete" dafür, indem sie den Haushalt versorgte, oder einfache handwerkliche Tätigkeiten verrichtete, die im landwirtschaftlichen Leben vonnöten waren. Die Industrialisierung verkehrte jedoch alle Lebensumstände auf dem Land und in der Stadt, da durch die Arbeit der Frauen und Kinder in den Fabriken die Familienbande auseinandergerissen wurden. Das Leben auf dem Land begründete sich auf der gegenseitigen Hilfe innerhalb der Familie und unter den Nachbarn, während im Stadtleben niemand sich um den Anderen kümmerte, jeder sowohl am Arbeitsplatz als auch in seiner Freizeit auf sich allein gestellt war, und selbst die außereheliche Befriedigung körperlicher Triebe so erleichtert wurde, daß die Notwendigkeit der Familiengründung teilweise nicht mehr erkannt wurde, zumindest aber sich um einige Jahre verspätete.[1]
Die Frau war es jedoch, die den Preis für das Aufbrechen der Familien bezahlen mußte, denn durch ihre Beschäftigung sah sich der Mann nun nicht mehr bemüßigt, für ihren Unterhalt zu sorgen, sondern verlangte nun von ihr, daß sie sich selbst erhalten sollte, selbst dann wenn sie Frau und Mutter war. In den Fabriken wurden die Frauen durch unmenschlich lange Arbeitszeit, unter Bezahlung von geringerem Lohn als für die Männer, ausgebeutet. Frauen und Kinder verfügten als die Schwachen der Gesellschaft über niemanden, der sie verteidigt hätte, denn die einzige Kraft, die dies hätte bewerkstelligen können, ist das menschliche Gewissen. Aber wo war dieses Gewissen?!

---

1 Die Vertreter der materialistischen Idee argumentieren daher damit, daß die ökonomischen Verhältnisse die sozialen Bedingen und die zwischenmenschlichen Beziehungen einflussen. Niemand leugnet die Einwirkung der Wirtschaft auf die sozialen Verbindungen, doch was wir entschieden ablehnen, ist die Ausschließlichkeit dieser Einflußnahme auf die Gedanken- und Gefühlswelt der Menschen. Diese starke Wirkung wurde in der westlichen Welt nur wegen der fehlenden religiösen Festigung erzielt. Hätte es einen umfassenden Glauben gegeben, der alle Komponenten unter dem Prinzip der Menschlichkeit miteinander verknüpft hätte, so wären dadurch wenigstens Grausamkeit und Härte der wirtschaftlichen Zwänge abgeschwächt worden.

Doch es gab noch mitfühlende Herzen, die sich dafür einzusetzen begannen, die Kinderarbeit abzuschaffen, bzw. das Alter der Kinder und Jugendlichen, die man zur Beschäftigung heranziehen konnte, höher anzusetzen, die Arbeitslöhne zu heben und die Anzahl der Arbeitsstunden zu kürzen.
Für die Frauen gab es jedoch niemanden, der sich für ihre Rechte eingesetzt hätte, und so verblieb sie bei ihrer Arbeit in den Fabriken zu niedrigen Löhnen und schwierigen Bedingungen bis der Erste Weltkrieg kam, in dem zehn Millionen Männer den Tod fanden. Die Frau fand sich selbst abermals vor den schwierigsten Lebensbedingungen, denn Millionen von Frauen hatten ihre Ehemänner verloren, die entweder im Krieg getötet oder verletzt wurden, oder durch die Schrecken des Krieges psychische Schäden davongetragen hatten, so daß sie nicht bereit waren, die Gründung einer Familie auf sich zu nehmen und ihre Belastung zu ertragen.
Hinzu kommt, daß auch gar nicht ausreichend männliche Arbeitskraft verfügbar war, um die Produktion in den Fabriken und den Wiederaufbau des zerstörten Landes in Gang zu bringen. Die Frau war gezwungen, sich selbst und ihre Familie vor dem Hungertod zu retten. Dies war leider auch sehr oft mit dem Verzicht auf ihre Selbstachtung und ihren Charakter verbunden. Die Fabrikarbeiter oder -besitzer wollten nicht nur arbeitende Hände, nein, sie sahen auch eine willkommene Gelegenheit zur Jagd eines hilflosen, meist hungrigen Vogels. Was hätte sie also davon abhalten sollen, diese Gelegenheit beim Schopf zu packen, außer ein Gewissen, das längst vor den Kriegswirren verlorengegangen war? Und da sich genügend Frauen fanden, die nach Arbeit suchten, so akzeptierte man natürlich eher die, die sich auch der Befriedigung anderer Bedürfnisse zur Verfügung stellten. Nicht zu vergessen, daß dies nicht nur eine Angelegenheit des Hungers, sondern auch ein Anliegen des menschlichen Körpers ist, dem nachgegangen werden muß. Der eklatante Mangel an heiratsfähigen Männern erlaubte der großen Zahl an Frauen die Sättigung dieser Bedürfnisse jedoch nicht auf religiös legalem Weg, denn Europa erlaubt nicht die Lösung des Islam für solche Extremfälle, nämlich die Polygamie. So öffneten sich Tür und Tor zu allem, was die Frau begehrenswert macht und ihr dazu verhilft, sich auf die eine oder andere Weise ihre körperlichen Rechte zu holen. Zusätzlich erledigte sie die schwersten Arbeiten in Fabriken oder gar Minen, ohne dafür die gleiche Bezahlung wie ein Mann für die gleiche Arbeit zu erhalten.

Es mußte nach all dem zu einer Revolution kommen, die das begangene Unrecht der Jahrhunderte und der vielen Generationen endlich ausglich. Was blieb der Frau noch übrig, nachdem sie in ihrem Wert bereits so tief gesunken war, auf ihre Weiblichkeit verzichtet hatte, und selbst das Recht auf Familie verloren hatte, in der sie ihre Persönlichkeit und ein ausgefülltes

Leben gefunden hatte, als daß sie zumindest die Gleichstellung in der Entlohnung forderte?
Natürlich ließ sich der europäische Mann nicht mit Leichtigkeit aus seiner Vorrangstellung und aus seinem Egoismus vertreiben. Es begann eine Schlacht, bei der die. Frau alle möglichen Mittel einsetzte, um zu ihrem Recht zu gelangen. Streiks, Demonstrationen, Vereinigungen, öffentliche Medien wurden eingesetzt; dann begann sie langsam die Gesetzgebung zu beeinflussen, um die Quelle des Unrechts unschädlich zu machen, forderte das Wahlrecht, sowie einen Anteil an Parlamentssitzen, erwarb sich die Bildung, die den Männern zueigen war, da sie auch die Arbeit der Männer zu übernehmen begann, und forderte als natürliche Folgerung daraus, gemeinsam mit den Männern Regierungsämter belegen zu können.
Dies ist die Erfolgsgeschichte der westlichen Frau, eine Geschichte von natürlich aufeinanderfolgenden Fortsetzungen, die nicht mehr darauf acht gab, ob die Entwicklung den Männern genehm war oder nicht, sondern die nur noch das Interesse der Frauen im Auge hatte.[1]
Und trotzdem klingt es sehr eigenartig, wenn man hört, daß in England den Frauen in öffentlichen Ämtern immer noch weniger Lohn für gleiche Arbeit bezahlt wird, als den Männern.[2]

* * *

Wenden wir uns nun der Stellung und Situation der Frau im Islam zu, um zu untersuchen, ob die islamische Frau ebenfalls gezwungen ist, einen Rechtsstreit auszutragen, wie dies die westliche Frau tun mußte, oder ob die Bestrebungen der orientalischen Frau nur einem Bedürfnis der blinden Nachahmung des Westen entspringen.

Die ersten grundsätzlichen Prinzipien des Islam, über die es keine Auseinandersetzung und kein Mißverständnis geben kann, liegen darin, daß die Frau ein menschliches Wesen mit eigener Persönlichkeit ist. Die Seelen von Mann und Frau sind einander ebenbürtig, denn sie entspringen dem

---

1 Wir möchten hier nochmals auf die Ansichten der Vertreter der Wirtschaftstheorien eingehen, die meinen, daß die Emanzipation der Frau durch die wirtschaftlichen Verhältnisse in diese Richtung gezwungen wurde. Nochmals möchte ich betonen, daß die Wirkung der ökonomischen Verhältnisse nicht zu unterschätzen ist, doch wäre ein System vorhanden gewesen, das, wie der Islam, der Frau den Unterhalt durch den Mann garantiert hätte, bzw. der arbeitenden Frau die gleiche Entlohnung wie dem Mann garantiert hätte, bzw. in Notfällen die Mehrehe erlaubt hätte, so daß die sexuelle Notsituation nach den Kriegen auf gebührende Weise behoben worden wäre, so wäre die Frau zu all den Vorgangsweisen, die oben beschrieben wurden, nicht gezwungen gewesen.

2 Wir möchten nochmals darauf hinweisen, daß dieses Buch bereits in den Fünfziger Jahren dieses Jahrhunderts entstand, und sich in der modernen Gesetzgebung seither so manches geändert haben mag (Anm.d.Übers.).

gleichen Ursprung: "*O ihr Menschen! Fürchtet euren Herrn, Der euch aus einem einzigen Wesen erschaffen hat, und aus ihm erschuf Er seine Gattin, und aus beiden ließ Er viele Männer und Frauen (sich auf Erden) ausbreiten. So fürchtet Gott, in dessen Namen ihr einander ersucht, und wahret die Verwandtschaftsbande (fest). Wahrlich, Gott wacht stets über euch.*" (4:1). Dies bedeutet vollkommene Einheit in Ursprung, Schöpfung und Werden, und die vollkommene Gleichberechtigung in der menschlichen Persönlichkeit, woran sich sämtliche Rechte knüpfen, die damit zusammenhängen, wie die Unverletzlichkeit und der Respekt vor dem Leben des Anderen, seiner Würde und seines Vermögens. Die Achtung vor dem Anderen, die man auch nicht in Auseinandersetzungen verletzen darf, die Intimsphäre des anderen, die nicht in die Öffentlichkeit gezerrt werden soll, all dies sind Rechte jedes einzelnen Menschen, bei denen kein Unterschied zwischen den Geschlechtern herrscht. Die Rechtsprechung ist klar und für jeden verständlich ausgedrückt: "*O ihr, die ihr glaubt! Laßt nicht eine Schar über die andere spotten, vielleicht sind diese besser als jene; noch (laßt) Frauen über (andere) Frauen (spotten), vielleicht sind diese besser als jene. Und verleumdet einander nicht und gebt einander keine Schimpfnamen. Schlimm ist die Bezeichnung der Sündhaftigkeit, nachdem man den Glauben (angenommen) hat, und jene, die nicht umkehren - das sind die Ungerechten. O ihr, die ihr glaubt! Vermeidet häufigen Argwohn; denn mancher Argwohn ist Sünde. Und spioniert nicht und führt keine üble Nachrede übereinander. Würde wohl einer von euch gerne das Fleisch seines toten Bruders essen? Sicher würdet ihr es verabscheuen. So fürchtet Allah. Wahrlich, Allah ist Gnädig, Barmherzig.*" (49:11,12)..."*O ihr, die ihr glaubt, betretet keine anderen Wohnungen als die euren, bevor ihr nicht um Erlaubnis gebeten und ihre Bewohner gegrüßt habt. Das ist besser für euch, wenn ihr euch ermahnen lasset.*" (24:26) "Jeder Muslim ist einem anderen Muslim *haram* (verboten, heilig): Sein Blut, seine Würde und sein Vermögen." (überliefert von Bukhari und Muslim). Die Belohnung bzw. die Bestrafung im Jenseits kennt keinen Unterschied der Geschlechter: "*Da erhörte sie ihr Herr (und sprach): Seht, Ich lasse kein Werk der Wirkenden unter euch verlorengehen, sei es von Mann oder Frau; die einen von euch sind von den anderen.*" (3:195)

Der Verwirklichung der individuellen Persönlichkeit ist unabhängig vom Geschlecht der Weg geöffnet: Das selbständige Verfügungsrecht über das Vermögen, in allen Arten von geschäftlichen Transaktionen, wie Verpfändung, Vermietung, Stiftung, Verkauf oder Kauf und Selbstnutzung usw. - "*Den Männern steht ein Teil von der Hinterlassenschaft ihrer Eltern und Verwandten zu, und ebenfalls den Frauen steht ein Teil von der Hinterlassenschaft ihrer Eltern und Verwandten zu. Sei es wenig oder viel.*

(Das gilt) als vorgeschriebener Anteil." (4:7) "*Die Männer sollen ihren Anteil nach ihrem Verdienst erhalten, und die Frauen sollen ihren Anteil nach ihrem Verdienst erhalten.*" (4:32)
Hier zeigt es sich angebracht, ein wenig Halt zu machen und auf das Verfügungsrecht bezüglich Eigentum näher einzugehen, denn dies ist etwas, das der europäischen Frau bis vor einem Jahrhundert noch vorenthalten wurde, während die muslimische Frau bereits 1200 Jahre lang im Genuß dieser Rechte war. Die westliche Frau konnte einzig über ihren Ehemann, ihren Vater oder einen gesetzlichen Vormund zu finanziellen Transaktionen Zugang finden. Später hatte sie für den Erwerb dieser Rechte schwer zu kämpfen und bitter zu bezahlen, während der Islam diese Dinge der Frau frei zugestanden hatte, ohne unter dem Druck wirtschaftlicher Probleme zu stehen oder dem Kampf der Geschlechter sozusagen gezwungenermaßen nachgeben zu müssen.

Der Westen im allgemeinen, und die Kommunisten im besonderen, gehen davon aus, daß die Persönlichkeit des Menschen in seiner wirtschaftlichen Unabhängigkeit liegt. So sprechen sie automatisch der Frau erst dann das Recht auf Eigenpersönlichkeit zu, sobald sie wirtschaftlich selbständig geworden ist, d.h. sie selbst über ein eigenes Einkommen verfügt, von dem sie sich selbst versorgen kann. Abgesehen davon, daß die menschliche Existenz nicht in so engen Grenzen zu sehen ist, und dies eine entsetzliche Erniedrigung des Menschen bedeutet, stimmen wir in dem Punkt der Notwendigkeit einer wirtschaftlichen Unabhängigkeit zu, denn sie spielt eine entscheidende Rolle bei der Entwicklung von Emotionen und dem Aufbau des Selbstwertgefühls.
Hier ist es der Stolz des Islam, der Frau ihre wirtschaftliche, unabhängige Existenz zu geben, denn sie hat das uneingeschränkte Recht auf Besitz, über den sie frei verfügen kann, ohne dafür einen Vertreter zu benötigen.

Der Islam gab sich aber damit noch nicht zufrieden. Er gab der Frau das Recht, in der wesentlichen Angelegenheit ihres Lebens, der Ehe, selbst entscheiden zu können. Eine Ehe darf nicht ohne Erlaubnis der Frau geschlossen werden, und der Vertrag ist ohne ihre Zustimmung ungültig: "Eine Frau, deren Wiederverheiratung (d.h. die verwitwete oder geschiedene Frau, die wieder eine Ehe eingeht) bevorsteht, darf nicht verheiratet werden, bis sie dies selbst zuläßt. Eine Jungfrau darf erst verheiratet werden, wenn sie zuvor nach ihrer Einwilligung befragt wurde. Und ihr Schweigen bedeutet eine Zustimmung." (Überliefert von Bukhari und Muslim)
Der Islam gab der Frau ein klares, unbestreitbares Recht, ihren Bräutigam selbst zu bestimmen, ja sogar ihn sich selbst zu verloben, was in Europa zu

den neuesten Entwicklungen des 20. Jahrhunderts gehört, wo man glaubte, damit endlich die altmodischen Traditionen durchbrochen zu haben. Denn früher bedurfte die Frau eines hinterlistigen Versteckspiels, oder unehrlicher Methoden, um sich eines unwillkommenen Verehrers zu entledigen.[1]
Es gibt noch eine andere sehr wichtige Tatsache, die dem Islam zuerkannt werden muß, nämlich, daß er das Wissen und Forschen zu einer notwendigen Pflicht des Menschen machte. Eine Pflicht, die jedem auferlegt war, nicht nur einer Gruppe von Auserwählten, und so gewährte er Millionen von Menschen das Recht auf Bildung, und machte sie zum Stützpfeiler des Glaubens, zu einem Meilenstein auf dem islamischen Weg. Und auch hier hat der Islam alles Recht darauf stolz zu sein, daß er das erste System in der Geschichte der Menschheit war, das auf die Frau als menschliches Wesen mit einer ihr eigenen Persönlichkeit blickte. Es wurde von ihr verlangt, ihre Individualität auszubilden und durch Aneignung von Bildung zu vervollständigen. So wurde der Wissenserwerb zur Pflicht des Mannes, genauso wie er die Pflicht der Frau war, damit sie sich mit Hilfe ihres Verstandes, Körpers und der Seele erheben möge, während ihr im Westen dieses Recht erst in der jüngsten Geschichte gezwungenermaßen zuerkannt wurde.

* * *

Auf diese Weise bewies der Islam seine Achtung vor der Frau. Niemand kann behaupten, daß sich so eine Haltung ausdrückt, die die Frau als zweitrangiges Wesen betrachtet, das verpflichtet sei, einem anderen zu folgen, oder daß sie eine unwichtige Rolle im Leben spiele. Gerade der Bildungsauftrag, der an sie ergeht, ist ein so grundsätzlicher Schritt, der alleine ausreichen würde zu beweisen, welch hoher Stellenwert der Frau im Islam zugedacht wird.

Der Islam geht jedoch noch einen Schritt weiter, indem er nach der Feststellung der vollkommenen Gleichheit der beiden Geschlechter in ihrer Menschlichkeit und den damit verbundenen Rechten eine Unterscheidung bezüglich einiger anderer Rechte und Pflichten trifft. Und das ist der Grund

1 In der heutigen wirtschaftlichen und gesellschaftlichen Situation der islamischen Länder scheint dieses Recht eigentlich unwirklich, denn wir leben in einem traditionell geprägten Umfeld, nicht aber in einem religiösen. Aber der Islam ist nicht verantwortlich für diese Entwicklung, die seinem System und seinen Gesetzen entgegen stehen. Die Frau gebrauchte diese Rechte zur Zeit des Erscheinens des Islam, nachdem der Prophet diese formuliert hatte. Wir fordern heute diese Rechte wieder ein, und verlangen das Verschwinden all jener Entwicklungen, die diesen Rechten im Weg stehen, gleich ob dies ökonomische, soziale oder traditionelle nicht-islamische Elemente sind. Siehe auch "M'arakatu-t-taqalid" (Der Kampf gegen die Tradition).

für das Getöse, das manche Frauen aufführen, und mit ihnen einige Intellektuelle und "Weltverbesserer", von denen nur Gott alleine weiß, wie sehr sie tatsächlich von der Absicht getrieben werden, die Welt zu verbessern, oder ob nicht vielmehr die Absicht dahinter steckt, durch ihre "Reparatur" die Frau zu einer leichteren Beute für sich selbst und für die Gesellschaft zu machen.

Ehe wir nun im Detail auf jene vom Islam getroffenen Unterscheidungen eingehen, ist es ratsam, erst einmal die gesamte Problematik in ihr wahres Licht zu rücken, ihre hauptsächlichen körperlichen und seelischen Aufgaben zu untersuchen und sodann die Meinung des Islam dazu aufzuzeigen.

Der Kernpunkt der Thematik befindet sich in der Frage: Haben wir es mit einem oder mit zwei Geschlechtern zu tun, und haben sie ein und dieselben oder unterschiedliche Aufgaben zu erfüllen? Wenn nun die sogenannten Feministinnen und ihre Anhängerschaft behaupten, daß es zwischen Mann und Frau keinen Unterschied im Körperbau, der natürlichen Veranlagung und ihren biologischen Funktionen gibt, so wird das Gespräch mit ihnen sich äußerst schwierig gestalten. Die Problematik der Gleichmachung der beiden Geschlechter behandelte ich bereits ausführlich in dem Buch "Der Mensch zwischen Materialismus und Islam" in dem Kapitel "Das Problem des Geschlechts", und ich halte es für angebracht, einiges daraus anzuführen :
(...) Dieser entscheidende Unterschied in den Zielsetzungen und Aufgaben ist auch der Anlaß für eine Differenzierung zwischen der Natur der Frau und der des Mannes. Jeder ist so in der Lage, den prinzipiellen Grundforderungen nachzukommen, denn die Natur hat ihn/sie mit allen Voraussetzungen ausgestattet, die es möglich machen, sich den Anforderungen auf einfachste Weise anzupassen. Ich sehe daher in dem leeren Geschwätz von einer maschinenartigen Gleichheit zwischen den beiden Geschlechtern keinen Sinn! Die Gleichheit der Menschheit ist ein natürlicher und erforderlicher Umstand, denn Mann und Frau sind die beiden Hälften der Menschheit und die beiden Seiten der Seele. Wie kann jedoch Gleichheit in allen Lebensaufgaben erreicht und durchgeführt werden, selbst wenn alle Frauen dieser Erde dafür stimmen würden, und alle Bestimmungen dafür getroffen werden würden? Liegt es denn in ihrer Macht, die Natur zu verkehren und den Mann dazu zu bringen, wie die Frau die Mühen der Schwangerschaft, der Geburt und des Stillens zu tragen? Und ist es denn möglich, daß es irgendeine biologische Aufgabe gibt, ohne daß dazu auch eine spezifische körperliche und seelische Komponente geschaffen wurde? Liegt es nicht in der Natur der Sache, daß die Spezialisierung eines der beiden Geschlechter auf die Schwangerschaft und das Stillen auch in eine

besondere Gefühlswelt eingebettet sein muß, damit diese diffizile Aufgabe überhaupt ertragen werden kann und man ihren ständigen Anforderungen gewachsen ist? Die Mutterschaft ist in ihren noblen Eigenschaften, in ihren feinfühligen Tätigkeiten, ihrer Ausdauer im Ertragen ständiger Anstrengungen und ihrer genauen Beobachtungsfähigkeit eine einzige seelische, nervliche und gedankliche Anpassung und Voraussetzung für Schwangerschaft und Stillen. Diese einzelnen Komponenten passen derart wunderbar zueinander und ineinander, daß es eigenartig und fremd erscheint, das eine ohne das andere anzutreffen.
Diese freundliche Zärtlichkeit der Gefühle, dieser Reichtum an emotionalen Bewegungen, der mit der ersten Berührung hervorbricht und sich nicht durch die Vernunft lenken läßt, dies sind unerläßliche Voraussetzungen der Mutterschaft, die mit den Anforderungen der ersten Kindheit im Einklang stehen, die nicht Vernunft sondern unwillkürliche Emotionen benötigt.

Der Mann hingegen ist mit einer Aufgabe anderer Natur betraut, und er wurde dafür auf seine Weise ausgestattet .
Ihm ist der Lebenskampf in der Außenwelt zugedacht, gleich ob es sich dabei um die Konfrontation mit wilden Tieren, mit den Naturkräften oder mit einem Regierungssystem und wirtschaftlichen Bedingungen handelt. Er schützt sich selbst, seine Frau und seine Nachkommen vor feindseligen Einwirkungen.

Diese Aufgabe bedarf nicht des Gefühls als Ursprungskraft, im Gegenteil würde es ihr sogar schaden. Denn das Gefühl kann sich von einem Moment zum anderen einem neuen Ziel zuwenden. Dies entspricht den sich ständig ändernden Anforderungen der Mutterschaft. Aber es ist weniger für eine Arbeit geeignet, die Ausdauer, kühle Überlegung und das Abwägen von Gewinn und Verlust erfordert. Ob es sich um das Erlegen einer Beute, oder das Erstellen eines Wirtschaftsplanes, oder um Regierungspolitik handelt, diese Aufgaben benötigen klare Vernunft. Aus diesem Grunde ist der Mann seiner Veranlagung nach eher geeignet, diese Tätigkeiten zu übernehmen, und seinem Beruf den größeren Teil seines Denkens und seiner Persönlichkeit zu widmen. Das heißt aber noch lange nicht, daß nicht auch beide Geschlechter die Eigenschaften des anderen in sich tragen können. So mag es durchaus Frauen geben, die sich ausgezeichnet dazu eignen, in Regierungsgeschäften oder im Gerichtswesen tätig zu sein, während es auch Männer gibt, die starken Gefühlsschwankungen unterworfen sind und ausgezeichnet den Haushalt führen zu können. Dies ist das durchaus reale Ergebnis einer Vermischung der verschiedenen geschlechtlichen Eigenschaften in einer Persönlichkeit. Die Frage muß jedoch so gestellt werden: Können alle diese Tätigkeiten, zu denen die Frau noch zusätzlich zu ihrer natürlichen Disposition befähigt ist, sie für die Erfüllung dieser ihrer eigentlichen Aufgabe entschädigen? Können sie ihr das Heim, die Kinder und die Familie ersetzen? Noch mehr als das - können sie ihr den Wunsch nach einem Mann an ihrer Seite vergessen lassen?

Sehen wir uns doch einmal an, wie der Islam die Unterscheidung zwischen Mann und Frau betrachtet.
Das Herausragende am Islam ist, daß er ein realitätsbezogenes System ist, der die Natur des Menschen berücksichtigt, ihr gleichzeitig jedoch entsprechende Grenzen setzt, um der Menschheit den ethischen Aufstieg zu ermöglichen. Dabei gelangt sie zu beispielhaften Ergebnissen, aber es wird dabei nie auf eine Veränderung der menschlichen Natur spekuliert, oder darauf, daß eine solche Abweichung dem Menschen nützlich sein könnte.
So trachtet der Islam danach, Mann und Frau gleich zu behandeln in jenen Bereichen, in denen sie von Natur aus gleich sind, während er zwischen ihnen unterscheidet, wo von der Veranlagung her Verschiedenheiten zu bemerken sind. Die Hauptpunkte dabei sind in der Erbverteilung und in der Übertragung der Familienführung zu finden.
So sagt der Koran: "*Der männliche (Erbe) soll so viel wie den Anteil von zwei weiblichen (Erben) erhalten.*" (4:11). Dies ist wahr, doch darf man nicht dabei vergessen, daß der Mann für den Unterhalt der Familie verantwortlich gemacht wird. Von der Frau wird nicht verlangt, daß sie irgendeinen Teil ihres Vermögens hergeben müsse, sondern sie ist frei, ihr Geld auszugeben wie es ihr beliebt (außer in Fällen, wo sie die einzige Ernährerin einer Familie ist, was im islamischen System ein sehr seltener Fall ist, da jedes männliche Familienmitglied zur Unterstützung verpflichtet ist). Wo bleibt also das Unrecht, die Unterdrückung, von der die Vertreter der totalen Gleichberechtigung sprechen? Wenn die Frau, als Bevölkerungsgruppe gesehen, ein Drittel des vererbten Vermögens erhält, um diesen Anteil einzig und allein für sich selbst ausgeben zu können, und auf der anderen Seite der Mann zwei Drittel bekommt, um dies in erster Linie für seine Ehefrau (also wieder für eine Frau), für seine Kinder und seine Familie auszugeben, dann fällt es einem wohl sehr leicht, sich das Ergebnis auszurechnen, wer am Ende mehr von seinem Erbe profitiert. Wenn es einige Ausnahmefälle gibt, in denen Männer alleine leben und keine Familie gründen, so kann man sie nicht zum Vergleich herziehen, da im Normalfall ein Mann sein Vermögen zum Aufbau einer Familie braucht, in der zumindest eine Frau, nämlich die Ehefrau, Mitnutznießerin ist. Nicht zu vergessen, daß diese Aufgaben von ihm nicht aus Freiwilligkeit geleistet werden, sondern seine Verpflichtung ihr gegenüber sind, der er unbedingt nachzukommen hat, welchen Reichtum

sie auch immer ihr Eigen nennen mag. Dem Mann steht in keinem Fall zu, sich vom Kapital seiner Frau etwas anzueignen, es sei denn nach gegenseitiger Absprache und Übereinkunft. Sollte der Ehemann seiner Verpflichtung nicht nachkommen, so steht der Frau das Recht zu, ihn bei Gericht anzuklagen, auch dann, wenn er ihrer Meinung nach nicht nach seinen ihm zur Verfügung stehenden Mitteln angemessen für sie sorgt. Das Gericht entscheidet sodann über das Ausmaß der Unterhaltszahlung, bzw. erteilt ihr das Recht zur Scheidung. Welche Bedenken in bezug auf das Erbteil der Frau bleiben also noch übrig? Sind Sie, verehrter Leser, immer noch der Meinung, daß es gerecht wäre, der Frau und dem Mann unter diesen Umständen den gleichen Erbanteil zuzusprechen?
Rufen wir nochmals in Erinnerung, daß es sich hier um den Anteil an vererbtem Vermögen handelt, also um Kapital, das ohne persönliche Anstrengung und Arbeit dem einzelnen zugeteilt wird, und dabei verhält sich das Ausmaß proportional zu den auferlegten Verpflichtungen des einzelnen. Was aber erarbeitetes Besitztum anbelangt, so gibt es keine Unterscheidung zwischen den Geschlechtern, weder im Arbeitslohn noch im Gewinn aus Handelsgeschäften und ähnlichem. Hier wird ein völlig anderes Maß angelegt, nämlich das der Anstrengung und der daraus folgenden Entlohnung. Daher gibt es also auch keinerlei Zweifel an der Stellung der Frau im Islam, und das Gerede davon, daß die Muslimin nur halb so viel wert sei, wie der Muslim, stellt sich als haltloser Unsinn heraus!

Ebenso ist auch die Tatsache, daß die Zeugenaussage von zwei Frauen wie die von einem Mann gewertet wird, nicht Ausdruck dafür, daß die Frau nur die Hälfte eines Mannes ausmachen würde. Diese Bestimmung wurde nur als Vorsichtsmaßnahme erlassen, um eine genaue und verläßliche Zeugenaussage gewährleisten zu können, gleich ob es sich dabei um eine Aussage für oder gegen den Angeklagten handelt. Da die Frau über eine gefühlsbetontere Anlage verfügt, die sie eher dazu veranlassen kann, sich von den Umständen einer Gerichtsverhandlung beeinflussen und ablenken zu lassen, stellt man ihr eine zweite zur Seite, um sie dadurch an die Wahrheit zu erinnern. Es kann sich bei der unter Anklage stehenden Person um eine schöne Frau handeln, die die Eifersucht der Zeugin erregt und so ihre Aussage beeinflußt. Oder um einen charmanten jungen Mann, dem sie sich hingezogen fühlt, oder für den sich ihre mütterlichen Gefühle regen mögen, so wird die Anwesenheit einer zweiten Frau die Wahrheit doch ans Licht bringen, da sich zwei Frauen selten auf den gleichen "Abwegen" treffen werden. Es gibt aber genausogut auch Angelegenheiten, für die nur eine erfahrene Frau angehört wird, deren Fachurteil sozusagen gebraucht wird.

Was nun die Führungsposition anbelangt, so zwingt uns die Realität dazu, anzuerkennen, daß auch für die Zusammenarbeit zwischen Mann und Frau eine allgemeine Leitung nötig ist. Die Menschheit ist sich darüber einig, daß es für jedes System einen verantwortlichen Präsidenten geben muß, da sonst Anarchie und Aufruhr an der Tagesordnung wären, die der Allgemeinheit nur Verluste bringen würden. Es können bezüglich der führenden Position in der Familie drei Möglichkeiten in Betracht gezogen werden: Es kann entweder der Mann diese Position ergreifen, oder die Frau, oder beide übernehmen sie gleichzeitig.

Die dritte Möglichkeit können wir sofort zur Seite legen, da die Erfahrung gezeigt hat, daß der Einsatz von zwei Direktoren für die gleiche Sache letztenendes genauso viel Unordnung schafft, wie wenn es gar keinen Verantwortlichen gäbe. Der Koran meint zu diesem Thema: "*Gäbe es in (Himmel und Erde) Götter außer Allah, dann wären wahrlich beide dem Unheil verfallen.*" (20:21); "*...sonst würde jeder Gott mit sich fortgenommen haben, was er erschaffen hätte, und die einen von ihnen hätten sich sicher gegen die anderen erhoben.*" (23:91)

Die Psychologie sagt uns, daß Kinder, die im Schatten zweier gleich starker Elternteile erzogen werden, die einander um die Vorherrschaft konkurrieren, unter starken Komplexen und seelischen Schäden leiden.

Es bleiben also noch zwei Möglichkeiten. Wir können zu Beginn die folgende Frage stellen: "Welche Eigenschaft ist eher geeignet, eine führende Position zu übernehmen, die Vernunft, oder das Gefühl?" Die zu erwartende Antwort wird lauten, daß die Vernunft die geeignete Kraft zur Erledigung dieser Aufgabe ist, da sie regelt und ordnet, ohne Emotionen die Überhand zu lassen. So ist der Mann in seiner Natur eher prädestiniert, den Lebenskampf in der Außenwelt durchzustehen, und seine Taten und deren Folgen mit Verantwortung und Ausdauer zu tragen. Die Frau selbst verachtet im allgemeinen den Mann, der ihr unterlegen ist, den sie nach ihren Wünschen formen und leiten kann. Wenn man nun behaupten will, daß dies von der traditionsgemäßen Erziehung herrührt, die Handlungen und Empfinden der Frau von ihr unbemerkt beeinflußt, so möge man sich die amerikanische Frau vor Augen halten, die die völlige Gleichstellung mit dem Mann erreicht und ihre selbständige Persönlichkeit verwirklicht hat, und die sich trotzdem von neuem dem Mann unterworfen hat. Sie ist diejenige, die ihn herausfordert, ihn aufreizt, ihn freundlich stimmen will, seine starken Muskeln und die breite Brust bewundert, um sich schließlich daran zu lehnen, nachdem sie sich seiner Stärke im Vergleich zu ihrer Schwäche versichert hat.

Man kann auch beobachten, daß die Frau den Gedanken an die Führungsposition innerhalb der Familie hauptsächlich in der Anfangszeit

ihrer Ehe pflegt, in der sie noch nicht mit den ständigen Anstrengungen und der nervlichen Anspannung der Kindererziehung beschäftigt ist. Sobald diese Arbeit jedoch begonnen hat, ist oft ihr geistiger und nervlicher Energievorrat sehr rasch erschöpft, und es verlangt sie nicht mehr nach zusätzlicher Verantwortung.
Das bedeutet jedoch nicht, daß der Mann sich die Frau untertan machen darf. Denn die Leitung der Familienangelegenheiten kann nicht auf die Zusammenarbeit und die gegenseitige Beratschlagung verzichten, sondern ganz im Gegenteil baut sich eine erfolgreiche Leitung nur auf gegenseitigem Entgegenkommen und fortgesetztem Miteinanderfühlen und -denken auf. Alle Anweisungen im Islam zielen auf das Finden dieses Geistes innerhalb der Familie ab, auf eine alles überragende gegenseitige Liebe und auf das Verständnis zwischen den Familienmitgliedern. Im Koran heißt es: "*Verkehrt in Billigkeit mit ihnen.*" (4:19), während der Prophet sagte: "Der Beste unter euch ist derjenige, der am besten zu seiner Familie ist." (überliefert von At-Tirmidhi). Die Beurteilung der Taten des Mannes richtet sich daher nach der Weise, wie er seine Frau behandelt. Er kann unmöglich in dieser Position versagen, ohne nicht auch in anderen Bereichen des Lebens auf Abwegen zu wandeln.

Gerade die sogenannten offiziellen Beziehungen innerhalb der Familie sind ein ausreichendes Feld für Mißverständnisse und Fehlurteile, die eine ausführlichere Behandlung verdienen.
Einige dieser Mißverständnisse finden sich im Verständnis der Pflichten der Ehefrau gegenüber ihrem Ehemann, andere fallen in den Bereich der Scheidungsangelegenheiten oder des Themas Polygamie.

Ich bin der Ansicht, daß gerade die Ehe eine sehr persönliche Angelegenheit ist, und daß sie sich, wie alles, was sich zwischen zwei Personen abspielt, in erster Linie an einem persönlichen Maßstab orientiert, und sie besonderen seelischen, geistigen und körperlichen Umständen der beiden beteiligten Personen unterliegt, der eine Bewertung durch ein allgemeingültiges "Gesetz" äußerst erschwert. Es gibt Ehepaare, die in Ubereinkunft und Harmonie leben, jedoch muß dies nicht unbedingt durch Wahrung des Anstandes zustandekommen. Man kann auch andere treffen, bei denen erst dann Übereinkunft und Liebe einkehrt, wenn vorher ein handfester Streit vorausging, bei dem sowohl in Wort als auch vielleicht in der Tat die Grenzen überschritten wurden. Im umgekehrten Sinn findet man Ehen, in denen man Zwiespalt und Uneinigkeit findet, ohne daß das Aufbegehren der Ehefrau oder das Fehlverhalten des Ehemannes die Schuld dafür trägt. So kann es geschehen, daß jeder einzelne der Ehepartner für sich ein

vorbildlicher Mensch ist, die beiden jedoch trotzdem nicht zueinander passen, obwohl sie nichts unversucht ließen, sich zu einigen und einander besser zu verstehen.
Und doch braucht man einen allgemeinen Gesetzesrahmen, der die Ehebeziehungen regelt, denn ein System kann nicht davon ausgehen, das gesamte menschliche Leben zu umfassen, und dann eine Lebensangelegenheit von solcher Wichtigkeit außerhalb stehen zu lassen. Zumindest müssen allgemeine Grenzen festgelegt werden, die der einzelne nicht überschreiten darf, während die Betreffenden innerhalb dieses Rahmens freie Hand über ihre persönliche Lebensgestaltung besitzen.

Im Normalfall, wenn die Menschen in Liebe und Einigkeit leben, werden sie keine Zuflucht beim Gesetz suchen müssen. Ein erfolgreiches Eheleben wird sich wohl kaum an Gesetzestexten orientieren. Keiner der Ehepartner wird legislative Bestimmungen studieren, um dann genau nach seinem Wortlaut vorzugehen. Der Erfolg einer Ehe wird vielmehr in der Übereinstimmung der Gemüter, im Zusammentreffen der beiden Persönlichkeiten zu einer gemeinsamen seelischen Einheit, in der gegenseitigen Bindung der beiden zueinander liegen. Die Ehe wird mehr durch die Liebe geprägt sein, die zwei Herzen in der einen oder anderen Weise zusammenführt, die vielleicht nicht immer als "gerecht" oder "ausgewogen" für beide Seiten erscheinen mag, die jedoch trotzdem ein glückliches und erfülltes Leben der beiden ermöglicht.

Wenn sich aber Meinungsverschiedenheiten oder Uneinigkeiten zeigen, dann suchen wir nach Gesetzestexten und lassen uns durch sie leiten, um den Streit zu schlichten.
Vom Gesetz wird verlangt, daß es beide betroffenen Teile gerecht und ohne Bevorzugung behandelt. Außerdem muß es so weit wie möglich alle eventuellen Fälle und Geschehnisse so gut wie möglich abdecken können, obwohl dies weder durch ein noch so ausgereiftes oder weitgreifendes Gesetz erreicht werden kann, noch der wortwörtliche Gesetzestext für jeden Fall anwendbar ist.
Blicken wir nun auf das islamische Gesetz und auf die Seite der Verpflichtungen der Ehefrau, da dies der wesentliche Stein des Anstoßes ist. In diesem Zusammenhang interessieren uns drei wesentliche Fragen:
1.) Sind diese Verpflichtungen ungerecht oder zu hart?
2.) Handelt es sich dabei um einseitige Pflichten, denen keine Gegenleistung von der anderen Seite gegenüberstehen?
3.) Sind dies "ewig" bindende Verpflichtungen, aus denen die Frau keinen Ausweg mehr findet, wenn sie danach verlangt?

Die Frau ist in der Hauptsache zu Dreierlei verpflichtet:
Sie muß ihrem Mann folgen, wenn er sie zum Beischlaf auffordert, sie darf niemanden ohne seine Erlaubnis in sein Haus einlassen, und sie übernimmt während seiner Abwesenheit die Verantwortung über sein Heim.
Gerade in der Beantwortung der ersten Thematik sind wir zu unverbrämter Offenheit verpflichtet. Die körperliche Veranlagung des Mannes verlangt in bestimmten Zeitabschnitten nach Entladung der Samenflüssigkeit. Gerade in jungen Jahren ist sein sexuelles Verlangen stärker, und er ist in der Lage, seine Befriedigung auch rein körperlich mehrfach zu erlangen. Die Frau hingegen ist auch in ihrem Triebempfinden tiefgreifender veranlagt und trachtet nach der Erfüllung ihrer Wünsche nicht nur in körperlicher Hinsicht, sondern sie bezieht im allgemeinen auch ihre ganze Seele, ihren Geist und Körper mit ein. Die Ehe regelt neben den geistigen, seelischen, wirtschaftlichen und sozialen Komponenten eben auch dieses Triebleben. Welchen Ausweg gibt es für den Ehemann, wenn er bei seiner Frau keine körperliche Erfüllung finden kann, weil sie sich ihm verwehrt? Soll er den verbotenen Weg gehen und außerhalb seines ehelichen Heimes danach suchen? Weder darf die Gesellschaft solches dulden, noch würde die Ehefrau einer solchen "Lösung" zustimmen, denn sie würde es sicher nicht akzeptieren, daß sie ihren Mann, sei es körperlich oder auch seelisch mit einer Konkurrentin teilt. Es können drei Situationen auftreten, die die Frau dazu veranlassen, dem Ruf ihres Mannes nicht zu folgen:
1.) Sie haßt ihren Mann und kann daher einer körperlichen Vereinigung nur mit Abscheu gegenüberstehen.
2.) Sie liebt ihren Mann, verabscheut jedoch jede sexuelle Annäherung im allgemeinen und versucht daher, ihr auszuweichen. Dies ist zwar eine seltene Verhaltensweise, die durch psychische Schäden verursacht ist, jedoch ist sie eine Realität des menschlichen Lebens.
3.) Sie liebt ihren Mann und ihr Ausweichen ist nur eine momentane Erscheinung.

Der erste genannte Fall ist eine andauernde Erscheinung, die sich weder auf einen bestimmten Zeitpunkt noch auf eine bestimmte Tätigkeit bezieht, und nach der Trennung der Ehepartner verlangt. Die Frau besitzt in mehrerer Hinsicht Mittel und Wege, dies zu erreichen, worauf wir noch zurückkommen werden.

Auch der zweite genannte Fall ist eine andauernde Hemmnis, deren Ursache nicht in der Forderung des Ehemannes zu finden ist. Der Ausweg kann nur in einem gegenseitigen Abkommen der beiden Ehepartner bestehen, bei dem entweder der Ehemann bereit ist, auf sein Recht zu verzichten, oder die Frau sich bereit erklärt, ihre Abscheu dem Mann zuliebe zu zügeln, um eine Trennung zu verhindern. Sollte kein gegenseitiges Abkommen möglich sein, so bleibt nur eine einvernehmliche Scheidung als letzter Ausweg. Das Gesetz verpflichtet jedoch die Frau zum Gehorsam, falls ihr Ehemann auf die Erfüllung seiner Rechte bestehen sollte, nicht um die Frau unter Zwang zu setzen oder zu demütigen, sondern weil die Ehe in ihrer Natur auch die Erfüllung des Trieblebens umfassen soll. Außerdem soll der Gatte, wie bereits erwähnt, davon abgehalten werden, eine charakterliche Verfehlung zu begehen, bzw. eine Ehe mit einer zweiten Frau zu schließen, was auch sicher nicht den Wünschen der Frau entsprechen würde. Aber sie ist nicht gezwungen, diesen Zustand widerspruchslos zu akzeptieren, falls sie dazu nicht mehr in der Lage sein sollte, oder die Liebe zu ihrem Ehemann aufgrund dieser Probleme bereits in Abneigung umgeschlagen wäre. Dann besitzt sie das Recht zur Auflösung der Ehe.

Die dritte Situation ist zeitlich begrenzt, und ihre Lösung ist leicht zu erreichen. Dieses zeitweilige Ausweichen der Ehefrau mag durch Ermüdung, schlechte Laune oder Langeweile ausgelöst sein, oder einfach dadurch, daß sie in Gedanken gerade mit anderen Dingen beschäftigt ist. Etwas geistige und körperliche Aufmerksamkeit und zärtliche Zuwendung können solche Erscheinungen zum Verschwinden bringen. Aus diesem Grund wies der Prophet seine Gefährten an, sich ihren Ehefrauen in liebevoller Weise zu nähern und sie zu liebkosen und zu verwöhnen, um erstens diese Beziehung über eine rein triebbestimmte körperliche Handlung zu erheben und sie zu einem Erleben der Vereinigung von Geist, Seele und Körper zu machen, und zweitens um etwaige Störfaktoren zum Verschwinden zu bringen.

Verhält es sich jedoch so, daß die Frau den Wunsch nach ehelichem Verkehr hat, und der Mann sich aus irgendeinem Grund weigert, so wird sie keinen Weg unversucht lassen, ihn umzustimmen. Diese Situation trifft jedoch besonders in den jungen Jahren der Ehe selten zu, und das Gesetz, das die Frau zum Gehorsam gegenüber dem Gatten auffordert, verpflichtet andererseits den Ehegatten ebenso dazu, der Aufforderung seiner Frau Folge zu leisten. Sollte er dazu jedoch nicht imstande sein, so hat die Frau das Recht, die Trennung zu fordern. So ersehen wir daraus, daß die Verpflichtungen beiderseits liegen, und es sich dabei weder um eine Benachteiligung der Ehefrau handelt, noch um eine Verletzung ihrer Persönlichkeit.

Die zweite Verpflichtung lautet, daß es der Frau nicht gestattet ist, jemanden in Abwesenheit des Mannes gegen seine Anweisungen ins Haus zu lassen. Die Weisheit dieser Vorschrift liegt darin, daß es oft zu Auseinandersetzungen oder gar zum Bruch einer Familie kommt, nur weil sich fremde Personen mit schlechten Ratschlägen oder unnützem Gerede zwischen die Eheleute drängen. Wenn der Ehemann solches bemerkt und von seiner Frau verlangt, daß sie eine bestimmte Person nicht mehr in das Haus einläßt, die Frau sich aber gegen die Anweisung ihres Gatten verhält, dann wird die unruhestiftende Quelle erhalten bleiben und eine Übereinkunft der beiden wird unmöglich gemacht. Diese Maßnahme wird daher zum Schutz der beiden Eheleute getroffen, nicht zuletzt, da aus dieser Vereinigung auch Kinder hervorgehen, die nach Fürsorge verlangen und ein ausgeglichenes Familienklima brauchen, das nicht durch Streit und Zweifel vergiftet wird, und psychisch kranke Jugendliche bzw. Erwachsene hervorgehen läßt.

Nun mögen vielleicht einige fragen, warum nicht auch der Ehemann verpflichtet wird, Menschen, die seiner Frau mißfallen, nicht in sein Heim einzulassen. Im Normalfall werden gegenseitiges Verständnis und Zuneigung diese Problematik zu zügeln wissen. Jedoch für den Fall, daß dies bereits unmöglich geworden ist, greift das Gesetz ein, das sich in seinen Bestimmungen nach den hauptsächlich vorkommenden Situationen richtet. Daher müssen wir daran erinnern, daß Ausbrüche der Frau vorwiegend emotionell und nicht rationell begründbar sind. Meist ist eine persönliche Eifersucht der Grund für das Ausweichen der Ehefrau gegenüber der Schwiegermutter, den Schwestern des Gatten oder anderen weiblichen Verwandten. Den Ehemann hier an die Erfüllung der Wünsche seiner Ehefrau zu binden, wäre keine Auflage, die dem Vorteil dienen würde, sondern die Erfüllung von Rachegelüsten der Frau, denen man kein Entgegenkommen zeigen sollte.

Ich meine damit nicht, daß immer der Ehemann im Recht sein muß, denn er kann sich leicht zum Kind verwandeln und sich durch so manche List lenken lassen. Ebenso denke ich auch nicht, daß die Frau immer im Unrecht sein muß, denn vielleicht flüchtet sie zu Recht vor jemand bestimmten, der tatsächlich daraufhin arbeitet, die Ehe zu zerstören. Aber, wie bereits erwähnt, hält sich das Gesetz an die Mehrheit und richtet sich nach der natürlichen Veranlagung des Menschen, die bestimmt, daß der Mann mehr durch den Verstand geleitet wird als die Frau. Trotzdem bleibt der Weg für die Frau in jedem Fall geöffnet, wenn sie der Meinung ist, daß die Situation für sie untragbar geworden ist, und sie kann die Trennung verlangen.

Die dritte Bestimmung, die die Ehefrau dazu verpflichtet, auf das Vermögen und Ansehen ihres Mannes in seiner Abwesenheit zu achten, ist wohl eine verständliche und natürliche Angelegenheit, über die kaum jemand zu diskutieren gedenkt. Es handelt sich dabei um eine gemeinsame Verpflichtung, die Mann und Frau auf gleicher Ebene vereint.

* * *

Gehen wir nun zum nächsten Thema über, nämlich der Situation im Falle eines offensichtlichen Fehlverhaltens (*nuschuz*) von seiten der Frau und des Mannes. Hier gibt es Unterschiede zwischen Mann und Frau hinsichtlich der Maßnahmen, die zur Abhilfe eines groben Fehltritts erlaubt sind. Sie werden durch folgenden Koranvers beschrieben: "*Und jene, deren Widerspenstigkeit ihr befürchtet: ermahnt sie, meidet sie im Ehebett und schlagt sie! Wenn sie euch dann gehorchen, so sucht gegen sie keine Ausrede.*" (4:34)

Es ist wichtig, die stufenförmige Steigerung der geschilderten Maßnahmen zu bemerken, ehe man beim Schlag - der nicht gewalttätig sein darf - angelangt. Unsere Aufgabe kann es nicht sein, die vielen Male zu dokumentieren, in denen dieses Recht mißbraucht wurde, denn kein Recht auf dieser Welt ist davor gefeit, im schlechten Sinne ausgelegt und angewandt zu werden. Das kann nur durch eine hervorragende Charakter- und Seelenschulung verhindert werden, und dies ist wiederum eine Angelegenheit, die der Islam auf keinen Fall versäumt oder vernachlässigt. Unsere Aufgabe ist es, den Sinn dieses Rechts und sein positives Wirken für den Zusammenhalt und das Werden der Familie zu erläutern.

Jedes Gesetz oder System verlangt nach einer Autorität, die Gesetzesübertreter zur Rechenschaft zieht und sie wieder auf den rechten Weg zurückleitet, bzw. die Konsequenzen bestimmt, denn sonst wäre ja alles nur wertlose Tinte auf Papier. Die Ehe ist eine Einrichtung zum Wohle der Gesellschaft und der beiden Ehepartner zur gleichen Zeit, und es ist notwendig, daß das Gesetz dafür sorgt, den höchsten Grad an Vorteilen für alle Beteiligten zu verwirklichen. Solange in der ehelichen Beziehung Übereinkunft und gegenseitiges Verständnis herrscht, werden die Vorteile aller gewährleistet, ohne daß das Gesetz einschreiten müßte. Doch sollten Zweifel und Auseinandersetzung Platz greifen, dann gilt es, Schaden für die Gesellschaft, bzw. für die Ehepartner und vor allem auch für die Kinder, die aus dieser Verbindung hervorgehen, zu verhindern, denn sie sind die zukünftige Erwachsenengeneration, an der man nicht achtlos vorbeisehen darf.

Wenn nun also die Gattin die Verursacherin solcher Gefahren wird, wer soll dann die Aufgabe übernehmen, sie wieder auf den rechten Weg zurückzuführen? Das Gericht etwa? Die Einmischung öffentlicher Instanzen in die Privatangelegenheiten von Mann und Frau führt meist eher zu einer Ausweitung der Auseinandersetzung, die vielleicht nur eine zeitweilige oder momentane Problematik darstellt. Dadurch wird die Beziehung einer völligen Zerrüttung ausgesetzt, da ein solches Vorgehen den Stolz des betroffenen Partners verletzt, der sich bemüßigt fühlt, an seinem Standpunkt festzuhalten, auch wenn er im Unrecht ist. Das Gericht sollte also nur im äußersten Notfall einschreiten, wenn alle anderen Vermittlungsbemühungen gescheitert sind.

Es wäre außerdem gegen jede Vernunft, bei jedem alltäglichen Streit sofort die Gerichte einschalten zu wollen, denn wie viele Auseinandersetzungen ereignen sich tagtäglich, die sich genauso schnell wieder lösen, wie sie auftauchten? Man würde in diesem Fall für beinahe jeden Haushalt ein eigenes Gericht benötigen, das Tag und Nacht in Bereitschaft steht!

Es ist also kein Zweifel daran, daß es eine sozusagen "ortsgebundene" Instanz geben muß, die damit beauftragt ist, die auftretenden Schwierigkeiten zu regeln. Dieses Amt wurde dem Mann übertragen, da er letztendlich die Verantwortung für seine Familie und sein Heim trägt. Die Vorgangsweise beginnt mit der **freundlichen Ermahnung**, die die Irrende wieder zurückführen soll, ohne ihren Selbststolz zu verletzen. Wenn diese Methode versagt, so geht man zur nächsten über, die darin besteht, den Verkehr mit der Ehefrau einzustellen. Dies ist eine Maßnahme, die die Frau seelisch tief trifft, da sie ihrer Natur gemäß sich gerne ihrer Schönheit und ihrer Verführungskunst bewußt ist, mit der sie ihren Mann für sich einnimmt, die aber auch manchmal der Grund für ein Fehlverhalten der Frau sein mag. Wenn der Mann sich nun des Sexualverkehrs mit seiner Frau enthält, so bedeutet dies die Mißachtung dieser weiblichen Kräfte, was die Frau von ihrer Widerspenstigkeit heilt und sie wieder zur Vernunft bringt. Wenn auch diese Methode nicht den gewünschten Erfolg bringt, so haben wir es mit einer aggressiven Form von Trotz oder Widerstandes zu tun, dem als letzter Versuch der Schlag entgegengesetzt wird. Jedoch darf damit nicht eine körperliche Verletzung gemeint oder bewirkt werden, es soll damit vielmehr eine symbolisch erzieherische Maßnahme gesetzt werden, was in der *Scharīʿa* als *ghair mubarrih* (nicht quälend, verletzend, Schmerz verursachend) definiert wird. Hier wird nun der Vorwurf nach Ehrverletzung der Frau und Roheit bezüglich ihrer Behandlung laut. Aber hier muß daran erinnert werden, daß diese Maßnahme erst dann eingesetzt werden darf,

wenn alle anderen Versöhnungsversuche versagt haben. Auf der anderen Seite muß hier auch einmal gesagt werden, daß es psychische Störungen gibt, die nur auf eine solche Art der Behandlung reagieren.
Normalfälle jedoch gelangen nicht bis zu dieser eher, als krankhaft zu bezeichnenden, Grenze, und daher ist diese Methode auch nicht anzuwenden. Das Schlagen im Affekt oder als grundsätzliche Methode der "Verständigung" ist auf keinen Fall gestattet, sondern es ist darunter nichts anderes als ein letztes mögliches Moment zu verstehen, was auch im Koranvers in seiner stufenförmigen Steigerung zum Ausdruck kommt. Der Prophet verbot den Männern eindeutig, dieses Recht anders als im äußersten Notfall, in dem keine andere Methode mehr Erfolg verspricht, zu verwenden, und er sagte: "Niemand von euch darf seine Frau wie eine Magd schlagen, und am Ende des Tages sich mit ihr vereinigen."

Wenn der Mann sich in schwerer Weise vergeht, so unterscheidet sich die Rechtslage: "*Und wenn eine Frau von ihrem Ehemann rohe Behandlung oder Gleichgültigkeit befürchtet, so soll es keine Sünde für beide sein, wenn sie sich auf geziemende Art miteinander versöhnen; denn Versöhnung ist gut.*" (4:128). Einige werden nun sofort nach der vollkommenen Gleichberechtigung rufen! Es handelt sich hier jedoch um eine Angelegenheit, die der Realität entspricht und der natürlichen Veranlagungen der Menschen, und nicht um eine beispielhafte These der Gleichberechtigung, die in Wahrheit der Grundlage entbehrt. Welche Frau auf dieser weiten Erde hält es für möglich, daß sie ihren Ehemann schlägt und danach weiterhin bei ihm bleibt und vor ihm Achtung besitzt?
Das entscheidende Moment ist, daß die *Schari'a* die Frau nicht dazu zwingt, das Fehlverhalten ihres Ehemannes zu akzeptieren und widerspruchslos zu ertragen, sondern ihr das Recht zur Trennung gibt.

* * *

In allen vorhergehenden Situationen sahen wir:
1.) Die Verpflichtungen der Frau gegenüber dem Ehemann sind keineswegs willkürlich festgesetzt, sondern haben das Allgemeinwohl im Auge, das die Frau direkt und indirekt miteinbezieht.
2.) Den meisten Pflichten der Ehefrau steht ein mindestens ebenso gewichtiges Gegenstück auf seiten des Ehemannes gegenüber. In den wenigen Fällen, in denen dem Mann mehr Rechte als der Frau zugesprochen wurden, nahm man Rücksicht auf die natürlichen vorgegebenen Eigenschaften der Menschen, und es wurde damit weder die Demütigung noch die Unterdrückung der Frau beabsichtigt.

3.) Als Gegengewicht zu den Möglichkeiten des Mannes wurde der Frau das Recht auf Trennung eingeräumt, wenn sie das Gefühl hat, unterdrückt zu werden oder die Last nicht auf sich nehmen zu können. Auf diese Möglichkeit wiesen wir bereits einige Male hin, mit der Erwähnung, daß dies der reelle Weg der Frau sei, Angelegenheiten, die sie nicht ertragen könne, abzuwehren. Dies kann auf dreierlei Weise vor sich gehen: Die Frau kann das Recht der Scheidung im Heiratsvertrag für sich festlegen (dies wurde vom Gesetz her als gegebene Möglichkeit festgelegt, doch ergreifen sie nur wenige Frauen tatsächlich), oder sie verlangt die Scheidung von ihrem Mann, da sie es nicht mehr ertragen kann, mit ihm zusammen zu leben (manche Gerichte halten sich nicht an diese Möglichkeit, obwohl dies vom Propheten festgelegt und angewandt wurde; die einzige Bedingung, die daran geknüpft wird, besteht darin, daß die Frau ihre Brautgabe wieder zurückgeben muß, was eine gerechte Verfügung ist, denn derjenige, der die Scheidung betreibt, sollte auch die Verluste tragen), oder sie verlangt die Scheidung, jedoch mit dem Unterschied, daß sie aufgrund der schlechten Behandlung durch den Ehemann ihre Brautgabe behält und er auch den Unterhalt für sie bezahlen muß. Die Frau muß jedoch ihre Anklage beweisen können, und die Gerichte gehen sehr genau bei der Beurteilung dieser Beweise vor, da sich aus Erfahrung zeigt, daß so manche Klage durch allerlei angewandte List unterstützt wurde. Sollte sich jedoch die Aussage der Frau bestätigen, so wird zu ihren Gunsten entschieden. Dies sind die Waffen der Frau gegen die Macht des Mannes, die sich am Ende doch gleichberechtigt gegenüberstehen.

* * *

Nun sind wir bereits beim Thema der Scheidung angelangt, um das sich eine Vielzahl von Geschichten rankt, die alle Erschwernisse aufzählen, die im Zusammenhang damit auftreten können, angefangen von der Vertreibung der Frau und den Kindern bis zu den Kämpfen vor Gericht, die kein Ende zu nehmen scheinen.

Eine Frau, die in ihrem Heim lebt, oder besser gesagt sich abhetzt zwischen einem Säugling, den sie zu stillen hat und einem anderen, dessen Erziehung sie ebenfalls zu bewerkstelligen hat, die noch darüber hinaus die Forderungen ihres Ehemannes zu erfüllen sucht, wird eines Tage durch den Standesbeamten überrascht, der ihr die Scheidungsurkunde aushändigt. Warum das? Weil sich eine plötzliche Wandlung in der Seele des Gatten ereignet hat: Er sah eine andere Frau, die ihm schöner erschien, als seine Frau, oder weil er einfach die "Routine" satt hatte und sich etwas Neues zukommen lassen wollte, oder weil er von seiner Frau etwas verlangt hatte,

was sie aus Müdigkeit oder Faulheit verweigerte! Was ist der Weg, um die Männer daran zu hindern, dieses gefährliche Instrument zu mißbrauchen und die Persönlichkeit einer treuen, geduldigen Frau zu verletzen, oder ein gemütliches Familienheim zu zerstören, in dem die Kinder in Geborgenheit aufwachsen?
Es gibt keinen Zweifel daran, daß diese Beispiele tatsächlich vorkommen, und daß die traurigen Geschichten, von denen die Leute berichten, der Wahrheit entsprechen, aber was ist das Heilmittel gegen diese Mißstände?
Liegt die Lösung in der Abschaffung der Scheidung? Was geschieht dann mit den übrigen Fällen, die durch diese Maßnahme zu Schaden kommen würden, von denen man aus katholischen Ländern, in denen die Scheidung nicht erlaubt ist, nur allzu gut Bescheid weiß? Bleibt das Heim denn noch ein Zuhause für beide, wenn jeder dem anderen mit Abscheu und Haß gegenübersteht und beide das Leben miteinander nicht mehr ertragen können, trotzdem aber durch eine ewige Kette miteinander aus der es kein Entrinnen mehr gibt, verbunden sind? Ist es richtig, daß dann der Mann sein Glück bei einer Geliebten sucht, um seinem Triebleben nachzukommen, während die zurückgelassene Ehefrau sich nach der gleichen Möglichkeit umsieht? Und wird es den Kindern in einer solchen Verbindung und in dieser verzweifelten Atmosphäre möglich gemacht, ohne Schaden aufzuwachsen? Das Entscheidende ist doch nicht nur, daß sie im Schoß der Eltern bleiben, sondern ausschlaggebend ist die Atmosphäre, in der sie aufwachsen. Wie groß ist doch die Zahl der psychisch Geschädigten, deren seelische Krankheiten im Zusammenleben mit den Eltern Ursache hatten, die sich ständig im Streit miteinander befanden!

Wie verhält es sich mit der Behauptung, daß das Gericht durch sein Eingreifen das Recht des Mannes zur Scheidung einschränken bzw. lenken würde? In Wahrheit bedeutet dies, daß das Aussprechen der Scheidung durch den Mann nicht rechtsgültig ist, sondern erst der Spruch des Gerichts. Es sendet nach einem Vertreter von der Seite des Mannes und einem von der Seite der Frau, befragt sie zum Sachverhalt, dem Ehemann wird nahegelegt, sich alles nochmals genau zu überlegen und seine Entscheidung gegebenenfalls zurückzunehmen. Sollten jedoch alle Bemühungen nicht zum Erfolg führen, so wird die Scheidung vom Gericht ausgesprochen, und so wird von offizieller Instanz, nicht vom Ehemann, die Ehe für getrennt erklärt.
Diese Maßnahmen werden aufgrund der Voraussetzungen, die sich in der *Schari^ca* finden, getroffen, und mein Glaube an ihre Wirksamkeit hält sich in Grenzen, umsomehr als die Unternehmungen der friedenstiftenden Parteien und die Vorsichtsmaßnahmen, die unternommen werden sollen, doch

tatsächlich im islamischen Gesetz vorhanden sind! Nehmen wir an, daß ein Ehemann die Scheidung gegen seine Frau ausgesprochen hätte, und sie nach der *Scharīʿa* auch rechtskräftig geworden wäre, so steht doch den Bemühungen der beiden Familien nichts im Wege, und die eheliche Verbindung kann ohne eine offizielle Zeremonie wiederhergestellt werden, falls es zur Versöhnung kommt. Sollte die Scheidung bereits zum zweiten Male ausgesprochen worden sein, so steht ebenfalls einer nochmaligen Versöhnung nichts im Wege, jedoch mit der zusätzlichen erziehenden Maßnahme dem Ehemann gegenüber, der sodann verpflichtet ist, nochmals einen Heiratsvertrag abzuschließen und der Braut abermals eine Brautgabe zu entrichten.

Dem Wunsch nach Wiedervereinigung steht nichts im Wege, falls er tatsächlich existent ist, und es braucht dazu keiner gerichtlichen Maßnahme. Sollte jedoch solch ein Wunsch gar nicht vorhanden sein, dann hat wohl der Richter auch nicht mehr in der Hand als die Verwandten und Freunde der Betroffenen.

Betrachten wir doch die "fortschrittlichen" Länder! Sie leben nicht nach dem islamischen Gesetz, und die Scheidung funktioniert nur auf dem gerichtlichen Weg. Wie hoch ist dort die Scheidungsrate, nachdem Belehrungen und Versuche zur Wiedervereinigung der Ehepartner stattgefunden haben? In Amerika beträgt sie bereits 40%, dies ist die weltweit höchste Rate, mit der sie Ägypten weit übertreffen, von dem behauptet wird, es sei das Land der Ehetrennung und Heirat.
Jenen aber, die verlangen, daß eine Scheidung nur noch vom Richter ausgesprochen werden darf, nachdem der Ehemann dem Gericht eindeutig beweisen konnte, daß seine Frau im Unrecht ist, und ein Leben mit ihr nicht mehr ertragbar ist, will ich die Frage stellen: Welche Art von Selbstachtung verlangen sie für die Frau? Was bleibt ihr noch an Stolz und Ehre, wenn sie gezwungen ist, im Haus eines Mannes zu leben, der sie verabscheut und nicht mehr mit ihr leben will, der sie von früh bis spät daran erinnert, daß er sie nicht begehrt und daß sie keinen Platz in seinem Herzen besitzt? Der sie demütigt und sich mit einer anderen vergnügt, während sie von all dem weiß?
Ist es denn nicht wesentlich klüger, daß sie nur dann bei ihm verbleibt, wenn ein beidseitiger Wille dazu besteht, und sie ihre Selbstachtung und Ehre behält?
Außerdem bleibt noch das Problem der Kindererziehung. Ist es nicht für die Kinder vorteilhafter und sinnvoller, mit ihrer Mutter alleine zu leben und aufzuwachsen, als in einer durch Streit und Haß vergifteten Atmosphäre?

Von welchem Recht oder welcher Gerechtigkeit also sprechen diese "Gesetzeserneuerer" eigentlich?
Das Problem läßt sich auch nicht durch eine Änderung der *Scharīʿa* aus der Welt schaffen, sondern durch einen langen Erziehungsprozeß, der das kulturelle, seelisch-geistige Niveau des Volkes anhebt. Eine Schulung des Charakters muß vorgenommen werden, solange, bis das Gute im Menschen und in der Gesellschaft überwiegt, und das Mitgefühl für den Nächsten als Grundprinzip des Lebens gilt. Der Mann muß lernen, daß er in der ehelichen Beziehung eine heilige Bindung zu sehen hat, deren Sicherheit und Geborgenheit man nicht aus niederen Beweggründen aufs Spiel setzen darf.
Eine solche Erziehung, die die Gesellschaft in einer Umgebung leben läßt, die durch das islamische Gesetz bestimmt wird, kann nicht von heute auf morgen geschehen, sondern sie muß einen langen und gründlichen Weg gehen und benötigt eine ständige Anstrengung, sei es nun zu Hause, in der Schule, im Kino, in den öffentlichen Medien, den Büchern, den Moscheen usw.. Dies ist wohl ein mühsamer und langer Weg, jedoch der einzig sinnvolle und erfolgversprechende.
Von der *Scharīʿa* jedoch wird das Recht und die Gerechtigkeit auf beide Partner verteilt, da der Frau das Recht auf Trennung der Ehe gegeben wird, wenn ihr das Leben mit dem Ehemann unerträglich wird.

Und die Scheidung ist - das bleibt nach allen Ausführungen noch zu erwähnen - das Verhaßteste unter den von Allah erlaubten Dingen.

* * *

Der nächste Punkt, über den wir sprechen wollen, ist der der Polygamie, die für Notfälle erlaubt wurde, und nicht als islamisches Grundprinzip gelten kann. "*... dann heiratet Frauen, so wie es euch gut erscheint, zwei, drei, oder vier. Doch wenn ihr fürchtet, sie nicht (alle) gleich behandeln zu können, dann (heiratet nur) eine.*" (4:3)
Verlangt werden also Gerechtigkeit und Gleichbehandlung, deren Verwirklichung nicht sicher gegeben ist. Daher ist das islamische Grundprinzip die Einehe, jedoch gibt es auch Fälle im Leben, wo eine Einehe der Unterdrückung und Ungerechtigkeit gegenüber dem Partner gleichkommt. Nur in diesen Situationen nimmt die Gesetzgebung Rücksicht darauf, im Wissen, daß auch hier die völlige Gerechtigkeit schwer zu verwirklichen ist, jedoch in der Absicht, einen größeren Schaden durch einen kleineren zu verhindern.
Der Hauptanlaß für solche Ausnahmesituationen sind Kriege, denen eine große Anzahl von Männern zum Opfer fallen, und daher die Anzahl der

zurückgelassenen Frauen die der überlebenden Männer überwiegt. In diesem Fall ist die Polygamie ein notwendiger Schritt, um charakterliche Verderbnis und ein soziales Chaos unter der Bevölkerung zu verhindern. Die Frau kann einem Beruf nachgehen, um sich und ihre Familie zu ernähren, jedoch auf welche Weise will sie ihre natürliche sexuelle Veranlagung ausleben? Wenn sie nicht eine Heilige oder ein Engel ist, so bleibt ihr keine andere Wahl, als sich in die Arme von Männern zu werfen, und sich so zeitweilige Augenblicke des "Glücks" nachts oder tagsüber zu stehlen. Wie jedoch erfüllt sie dann ihr Bedürfnis nach Kindern? Der Fortpflanzungstrieb ist in der Natur des Menschen verankert, in der Frau noch tiefer als im Mann, und es gibt daraus kein Entkommen. Für sie ist dies ein Teil der Realisierung ihrer Persönlichkeit, ohne den sie nicht wirklich den Geschmack des Lebens genießt.
Gibt es also einen anderen Weg für die Frau, diese Bedürfnisse zu befriedigen, als in der Teilhaberschaft einiger Frauen an einem Mann, nicht zu vergessen die Tatsache, daß die Gesellschaft nach einem Charakter verlangt, der sie vor der Auflösung bewahrt, der einigen großen Nationen der Geschichte zum Verhängnis wurde und sie von der Liste der bestehenden Staaten der Erde verschwinden ließ. Ist es nicht auch vorteilhafter für die beteiligten Frauen, in aller Öffentlichkeit und mit gesetzlicher Einwilligung als Ehefrauen zu gelten, die ihre bestimmten Rechte besitzen, die für jede Frau gleichermaßen gelten, und die sie einfordern kann. Dies sind einige der Hintergründe der islamischen Gesetzgebung, und ich behaupte keinesfalls, daß eine Frau, die sich den Ehemann mit zwei oder drei anderen Frauen teilen muß, ein besseres oder erfüllteres Leben hat, als eine, die mit ihrem Gatten in Einehe lebt. Doch im Notfall mag dies das kleinere Übel darstellen. Es können auch durchaus andere Faktoren für eine weibliche Überbevölkerung ausschlaggebend sein. Auch hier treffen die gleichen oben genannten Bedingungen zu.
Mögliche Gründe für eine polygame Ehe können aber auch noch anderen Charakter besitzen: So z.B. eine überdurchschnittliche sexuelle Energie des Mannes, die nach einer zweiten Frau verlangt, da dies die von der Religion legitimierte Methode ist, damit fertig zu werden. Sonst müßte der Mann zu außerehelichen, vielleicht geheimen Mitteln greifen, was weder der Ehe noch der Gesellschaft zuträglich ist.
Ein weiterer Grund ist die Unfruchtbarkeit der Frau, denn der Wunsch nach Nachkommen ist, wie bereits erwähnt, eine besonders tief im Menschen liegende natürliche Veranlagung. Außerdem handelt es sich dabei ebenso um ein Verlangen, das man achten muß bzw. dessen man sich nicht zu schämen braucht. Natürlich trägt die Ehefrau keine Schuld an ihrer Unfruchtbarkeit, doch wo liegt die Gerechtigkeit, einen Mann seines Rechts auf Nachkommen

zu berauben, besonders, wenn er sich solche wünscht? Wenn die Gattin sich mit einer Zweitehe einverstanden erklärt, so verbleibt sie eben weiterhin im ehelichen Heim. Sollte sie sich jedoch davor sträuben, so bleibt ihr der Weg zur Trennung freigestellt.

Es können auch andauernde Krankheiten auftreten, die den Sexualverkehr unmöglich machen. Der Islam akzeptiert das Argument nicht, daß der Geschlechtstrieb selbst eine unsaubere, niedrige Angelegenheit wäre, die nicht als Anlaß gelten darf, das Glück einer Frau zu zerstören.[1] Es handelt sich hier nicht um das Problem von Niedrigkeit oder Erhöhung, sondern es geht hier um eine Notwendigkeit, aus der es kein Entrinnen gibt. Wenn der Mann von sich aus bereit ist, aus Liebe und Rücksicht auf seine Frau darauf zu verzichten, so ist dies eine dankenswerte noble Einstellung. Aber Gott trägt einer Seele nicht mehr auf, als sie ertragen kann, und es ist sicher besser, sich der Realität zu stellen, als nobles Verhalten an den Tag zu legen und in Wirklichkeit in der Dunkelheit Verrat zu begehen, wie wir es in Staaten, in denen man sich nicht zur islamischen Regelung dieser Problematik bekennt, beobachten können.
Nochmals erwähnt sei der Fall der Ehefrau, die sich aus seelisch bedingten Problemen vor dem Sexualverkehr mit ihrem Mann sträubt, und dies ist eine Angelegenheit, die zumeist weder sie noch der Ehemann in den Griff bekommen kann.
In all diesen genannten möglichen Situationen ist jedoch zu bemerken, daß der Ehemann es wünscht, aus Achtung und Treue gegenüber der Gemeinsamkeit, die sie teilten, weiterhin mit der ersten Frau verheiratet zu bleiben. Hierbei handelt es sich durchaus um eine noble Einstellung, auch wenn dabei nicht immer das Glück der Ehefrau aufrecht erhalten bleibt. Sollte der Mann die Frau jedoch bei sich behalten wollen, um ihr Demütigung oder Schaden zuzufügen, so ist dies eine verbotene, grausame Handlungsweise, und ein sofortiger Anlaß für die Frau, die Scheidung zu verlangen.

* * *

Wenden wir uns wieder den Einwänden mancher Kritiker am Islam zu, und befassen uns mit dem Recht auf Arbeit.

---

1 Der Islam sieht alle natürlichen Veranlagungen des Menschen, die zur Verrichtung seiner Lebensfunktionen dienen, als rein und edel an, und es ist wichtig, sie auch zu befriedigen. Diese Triebe werden nur dann verabscheut, wenn sie zu Verbrechen führen. siehe auch das Kapitel "nazharatu-l-islam" ("Die Ansicht des Islam") in "al-insan bayna-l-madiya wa-l-islam" ("Der Mensch zwischen Materialismus und Islam")

Es handelt sich dabei um ein Recht, über das es keine Auseinandersetzung geben kann. Denn die Frauen in der frühen islamischen Zeit, arbeiteten auf den verschiedensten Gebieten, wann immer es die Umstände erfordert hatten. Es geht hierbei jedoch gar nicht um die Feststellung des Rechts als solches. Es handelt sich vielmehr darum, daß der Islam jede Arbeit der Frau, und damit jedes Verlassen ihres Heimes, das ohne eine Notwendigkeit für die Gesellschaft oder für die Frau selbst geschieht, kritisch betrachtet. Die Lehrtätigkeit in Mädchenschulen, die Krankenpflege und ärztliche Behandlung der weiblichen Bevölkerung, u.ä. können nur von Frauen bewerkstelligt werden. Dies sind also Berufssparten, die gezwungenermaßen von Frauen übernommen werden müssen, ja wo die Gesellschaft ein Kontingent von ausgebildeten weiblichen Fachkräften sogar zur Arbeit verpflichten muß, so wie Männer zur Verteidigung des Landes verpflichtet werden müssen! Ebenso ist eine Frau zum Einbringen des Lebensunterhaltes gezwungen, falls kein Familienernährer vorhanden ist, oder sie trägt zum Familieneinkommen bei, da der Lohn des verantwortlichen Mannes nicht ausreicht. All dies sind Fälle, in denen die Frau zur Berufstätigkeit greifen muß, denn dies ist auf jeden Fall besser, als Erniedrigungen ertragen zu müssen.

Dies alles sind zwingende Gründe, die der Islam anerkennt und aufgrund derer er der Frau das Recht auf Arbeit zugesteht. Dies geht jedoch nicht so weit, daß die Arbeit der Frau als Grundprinzip angesehen wird, wie wir es in den westlichen und kommunistischen Ländern beobachten, da auf diese Weise die Frau von ihrer vordringlichsten Tätigkeit abgehalten wird (und diese besteht in der Erziehung der kommenden Generation), und auf diese Weise mehr Unheil und psychische und soziale Schäden angerichtet werden, als Gutes daraus gewonnen wird.

Niemand könnte behaupten, daß die Frau in ihrer geistigen, seelischen und körperlichen Konstitution nicht auf das Beste für die besondere Aufgabe der Mutterschaft ausgestattet wäre! Wenn sie diese Fähigkeiten nicht ausnützt, so bedeutet dies den Verzicht auf eine ungeheure Lebenskraft, die für einen bestimmten Zweck geschaffen wurde, und die Wegführung vom eigentlichen Weg. Wenn dies äußere Zwänge verlangen, so ist dagegen nichts einzuwenden. Sich aber ohne wirkliche Gründe auf Berufstätigkeit zu verlegen, nur weil dies gerade eine Generation, ohne Rücksicht darauf, welcher Sturm nach ihr losbrechen mag, zur Mode erklärt hat, kann vom Islam her keine Akzeptanz verlangen. Denn wäre dies der Fall, so hätte der Islam sein oberstes Prinzip verlassen, das darauf ausgerichtet ist, die Menschheit in ihrer Gesamtheit zu umfassen, die unmöglich eine Generation getrennt von den anderen betrachten kann.

Natürlich kann hier die Aussage gemacht werden, daß eine Frau sowohl Mutter als auch Berufstätige sein kann, und daß Kindergärten das Problem der Kinderbetreuung übernehmen können. Dies bezeichne ich als leeres Gerede, dem keine wirkliche Grundlage zuzuordnen ist. Denn der Kindergarten kann die Betreuung der Kinder in körperlicher, geistiger, seelischer und wissensbezogener Hinsicht übernehmen, doch er kann dem Kind nicht das Entscheidende geben, das notwendig ist, um ein Leben in rechter Weise aufzubauen, und das ist die Liebe und Fürsorge der Mutter, und **nur** der Mutter, ohne die Mitwirkung anderer Frauen.
Es steht weder in der Macht der heute zum Teil verrückt gewordenen modernen Zivilisation, noch der kommunistischen Ignoranz, die Natur des Menschen zu verändern. Das Kind braucht seine Mutter zumindest in seinen ersten Lebensjahren voll und ganz, ohne daß jemand daran Teil hat, und sei es auch nur sein Bruder. Ein Kind beschäftigt seine Mutter vollauf mit seinen Forderungen, denen sie nachzukommen versucht, sie spricht ihm zärtlich zu, umgibt es mit Fürsorge und dem Gefühl der Sicherheit und Geborgenheit in ihren Armen. Wenn dem Kind dies alles vorenthalten wird, so wird seine Seele mit Komplexen und Psychosen erfüllt. Denn wo findet das Kind seine Mutter in den Kindergärten, wo es mit zehn oder zwanzig anderen um eine künstliche Ersatzmutter kämpfen muß? So wachsen diese Kinder heran, und in ihren Herzen entwickelt sich die Lust nach dem Konkurrenzkampf, ihre Herzen versteinern sich, und weder das Gefühl der Brüderlichkeit in ihnen, noch das Mitgefühl kann sich darin entfalten.
Kindergärten, ebenso wie die Berufstätigkeit der Frau, sind für den Notfall da, doch sie sollten nicht zum Grundprinzip der Kindererziehung werden. Und außerdem - welchen Nutzen besitzt die Menschheit eigentlich daran, die materielle Produktion zu vergrößern, während sie zugleich ihre Nachkommenschaft der Verderbnis und dem Untergang preisgibt?
Der Westen mag noch entschuldigt sein durch seine geschichtliche, soziologische und geographische Entwicklung, aber wodurch entschuldigt sich der islamische Orient? Haben denn alle Männer, bzw. Familienerhalter, bereits Arbeit gefunden, und blieb noch so viel zu tun übrig, daß es notwendig war, Frauen arbeiten gehen zu lassen?
Es wird allgemein behauptet, daß die Berufstätigkeit der Frau eine unabhängige wirtschaftliche Position gibt, die ihr Achtung in der Gesellschaft verschafft. Hat der Islam der Frau aber jemals ihre wirtschaftliche Unabhängigkeit verwehrt? Das Problem des Orients liegt doch nicht im islamischen System, sondern in der allgemeinen Armut, die es der Bevölkerung unmöglich macht, ein achtbares Leben zu führen. Die Lösung dieses Problems kann nur in einer vermehrten Produktionskraft

liegen, um den Lebensstandard anzuheben, jedoch nicht im Wettkampf von Mann und Frau um die Lebensversorgung.
Es wird außerdem gesagt, daß zwei Einkommen besser für eine Familie sind als eines. Dies mag im Einzelfall stimmen, doch wenn jede Frau in Berufen arbeitet, die eigentlich nicht für Frauen vorgesehen waren, so nimmt sie damit Männern die Arbeitsstelle, die dadurch an der Gründung einer Familie gehindert werden, wodurch wiederum die Gefahr wächst, daß die Männer sexuelle Befriedigung auf nicht legitime Weise suchen müssen. Welcher sozio-ökonomisch denkender, oder charakterlich verantwortungsvoller Mensch würde das gutheißen?
Der Islam berücksichtigte die menschliche Natur und die Anforderungen der Gesellschaft, als er die Frau in erster Linie für jene Aufgabe, für die sie besonders gut ausgestattet wurde, verpflichtete und sie zu einer vorzüglichen Aufgabe machte, und den Mann beauftragte, für den Unterhalt zu sorgen, um die Frau von der Sorge um das tägliche Brot zu befreien, damit sie mit all ihrer Aufmerksamkeit und Fürsorge die Pflege der wertvollen menschlichen Nachkommenschaft übernehmen könne. Aus diesem Grund forderte der Islam, sie mit Aufmerksamkeit und Achtung zu behandeln, so daß einer, der den Propheten befragte: "Wer hat am meisten Recht auf meine Aufmerksamkeit (wörtl.: Gesellschaft)?", zur Antwort bekam: "Deine Mutter." "Und dann?", fragte er weiter. "Deine Mutter", war die Antwort. "Und dann?" - "Deine Mutter", war abermals die Erwiderung. "Und dann?" - "Dein Vater", schloß der Prophet. Wo also befindet sich das Problem der muslimischen Frau? Welches Ziel bleibt ihr noch, das der Islam ihr nicht verwirklicht hätte, damit sie seinetwegen ihr Recht bei den Wahlen oder ihr Mitspracherecht im Parlament ausnützen müßte?
Will sie die Gleichberechtigung mit dem Mann? Der Islam erfüllt ihr diese Forderung sowohl vom Prinzip her als auch in der Realität vor dem Gesetz.
Will sie ihre finanzielle Unabhängigkeit und Freiheit der direkten Beteiligung in der Gesellschaft? Der Islam war das erste System, der ihr dieses Recht garantiert hat.
Will sie das Recht auf Bildung? Der Islam hat dies nicht nur zum Recht für die Frau, sondern sogar zur Pflicht gemacht.
Will sie, daß sie nicht ohne ihre Zustimmung verheiratet werden darf, bzw. daß sie die Möglichkeit und das Recht hat, sich selbst zu verloben? Will sie, daß sie mit Achtung behandelt wird, solange sie ihre ehelichen Pflichten erfüllt? Will sie, daß sie das Recht auf Trennung der Ehe besitzt, falls sie keine gute Behandlung erfährt? Alle diese Rechte erteilt ihr der Islam, und zwingt die Pflichten dem Mann auf. Will sie das Recht auf Arbeit? Auch das gewährt ihr der Islam.

Will sie jedoch die Freiheit zur Schamlosigkeit und Herabwürdigung, so ist dies mit Sicherheit die einzige "Freiheit", die ihr der Islam verbietet, jedoch gilt dieses Verbot für den Mann in gleicher Weise. Die Erlangung dieser Art von Freizügigkeit ist nicht abhängig vom Mitwirken im Parlament, sondern es braucht nur die Auflösung der gesellschaftlichen Bande und Traditionen, sodann kann sich jeder grenzenlos auch dieser "Freiheit" hingeben. Das Hauptziel ist daher nicht der Eintritt ins Parlament, sondern die blinde kritiklose Nachahmung des Westens, dessen Geschichte sich unterschiedlich zu der unseren entwickelte, und dessen Werte zu den unseren variieren.

* * *

Sicher wird es nun aber einige geben, die meinen, daß unabhängig von geschichtlichen Verhältnissen und Traditionen die Stellung der Frau im Orient eine bedauernswerte ist, über die man nicht Schweigen bewahren kann, sondern die man ändern müsse, damit auch die orientalische Frau ihre Stellung und Freiheit erreicht.

Diese Meinung besteht zu Recht: Denn die Frau in den islamischen Ländern ist im allgemeinen ungebildet, rückständig, gedemütigt, und es wird ihr keine besondere Achtung gezollt. Ihr Leben gleicht einem Dahinvegetieren, sie ist von geistigem und psychischem Unrat umgeben, sie leidet mehr als sie glücklich ist, gibt mehr als sie erhält, sie wird nicht wesentlich über das Niveau der Sinnlichkeit erhoben, und es wird ihr kein Aufstieg aus dieser betrüblichen Situation gestattet.

Dies ist die bittere Wahrheit, doch wer ist verantwortlich dafür? Ist es die Schuld des Islam und seiner Lehren?

Diese schlechte Situation, unter der die orientalischen Frauen zu leiden haben, findet ihre Wurzeln in den ökonomischen, sozialen, politischen und seelischen Verhältnissen, die wir näher studieren müssen, um zu erkennen, woher das Übel kommt, wenn wir die Absicht haben, eine Besserung durchzuführen.

Unter dieser gräßlichen Armut leidet der Orient nun schon seit geraumer Weile. Die entsetzliche soziale Kluft, die einen geringen Teil des Volkes im Morast der Gier und der ungehemmten Lust versinken läßt, während der größere Teil des Volkes um seinen Bissen Brot und um ein Kleidungsstück kämpft, das seine Blöße bedeckt, die politische Unterdrückung, die aus den Regierenden eine privilegierte Schicht und aus den Übrigen eine regierte Masse macht, die keinerlei Rechte besitzt und sämtliche Unkosten tragen muß, ohne dafür Gegenleistungen zu erhalten, jene verzweifelte Finsternis und psychische Ermattung, in der der Großteil des Volkes lebt - all dies sind die Umstände, die auch das Bild der Frau prägen.

Was die Frau braucht, sind **Gefühle** der Achtung und der Zuneigung zwischen ihr und ihrem Mann. Doch wo sollen sich solche Gefühle im Urwald der Armut, der Unterdrückung und der Ermüdung des Volkes entwickeln? Nicht nur die Frau alleine ist das Opfer, sondern wohl auch der Mann, wenn er auch in einer besseren Situation ist als sein weibliches Gegenstück.

Der Mann behandelt seine Frau mit Roheit und Gewalt, da er damit versucht, seine von der Außenwelt unterdrückte Persönlichkeit zu verwirklichen, jene Persönlichkeit und Selbstsicherheit, die ihm der Wachmann, der Bürgermeister, der Grundbesitzer, der Soldat, der Polizist oder der "Efendi", der Fabrikbesitzer und andere genommen haben. Seine Selbstsicherheit und Selbstachtung, die durch seine Bedürftigkeit und durch die Demütigung bedroht wird, seine armseligen Verhältnisse, denen er mit nichts begegnen kann und die unüberwindlich sind. All dies erweckt seinen Mißmut, seinen Zorn, den er an seiner Ehefrau und seinen Kindern kühlt.

Diese alles verdeckende Armut beschäftigt das Bemühen des Mannes und läßt ihn seine gesamte seelische und nervliche Energie verbrauchen, so daß in ihm kein Platz mehr bleibt, um Gefühle der Liebe und der Kommunikationsfähigkeit mit anderen entstehen zu lassen, noch besitzt er die Kraft, kleine Fehler und Unzulänglichkeiten seiner Mitmenschen zu ertragen.

Diese Armut ist es. die die Frau dem Mann zur Abhängigen macht, und sie dazu bewegt, Unrecht und Unterdrückung des Ehemannes zu ertragen, da dies immer noch besser ist, als ohne Familienernährer zu bleiben. Diese Armut ist es auch, die sie daran hindert, ihr Recht auszuüben, das ihr die *Schari^ca* gibt, und durch das sie es in der Hand hätte, den Mann hinter seinen Grenzen Halt machen zu lassen. Statt dessen befindet sie sich in der ständigen Angst davor, daß sich der Mann scheiden könnte, denn was soll sie in einem solchen Fall anfangen? Für die Kinder muß vielleicht noch der Vater sorgen, aber wer sorgt dann für sie? Ihre arme Familie ist dazu meist nicht in der Lage, sie ist vielmehr eine zusätzliche Belastung für sie, daher heißen sie ihre Trennung vom Ehemann nicht willkommen, sondern raten ihr zum Aushalten und Ertragen des Schmerzes und der Demütigung.

In einer rückständigen Gesellschaft, und das ist sicher heute der Fall, da die Ziele und das Selbstbewußtsein verloren gingen und man in der Dunkelheit der Unwissenheit ertrinkt, in einer solch rückständigen Gesellschaft also werden alle menschlichen Werte zerschlagen, und die Macht und Stärke in all ihren Erscheinungsformen wird zum einzigen Ideal, während der Schwache zum Freiwild der Verachtung und des Spottes wird. Da der Mann aber stärker als die Frau ist, wird sie zum Gegenstand der Verachtung, denn der Mann ist selbst ebenso erniedrigt und nicht fähig, sich aus dieser

Situation zu befreien und zu einem Niveau zu gelangen, auf dem man den Menschen um seiner Menschlichkeit willen achtet. Die einzige Ausnahme bilden vermögende Frauen. Sie werden respektiert und verehrt, denn mit dem Vermögen haben sie auch eines der wichtigsten Mittel zu Macht und Einfluß in der Hand!

In einer solchen rückständigen Gesellschaft werden die Menschen außerdem mehr und mehr auf ihre triebbedingten Instinkte reduziert. So ergreift die Lust zur Sexualität von ihnen Besitz, und sie sehen das Leben in ihrem Spiegel und innerhalb ihres Kreislaufs. Die Frau wird für den Mann nicht mehr als ein Lustobjekt[1] , und er verliert den Blick für ihre Seele, ihren Verstand und ihren Geist, der ihn dazu bringen würde, in ihr jene edle Menschlichkeit zu sehen, die die Achtung vor ihr verlangt. Wenn die Sexualität jene animalen Züge annimmt, so ist auch sie ein Mittel zur Unterdrückung der Frau, und hier vereinen sich dann zwei niedrige Gefühle, nämlich im Augenblick des Verkehrs zu herrschen und zu befehlen, und die Vernachlässigung der Frau danach.

In einer solch rückständigen Umgebung wird auch die Erziehung vernachlässigt, da sie inmitten des Urwalds der Unwissenheit als unwichtige Angelegenheit erscheint. Die Erziehung ist es aber, die den Menschen zum Menschen macht. Wenn in diesem Bereich eine Vernachlässigung erfolgt, bzw. wenn er nur in negativer Form vorhanden ist, so werden die Heranwachsenden zu Verehrern der Gewalt geformt, die das Leben nur nach Trieb- und Sinneserfüllung bewerten.

In dieser Umgebung wirkt die Mutter, ohne es zu bemerken, an der Verderbnis der Männerwelt mit und erzieht sie zu Diktatoren, die über die Frauen herrschen und sie zur Unterwerfung zwingen wollen. Hier ist von jenen Müttern die Rede, die ihre Söhne verwöhnen und ihnen dadurch beibringen, daß dem männlichen Wort, egal ob richtig oder falsch, Folge zu leisten ist. Damit erziehen sie sie aber auch zur Unbeherrschtheit über ihre Leidenschaften und Triebe, und die Befehle, von denen sie erwarten, daß ihnen widerspruchslos nachgekommen wird, sind Ausdruck dieser unbewältigten Triebe und Leidenschaften. Zusätzlich wirkt der Druck, der von außen auf die Männer ausgeübt wird und ihnen Selbstverwirklichung und Gewinn von Selbstsicherheit verwehrt, erschwerend. Und so fällt es ihnen wesentlich leichter, all diese angestauten unbewältigten Kräfte an den Schwächeren seiner Umgebung, also an Frauen und Kindern, zu entladen.

---

1 Ebenso ergeht es auch dem Mann in den Augen der Frau. Aber durch seine Stellung, seine Aufgaben und Funktionen als Erhalter der Familie nimmt er in ihren Augen insgesamt eine etwas höhere Position als nur die rein sexuelle ein.

Dies sind die hauptsächlichen Verursacher der mißlichen Lage der östlichen Frau. Nun lautet die Frage: Welche dieser Gründe entstehen aus dem Islam, und welche davon gehen mit dem islamischen Geist einher?
Die Armut ?! - Ist es nicht der Islam gewesen, der die Menschen einst zur Zeit des Kalifen ᶜUmar Ibn ᶜAbdul-ᶜAziz auf einen solch hohen Lebensstandard erhob, daß niemand mehr gefunden werden konnte, der Zakat angenommen hätte? Dies ist der Islam, der tatsächlich auf Erden Anwendung gefunden hatte, und dessen Anwendung wir heute fordern! Es ist jenes System, das das Vermögen gerecht auf alle Teile seiner *Umma* (Gemeinschaft) verteilt, "damit es nicht unter den Reichen von euch kursiert". Dieses System, das die Unterschiede zwischen den Menschen auf ein Mindestmaß beschränkt, da es Extreme verabscheut und verbietet, da es die Armut haßt und daher darauf hinarbeitet, sie zum Verschwinden zu bringen.

Würde die Armut aus der orientalischen Gesellschaft verschwinden, so wäre auch das Problem der Frau zum Gutteil bereits gelöst, und sie wäre auf dem besten Weg, sich wieder Achtung und Ehre zu erobern. Dazu ist es nicht unbedingt nötig, daß sie sich durch Berufstätigkeit ihren Unterhalt verdient, auch wenn dies ihr Recht ist, denn die allgemeine Anhebung des Lebensstandards würde es automatisch mit sich bringen, daß der Erbanteil der Frau, an dem sie niemanden beteiligen muß, erhältlich wäre, und dadurch würde sich auch automatisch die Achtung des Mannes vor ihr vergrößern. Dies wäre überdies ein Ansporn für sie, sich an ihren Rechten festzuhalten und frei von der Angst um ihre finanzielle Zukunft zu werden.

Der politische Druck, der den Mann knechtet und ihn dazu bringt, seine Frustration im Heim auszuleben ?!
Ist denn der Islam jemals etwas anderes als eine Revolution gegen Unterdrückung und ungerechte Herrscher gewesen? Ist es nicht die islamische Erziehung, die den Menschen auf ein so hohes Niveau brachte, daß ᶜUmar als Kalif sagen konnte: "Hört und gehorcht", und ein einfacher Mann aus dem Volk ihm zur Antwort geben konnte: "Dir gebührt weder Hören noch Gehorchen, solange du uns nicht erklärst, woher du dieses Gewand hast, mit dem du dich eingekleidet hast!" ᶜUmar wurde nicht zornig, sondern antwortete auf die Frage und erklärte ihm die Umstände, solange bis der andere verstand und sprach: "Jetzt befiehl! Wir werden hören und gehorchen!" Das ist der Islam, den die Erde einst sah, und den wir heute nochmals fordern! Würde er angewandt werden, so fänden die Menschen jene Einengung von oben nicht mehr, die sie dazu bringt, ihre Frustration auf andere zu verlagern. Dann wäre die Art des Umgangs zwischen Regierenden

und Regierten ein Vorbild, das auf die Verhaltensweise der Männer mit ihren Frauen und Kindern abfärben würde, so daß sie wieder Gerechtigkeit, Empfinden für den anderen, Zuneigung und Brüderlichkeit kennenlernen würden.

Die fragwürdigen "Werte" einer niedrigen Gesellschaft ?! - Gerade der Islam kam doch, um die Menschheit aus ihrer Verwerflichkeit zu befreien, und ihr die wahren Werte, durch die sie zu wahren Menschen würden, begreiflich zu machen und nahe zu bringen. "*Der am meisten geachtetste unter euch vor Allah ist der Gottesfürchtigste unter euch*", nicht der Reichste, nicht der Stärkste und nicht der Mächtigste. Wenn sich die menschlichen Prinzipien auf einer solchen Ebene bewegen, so gibt es keinen Anlaß, die Frau ihrer Schwäche wegen zu verachten, sondern das Maß der Menschlichkeit wird in der guten Behandlung des Mannes gegenüber seiner Frau liegen. Genau das ist auch der Maßstab, den der Prophet selbst festgelegt hat: "Der Beste unter euch ist, wer am besten zu seiner Familie ist. Und ich bin am besten von euch zu meiner Familie." (Überlieferung von At-Tirmidhi.) Der verwendete Ausdruck hier lautet *al-ahl*, was in der arabischen Diktion eigentlich nicht "die Familie", sondern "die Ehefrau" meint. In dieser Ausdrucksweise erscheint die Weitsichtigkeit des Propheten, denn er läßt merken, daß jemand, der von ihm Abhängige schlecht behandelt, nicht als menschlich hochstehend gewertet wird, und daß ein solches Individuum in sich Komplexe und psychische Schäden trägt.

Die Reduzierung auf die Welt der Triebe ?! - Seit wann erlaubt der Islam den Menschen, ihre Triebe grenzenlos auszuleben? Ja, er bekennt sich dazu, aber er läßt es nie dazu kommen, daß sich der Mensch dadurch auf eine so niedrige Ebene bringen läßt, daß er zum Sklaven seiner Triebwelt wird, so daß er das Leben in seiner Gesamtheit nur noch aus diesem Blickwinkel betrachtet. Die Verpflichtung des Mannes und der Frau, dem geschlechtlichen Verlangen Folge zu leisten, bedeutet nicht, sich auf dieses Niveau zu begeben. Der Islam bezweckt vielmehr die Befreiung der Menschen von diesen Grundbedürfnissen, auf daß sie zu Höherem befähigt werden und nicht Geist und Verstand davon eingefangen werden. Der Mensch soll dadurch frei werden, um Besseres zu schaffen, sei es nun in der Arbeit, der Kunst, der Wissenschaft oder im Gottesdienst. Aber er soll auch vom Weg des Verbrechens abgehalten werden, der die Triebbefriedigung im Verbotenen sucht. Der Islam läßt die Menschen auf keinen Fall in seiner Sinnlichkeit versinken, so daß er nur noch im Genuß Beschäftigung findet und von einem edleren Lebensstil ablenkt, der die Männer zum ständigen

Bemühen auf dem Weg Allahs, bzw. die Frauen in ihrem *Dschihad* zur Erziehung ihrer Kinder und der Fürsorge für ihr Heim anhält.

Schlechte Erziehung ?! - Niemand kann es wagen, über den Islam so etwas zu behaupten. Der Koran und die *Ahadith* als Ganzes sind eine Aufforderung zur Selbsterziehung und zur Selbstdisziplin, zur Gerechtigkeit und Achtung vor den Anderen und zur Liebe den Mitmenschen gegenüber.

Wenn einige Denker heute behaupten, es sei die Tradition, die die Frau rückständig macht und sie auf den Stand des Animalen reduziert, ihren Horizont verenge und sie in Unwissenheit stürzt, so ist zu sagen, daß die islamische Tradition ihnen die Bildung nicht verwehrt, noch die Arbeit, noch verweigert sie ihnen den Umgang mit der Gesellschaft, in dem weder Schlechtes noch Schaden zu finden ist.[1]

All dies verhindert einen charakterlichen Niedergang und die Primitivität, unter der Gesellschaft Unfrieden und Versuchung zum Bösen zu säen. Sind es denn diese Methoden, die der Frau Fortschritt und Achtung einbringen? Wer ist da, der noch behauptet, daß die Frau sich nur verfeinern kann und mit Erfahrung ausstatten kann, wenn sie auf die Straße geht und die Orte des "Vergessens" aufsucht, um sich dort einem Jüngling hinzugeben, der sie später entdecken läßt, daß sie nur ein kurzer Zeitvertreib für ihn gewesen war, und daß er sie als Frau und Persönlichkeit überhaupt nicht schätzte, auf daß sie sich von ihm weg einem anderen zuwendet usw., so wie es die "feinen" Damen des Westens praktizieren?

Natürlich sind das die Stimmen derer, die eine solche Lebensweise unter der Gesellschaft verbreiten wollen, um für sich selbst den Weg zu ebnen, ohne daß die "Tradition" sie behindert.

Welche Stellung haben dann Ausbildung und Arbeit? Sorgen sie nicht zumindest anschauungsweise bereits für Lebenserfahrung?

Und die Ehe? - Ist dies nicht eine Art Erfahrungen zu sammeln, jedoch in einer Art und Weise, die die Seelen zweier Menschen vereint?

In Ägypten gab es einen nicht-muslimischen Intellektuellen, dessen Anschauungen in einer wöchentlich erscheinenden Zeitung veröffentlicht wurden, um damit dem Islam offen oder in Andeutung alle möglichen Beschimpfungen zuteil werden zu lassen. So meinte er einmal, an die Frauen gewandt: "Verletzt doch endlich eure vermeintlichen Traditionen und verlaßt eure Häuser, um euch mit den Männern offen zu vermischen, strömt in die

---

[1] Hier sind die wirklichen islamischen Traditionen gemeint, die nicht durch Stammestraditionen überwuchert sind. Jene Schreiber aber, die diese Traditionen angreifen, wissen nicht zwischen den einen und den anderen zu unterscheiden. Siehe auch das Buch "m'arakatu-t--taqalid" (Die Schlacht und die Traditionen).

Fabriken und Geschäfte, um dort zu arbeiten, nicht, weil ihr es braucht, sondern nur um die Traditionen herauszufordern, die euch in die Mutterschaft sperren und euch zur Aufzucht der Nachkommen zwingen!" Dieser Schreiber meinte, daß eine Frau nur dann mit niedergesenktem Blick auf der Straße gehe, wenn sie kein Selbstvertrauen besäße, und sie von Furcht vor dem Mann und der Gesellschaft erfüllt sei. Wenn sie aber die Erfahrung aus diesem Verhalten erhöht, dann trägt sie auch ihren Kopf herausfordernd erhoben und sieht dem Mann fest in die Augen![1]

Die Geschichte erzählt von 'A'ischa, die am politischen Geschehen in der vordersten Reihe beteiligt gewesen war, und sogar ein Heer selbst angeführt hatte, daß sie mit den Männern nie anders als hinter einem Vorhang sprach!

Überdies ist das Niedersenken des Blickes keineswegs nur auf die Frauen beschränkt, sondern die Geschichte berichtet dies ebenfalls als Eigenschaft Muhammads, der über ein besonders ausgeprägtes Schamgefühl verfügte. War er sich etwa ebenso seiner Persönlichkeit nicht bewußt, oder hat er etwa nicht an seine Sendung geglaubt?! Wann werden solch oberflächliche Denker endlich eine so schwache Art der Argumentation aufgeben?!

* * *

Ja, die Frau befindet sich tatsächlich in einer bedauernswerten Situation. Aber der Weg aus dieser verzweifelten Lage kann nicht im Nachahmen der westlichen Frau liegen, deren Ausgangssituation und Werte ganz anders liegen! Unser Weg zur Verbesserung der Stellung von Mann und Frau gleichzeitig kann nur in der Rückkehr zum Islam liegen, indem wir alle zu diesem Weg einladen und auffordern, und daran glauben und unsere ganze Anstrengung und unser Denken und Fühlen in den Dienst dieser Sache stellen, um alles wieder ohne Unterdrückung und ohne Tyrannei in Ordnung zu bringen.

---

1 Es handelt sich hier um den Schriftsteller Salama Musa, der sein gesamtes Leben damit verbrachte, in allem, was er schrieb, den Islam zu verdammen! Ebenso wie ein zweiter christlicher Schreiber namens George Zaidan. Beide waren daran interessiert, eine Kampagne gegen den Islam zu entfachen.

Der Islam und Bestrafung

Ist es denn heute noch möglich, jene vorsintflutlichen Strafen aus der Wüste anzuwenden? Kann es denn angehen, eine Hand wegen eines Viertel Dinars abzuhacken? Heute, wo wir uns im 20. Jahrhundert befinden, in dem der Verbrecher als ein Opfer der Gesellschaft bezeichnet wird, das man behandeln und heilen muß, an den man jedoch keinesfalls Hand anlegen darf?

* * *

Im 20. Jahrhundert ist es erlaubt, beispielsweise in Nordafrika in einem Gemetzel 40 000 unschuldige Menschen umzubringen, jedoch es ist nicht erlaubt, an einen einzelnen Hand anzulegen, der als Schwerverbrecher überführt ist.

Wie sehr doch die Menschen immer wieder auf Schlagwörter hereinfallen und sich davon täuschen lassen!

Lassen wir die Zivilisation des 20. Jahrhunderts zurück, um sie sich durch ihre eigenen Verbrechen schlagen zu lassen, und beschäftigen wir uns mit dem Verbrechen und seiner Bestrafung im Islam.

Im allgemeinen wird unter dem Begriff Verbrechen ein Angriff eines Individuums auf die Allgemeinheit verstanden.[1] Deshalb waren die Ideen, die man in den verschiedenen Völkern über das Verbrechen und seine Bestrafung hatte, eine kennzeichnende Eigenschaft der Völker in der Natur ihrer Beziehungen zwischen Individuum und Gesellschaft.

So übersteigern individualistische Völker, wie z.B. die kapitalistischen Staaten des Westens, die Wichtigkeit des Einzelnen und machen sie zum Zentrum des gesamten gesellschaftlichen Lebens, ebenso wie sie das Recht der Gemeinschaft am einzelnen untertreibt, so daß seine Freiheit nicht zugunsten der Gesellschaft eingeschränkt werden darf. Diese Ansicht überträgt sich selbstverständlich auch auf die Betrachtung von Verbrechen und Strafe. So stehen jene Staaten dem Kriminellen mit Mitleid gegenüber, und sehen in ihm ein Opfer der Gesellschaft, der schlechten Umgebung, der psychischen Komplexe oder anderer nervlicher Belastungen, unter denen er sich nicht mehr in der Hand haben konnte. Es erfolgt daher eine Erleichterung der Strafen, so weit dies möglich ist, besonders in Verbrechen charakterlicher Art, wo es sogar so weit geht, überhaupt den Rahmen

---

1 Der Islam war das erste System auf Erden, das die Gemeinschaft als verbrecherisch ansah, wenn sie dem Einzelnen nicht ein sicheres Leben garantierte, und er verband damit das Recht des Einzelnen und seine Verwirklichung im Angriff auf die Gemeinschaft.

gesetzlicher Sanktion zu verlassen. Hier greift die Psychologie ein, um das Verbrechen durch Analyse zu entkräften.

Es war Sigmund Freud, der diesen bahnbrechenden Umsturz in der Bewertung des Verbrechens verursachte, indem er erklärte, daß der Verbrecher ein Opfer seines von Religion, Gesellschaft, Tradition und Charakter unterdrückten Geschlechtstriebs sei, der eine sexuelle Kraft entstehen ließe, die nach Entladung suche. Ihm folgten andere Schulen der Psychoanalyse, gleich, ob sie die Theorien Freuds von der Sexualität als Hauptkraft des Lebens bestätigten oder nicht. Der Verbrecher wurde demnach als Wesen definiert, in dem sich eine Anzahl von negativen Faktoren ansammelt, und der sich gegen die Einflüsse der Gesellschaft und die besonderen Umstände seines Lebens nicht wehren kann, und daher eher einem Kind gleicht. Man glaubte an die sogenannte Macht der Seele, die dem Menschen keinen Willen und keine Kraft über seine Psyche läßt, so daß er unter innerlichem Zwang handelt.

Auf der anderen Seite stehen jene Völker, bei denen die Gesellschaft als Mittelpunkt gilt, und bei denen es dem Individuum strengstens untersagt wird, aus diesem Rahmen herauszufallen. Daher reichen die für solche Delikte festgesetzten Strafen bis zur Folter und zur Hinrichtung.
Besonders der Kommunismus glaubt daran, daß der Grund für Verbrechen nur in ökonomischen Problemen zu suchen ist und nicht in psychischen Gebrechen, wie dies Freud und andere Psychoanalytiker annehmen. In einem ökonomisch falsch geführten System können keine guten Charaktere entstehen, und daher ist der Verbrecher auch nicht zur Verantwortung zu ziehen. In einem kommunistisch geführten Land wie Rußland jedoch herrscht ein wirtschaftlich völlig gerechtes System, und ich frage mich, wie es dort trotzdem zu Verbrechen kommen kann, und warum dort die Gerichte mit Gefängnisstrafen operieren müssen!
Jedenfalls gibt es keinen Zweifel daran, daß jede der beiden Anschauungsweisen teils im Recht ist, teils aber auch ins Extrem geht. Einerseits ist es sicherlich richtig, daß die Umstände das Individuum prägen, und daß Komplexe und psychische Krankheiten zu Verbrechen führen können. Aber der Mensch ist doch trotz allem nicht ein solch hilfloses, passives Wesen, das völlig unfähig ist, diese Umstände zu überwinden. Der Fehler der Psychoanalytiker besteht, durch ihre Arbeitsweise bedingt, darin, daß sie die treibende Kraft im Menschen einem Dynamo gleichsetzen, jedoch die zurückhaltenden Kräfte in ihm nicht auch als Bremsen erkennen, obwohl doch gerade das ein grundlegender und nicht von außen auferlegter Zug in der menschlichen Persönlichkeit ist. Jene Kraft, die das Kind selbst ohne die

Einwirkung von außen in einem bestimmten Alter dazu bewegt, den Harndrang zu beherrschen, so daß es nachts nicht mehr in sein Bett näßt, ist ein Ausdruck oder ein Beispiel jener bremsenden Kraft, die unsere Handlungsweisen und Reaktionen regelt, und nicht immer wird sie von den Trieben oder von Leidenschaften verdeckt.
Auf der anderen Seite sind natürlich auch die wirtschaftlichen Verhältnisse an der Bildung der Gefühls- und Handlungswelt des Einzelnen beteiligt. Der Hunger treibt den Menschen zum Verbrechen und zum charakterlichen Niedergang, trägt zur Auflösung des Selbstbewußtseins bei und läßt Haß und Mißgunst entstehen. Jedoch daraus abzuleiten, daß der ökonomische Status die einzige treibende Kraft und allein verantwortlich für die Handlungsweise des Menschen sei, ist eine übertriebene Anschauung, die einige Realitäten des Lebens außer acht läßt. Überdies widerspricht dem die Situation in der Sowjetunion selbst, in der es Verbrechen gibt, obwohl ihre Vertreter behaupten, daß sie den Hunger und die Armut besiegt hätten.

Nun bleibt uns noch zu fragen: Wie weit geht die Verantwortung des Verbrechers für seine Tat, so daß wir ihn dafür bestrafen müssen oder nicht?
Von diesem Blickpunkt aus betrachtet der Islam das Problem der Tat und Bestrafung. Er setzt die Bestrafung nicht aufs Geratewohl fest, oder vollzieht sie gar ohne Überlegung. Der Islam ist in seinem System einzigartig, da er sowohl den Auffassungen der kapitalistischen wie auch der kommunistischen Länder entgegenkommt, jedoch ein ausgewogenes Verhältnis zwischen den beiden herstellt, und alle Umstände und Rahmenbedingungen vereint. Das Verbrechen wird sowohl aus den Augen des Täters betrachtet, wie auch aus der Sicht der Gesellschaft, an der es begangen wurde. Danach wird dafür eine gerechte Konsequenz festgesetzt, die sich weder an verkorksten Ideen noch an den Interessen einzelner oder mehrerer Personen orientiert.

Der Islam sieht in einigen Fällen abschreckende Strafen vor, die oberflächlich betrachtet hart und entsetzlich erscheinen, aber man darf dabei nicht übersehen, daß sie erst dann angewendet werden, wenn man sich vorher versichert hat, daß das Verbrechen auch tatsächlich vom Beschuldigten begangen wurde. Dabei darf es auch nicht den geringsten Zweifel an seiner Schuld geben, und er darf auch nicht unter äußeren Zwängen gestanden haben. So wird z.B. einem Dieb die Hand abgeschlagen, jedoch darf dies auf keinen Fall geschehen, wenn Hunger der ausschlaggebende Anlaß für seine Tat gewesen ist. Ehebrecher werden mit Steinigung bestraft, jedoch nur dann, wenn es sich um verheiratete Täter handelt, und vier Augenzeugen diese Tat sicher bestätigen können. Das ist gleichbedeutend damit, daß die beiden diese Unsittlichkeit in der

Öffentlichkeit begingen, da es sonst unmöglich wäre, die Aussage von vier Augenzeugen zu erhalten.

Dies ist die Vorgangsweise bei allen anderen festgesetzten Strafen im Islam. Wir können dies an einem einfachen Grundprinzip ablesen, das ᶜUmar Ibn Al-Khattab festgesetzt hat, und er ist einer der brillantesten islamischen Rechtsgelehrten, und überdies zählt er zu den genauesten Anwendern dieses Gesetzes. So ließ er während eines gesamten Jahres, in dem Hunger herrschte, das Strafmaß für Diebstahl außer acht, da hier der Zweifel bestand, die Menschen könnten aus Mangel an Nahrung zum Diebstahl verleitet werden. Die nachfolgende Erzählung aber zeigt besser das Prinzip, das wir veranschaulichen wollen: "Es wurde berichtet, daß Burschen des Ibnu Hatib Bin Abi Baltaᶜa die Kamelstute eines Mannes gestohlen hatten, der mit ihnen zu ᶜUmar kam. Es wurde in einer Untersuchung festgestellt, daß sie tatsächlich die Schuldigen waren und Kathier Bin As-Salt entschied, daß ihnen die Hände abzuschlagen seien. Als er sich daran schicken wollte, das Urteil vollstrecken zu lassen, hielt ᶜUmar ihn zurück und sagte: "Bei Allah, wenn ich nicht wüßte, daß ihr sie arbeiten laßt und dann aber hungrig laßt, so daß es selbst erlaubt für sie wäre, das zu essen, was Allah verboten hat, so würde ich ihnen die Hände abschlagen!" Dann wandte er sich an Ibnu Hatib und sagte zu ihm: "Bei Allah, ich werde dir eine Strafe erteilen, die dich schmerzen wird!" Sodann wandte er sich an den Besitzer der gestohlenen Kamelstute und fragte ihn: "Für wieviel wäre die Stute von dir gekauft worden?" Der Mann antwortete: "Für vierhundert." Da wandte sich ᶜUmar an Ibnu Hatib und befahl ihm: "Geh und gib ihm 800 (Dirham)." Dies ist der Ausdruck eines klaren Prinzips: Die Anwendung der Höchststrafe hat sich nach dem Ausmaß der äußeren, zur Tat treibenden Begleitumstände zu richten. Wegweisend dafür ist der Ausspruch des Propheten: "Die Höchststrafen werden durch die Zweifel eingeschränkt." (überliefert von ᶜAbdullah Bin ᶜAbbas).

Wenn wir die islamische Politik genauer betrachten, so finden wir, daß bei allen festgesetzten Strafen zuerst eine Änderung der Gesellschaft vorausgeht, bei der Vorsichtsmaßnahmen getroffen werden, die das Entstehen der Straftaten vom Prinzip her verhindern soll. Erst dann kommt man zur Bestimmung von harten, abschreckenden Strafen, wobei sie zu jenem Zeitpunkt als gerecht erscheinen, da der einzelne keinen reellen Grund mehr hat, das Verbrechen zu begehen. Sollte die Gesellschaft jedoch aus irgendeinem Grund versagt haben, und somit Anlaß für das Entstehen von Verbrechen gegeben haben, bzw. falls auch nur der geringste Zweifel daran besteht, so dürfen die Höchststrafen nicht mehr angewendet werden, der

Richter hat dann entweder entsprechend mildere Strafen festzusetzen oder den Beschuldigten überhaupt freizulassen, wobei sich dann das Strafmaß nach dem Grad der Verantwortlichkeit bzw. nach dem Grad der Veranlassung zu richten hat.

Ein Beispiel ist die Verteilung des Volksvermögens, die gerecht erfolgen muß, so wie es zu Zeiten des ᶜUmar Ibn ᶜAbdul-ᶜAziz gelang, die Armut völlig zum Verschwinden zu bringen. So ist der Staat verantwortlich für jedes einzelne Mitglied der Gesellschaft, ungeachtet der Religion, des Geschlechts, der Sprache, der Hautfarbe oder der Stellung innerhalb der Gesellschaft. Der Staat ist außerdem verpflichtet, jeden mit entsprechender Arbeit zu versehen, bzw. ihn aus dem Staatsvermögen oder *Baytu-l-Mal* zu versorgen, falls keine Arbeit gefunden werden kann oder der Betroffene dazu nicht fähig ist. Auf diese Weise verhindert das islamische System in erster Linie alle Anlässe für das Entstehen von Verbrechen. Sollte jedoch trotzdem eine Tat begangen werden, so muß in einem Verfahren eindeutig geklärt werden, ob die Tat wirklich vom Beschuldigten begangen wurde und daß kein zwingender Anlaß dafür bestand, erst dann darf das Strafausmaß festgesetzt werden.

Der Islam anerkennt auch den Sexualtrieb und seinen gewaltigen Einfluß auf die seelische Entwicklung des Menschen. Aber er arbeitet auf die Sättigung dieses menschlichen Triebes in wirkungsvoller Weise hin, und zwar durch die Ehe, zu der bereits recht früh geschritten werden soll. Auch hier wird aus dem *Baytu-l-Mal* Kapital zur Verfügung gestellt, wenn dem einen oder anderen keine ausreichenden Eigenmittel zur Verfügung stehen. Zugleich werden alle anderen Wege und Methoden der sexuellen Aufreizung vermieden, die Zielsetzung der Gesellschaft weist vielmehr darauf hin, daß man die übrige Kraft zum Wohle der Menschheit einsetzen, und seine Freizeit mit sinnvollen Tätigkeiten ausfüllen sollte, die einem helfen, seinem Schöpfer näherzukommen.

Auf diese Weise geht der Islam vor, um alle Quellen des Verbrechens zum Versiegen zu bringen. Trotzdem werden erst dann Strafmaßnahmen ergriffen, wenn der Täter sich auf eindeutige und herausfordernde Weise gegen die Gesellschaft vergangen hat und seine Tat auf derart niedrige Weise beging, die es vier Augenzeugen ermöglichte, ihn dabei zu beobachten.
Das Erste, was hierbei zu bemerken ist, ist die Tatsache, daß die heutigen wirtschaftlichen, gesellschaftlichen und charakterlichen Umstände die Jugend immer mehr von der Ehe entfernen, und immer mehr dem Verbrechen annähern. Wenn der Islam aber nicht als Ganzes angenommen

und gelebt wird, so ist er nicht mehr verantwortlich für all diese Auswüchse der Unwissenheit. Neben all den negativen Erscheinungen des arabischen Kinos, der allgemeinen Presse, der oberflächlichen Musik und Kunst ist es vor allem die allgemeine Armut, die den Menschen den Weg zur Ehe sehr schwer macht. Erst wenn diese Erscheinungen aus dem Weg geräumt sind, und die Menschen die Vorzüge eines islamischen Systems genießen, kann auch das Strafsystem wieder seinen Sinn haben.

So sieht die Vorgangsweise des Islam in allen legislativen Bereichen aus: Zuerst werden alle Vorsichtsmaßnahmen und Vorsorgen getroffen, dann wird das Strafausmaß festgesetzt, in dem noch zur zusätzlichen Sicherheit alle Bedenken vorher abgeklärt werden müssen. Welch anderes System geht mit einer solchen Gerechtigkeit vor ?

So bildeten die Henker der imperialistischen Mächte mit ihren Galgen für geraume Weile ein Schreckensbild für die Muslime. Ausgerechnet aus dieser Ecke kommen heute die Anschuldigungen gegen das islamische legislative System. Sie sehen darin eine "Bedrohung des Individuums", da sie die islamischen Ansichten über Verbrechen und Strafe in Wahrheit nicht studiert haben. Sie gehen daher von der Annahme aus, daß die islamischen Strafen, so wie ihre eigenen "zivilisierten", Tag für Tag angewendet werden müssen, so daß sie sich eine wilde und absurde Vorstellung von der islamischen Gesellschaft machen: Hier wird einer ausgepeitscht, dort einem anderen die Hand abgehackt, der dritte wird gesteinigt, usw. In Wahrheit werden diese abschreckenden Strafen jedoch kaum ausgeführt. So genügt es zu wissen, daß die Höchststrafe für Diebstahl nur sechs Mal in 400 Jahren durchgeführt werden mußte, um daraus zu erkennen, daß solche Strafen eine Abschreckung darstellen sollen, um das Geschehen der Tat überhaupt zu verhindern. Außerdem gibt uns das islamische System, bei dem zuerst alle Sicherheitsmaßnahmen zur Verhinderung des Verbrechens getroffen werden müssen, die Gewißheit der Gerechtigkeit in den wenigen Fällen, in denen die festgesetzten Strafen zur Anwendung kommen.

Das Bild, das man sich also allgemein von der islamischen Justiz macht, kann nur dann eintreffen, wenn alle Angehörigen der Gesellschaft von Natur aus Verbrecher wären, die zur Kriminalität neigen, obwohl ihnen kein Anlaß dafür geboten wird!

Es muß allerdings auch die Annahme zurückgewiesen werden, daß es sich um Strafmaßnahmen von rein symbolischem Wert handelt, die nicht wirklich vollzogen würden. Auch das ist nicht richtig, denn es handelt sich um tatsächlich festgesetzte und durchzuführende Strafen, die der Abschreckung jener dienen sollen, die Verbrechen begehen, ohne dafür zwingende Gründe zu haben. So werden solche Personen die Tat aus Angst vor der Strafe sicherlich mehrmals gründlich einer Überlegung unterziehen, ehe sie zur Tat schreiten. Es ist das Recht der Gesellschaft, die zum Wohle aller arbeitet und sich um deren Versorgung kümmert, daß ihre Seelen, ihr Ansehen und ihr Vermögen vor kriminellem Zugriff geschützt werden. Der Islam verbietet außerdem nicht die Fürsorge und das Bemühen um Heilung solcher vom Weg Abgekommener, und er läßt sie nicht, falls sie entdeckt werden, Beute von negativen Elementen der Gesellschaft werden, die andere in den Untergang treiben wollen.

* * *

Dies ist das Strafsystem des Islam, das so mancher "kultivierte" Jüngling fürchtet, und von dem einige Rechtsgelehrte Abstand nehmen, auf daß sie nicht von den Europäern als "barbarisch" verdammt werden, dabei könnten sich gerade diese vom islamischen Rechtssystem so einiges abgucken!

Der Islam und die Zivilisation

"Wollt ihr uns denn 1000 Jahre zurückschicken in das Zeitalter der Zelte und Beduinen? Dieser Islam war gültig für jene barfüßigen, groben Gestalten der damaligen Wüstenaraber. Seine Naivität und seine Prinzipien reichten gerade noch für die Beduinengesellschaft, in der er erschienen war. Aber was kann er heute in der Zeit der Zivilisation und des maschinellen Fortschritts, des Zeitalters der Raketen, der Wasserstoffbomben, der Wolkenkratzer und des Kinos noch bieten?
Der Islam ist eine verknöcherte, starre Religion, die sich nicht mit den Gegebenheiten der modernen Zivilisation anfreunden kann, und es ist kein Verlust, wenn wir auf ihn verzichten, um uns wie der Rest der Welt dem Fortschritt zuzuwenden!"

* * *

Dies ist eine von Unwissenheit und Unklugheit gezeichnete Aussage, die niemand, der die islamische Geschichte kennt, aussprechen würde. Denn wann und wo stellte sich der Islam jemals in den Weg des Fortschritts?

Der Islam erschien tatsächlich bei einem Volk, das zur Hälfte aus Wüstenarabern bestand, die er von ihrer Grobheit und Hartherzigkeit heilte und über die der Koran sagt: *"Die Wüstenaraber sind am härtesten in Unglauben und Heuchelei und sind eher dazu geneigt, die Schranken nicht anzuerkennen, die Allah Seinem Gesandten offenbart hat."* (9:97)
Es war eines der Wunder des Islam, daß er aus diesen ungebildeten, barfüßigen Grobianen eine Gemeinschaft von Menschen machte, denen es nicht genügte, aus ihrem unwürdigen Dasein durch die Führung Gottes zu den weitesten Horizonten der Menschheit emporzusteigen, sondern die selbst zu Wegbereitern für andere wurden und sie zu Gottes Rechtleitung einluden. Dies allein ist schon Beweis genug für die wunderbare Befähigung dieser Religion, die Menschen zu Fortschritt und Bildung anzuspornen.

Aber der Islam begnügte sich nicht nur mit dieser großartigen Aufbauarbeit im Inneren der menschlichen Seele, obwohl dies die wirkliche, eigentliche, mühevolle Arbeit war, die Anerkennung verdiente, da sie gleichzeitig zivilisierend und kultivierend war. Der Islam fügte außerdem noch sämtliche Kennzeichen der Zivilisation hinzu, die heute den Menschen so wichtig sind, und die sie als die Quintessenz des Lebens betrachten, denn er übernahm alle Formen der Zivilisation der verschiedenen eroberten Länder, wie Ägypten,

Persien, oder das römische Reich, solange sie nicht gegen die islamischen Prinzipien verstießen oder die Menschen vom Guten abbrachten. Er assimilierte die gesamte wissenschaftliche Bewegung, wie z.B. das Wissen der Griechen um die Medizin, die Astronomie, die Mathematik, die Biologie, die Chemie oder die Philosophie. Sodann ging er daran, diesem übernommenen Wissensgut neue Seiten hinzuzufügen, die durch gründliche muslimische Forschung erarbeitet wurden. Das reichte bis zur Geschichte Andalusiens, auf dessen Wissen sich das Erwachen Europas und sein Aufstieg in Wissenschaft und Erfindungen begründete.

Wann also, wiederhole ich die Frage, versperrte der Islam jemals den Weg zum Fortschritt der Menschheit?

* * *

Was den Standpunkt des Islam zur heutigen westlichen Zivilisation anbelangt, so unterscheidet er sich nicht von dem früheren. Alles was dem Guten dienlich ist, wird angenommen, und alles was dem Schlechten dient, wird abgelehnt. Niemals aber ruft der Islam zur Enthaltsamkeit von Wissenschaft und Gewinn, noch steht er anderen Zivilisationen feindselig oder gar rassistisch gegenüber, da er an die Einheit der Menschheit glaubt und an die Bande, die alle Rassen und Völker miteinander verbinden. Daher ist auch kein Anlaß zur Furcht davor gegeben, daß sich der Islam darstellen würde, ohne von den Früchten des Fortschritts Gebrauch zu machen. Noch verlangen die Muslime, daß auf den Maschinen, die sie im Heim, in der Fabrik, oder sonstwo verwenden "Bismi-llahi-r-rahmani-r-rahim" stehen muß. Es genügt völlig, wenn sie sie im Namen Gottes und auf Seinem Weg verwenden. Die Maschine selbst kann doch unmöglich einer Religion, einer Rasse oder einem bestimmten Land angehören, sondern ihr Ziel ist vielmehr die Wirkung auf die Menschheit und die Produktion. Doch wenn man sie als Muslim verwendet, so darf es nicht zum Übel anderer geschehen. Die Bedingung des Islam lautet, daß die Verwendung eines Werkzeuges oder einer Maschine zur Verwirklichung des Wortes Gottes auf Erden dienen muß. Auch das Kino ist eine Produktion des Menschen. So kann man als Muslim diese Einrichtung zur Darstellung reiner, menschlicher und edler Gefühle benutzen, oder zur Veranschaulichung des Kampfes um das Gute, jedoch kann es nicht angehen, den Film zur Darstellung nackter Körper und schamloser Darstellungen zu verwenden. Der Fehler heutiger niveauloser Filmproduktionen ist nicht, daß sie einfach nur die Leidenschaften des Diesseits darstellen, sondern der Fehler liegt darin, daß sie das Leben und seinen Sinn auf dieses billige, niedrige Niveau bringen, das unmöglich geistige Nahrung der Menschheit sein kann.

Der Islam wendet sich auch nicht gegen wissenschaftliche Versuche, die dem Fortschritt der Menschheit zum Guten dienen. Wenn diese Zivilisation jedoch nur im Alkohol, im Glücksspiel und im charakterlichen Niedergang besteht, im imperialistischen Denken und in der Versklavung der Menschheit unter den verschiedensten Titeln und Vorwänden, dann allerdings wendet sich der Islam tatsächlich gegen diese Art der Zivilisation, dann baut er sich tatsächlich als Barriere auf, die zwischen den Menschen und dem Verderben steht.

Der Islam und Rückständigkeit

Wollt ihr von uns, daß wir unsere Gedanken und Gefühle versteinern und uns mit Dingen aufhalten, die heute nicht mehr akzeptabel sind, keine gedankliche Untermauerung mehr in diesem Leben besitzen? Traditionen, die von anderen Generationen als den heutigen aufgestellt wurden, die heute bereits längst überholt und altmodisch geworden sind, behindern unseren Fortschritt und Aufstieg!

Glaubt ihr denn immer noch, daß ihr Zinsen verbieten könnt, wo das heute bereits eine Notwendigkeit der Wirtschaft geworden ist, auf die man in der modernen Welt nicht mehr verzichten kann?

Glaubt ihr denn immer noch daran, daß die Zakat eingesammelt und an Ort und Stelle an die Bedürftigen verteilt werden kann, wo dies doch ein Prinzip ist, das nicht mehr mit einer modernen Staatsführung in Übereinkunft zu bringen ist, abgesehen davon, daß dann die Armen einer Stadt oder eines Dorfes ständig zu spüren bekommen, daß ein reicher Herr ihnen Almosen gibt, so daß sie in ewiger Erniedrigung vor ihm stehen, seiner Macht und Güte ausgeliefert?

Glaubt ihr denn noch immer, daß Alkohol und Glücksspiele, die Vermengung der beiden Geschlechter und die Beziehung zu einer oder einem Geliebten verboten sind, wo dies im modernen Zeitalter doch alles gesellschaftliche Notwendigkeiten geworden sind, auf die man weder verzichten noch sie aufhalten kann, da dies eine Entwicklung darstellt, die so oder so ihren Weg nehmen muß?

Zu welcher Rückständigkeit wollt ihr uns bringen, ihr Muslime?

* * *

Diese Aussagen sind vielleicht teilweise richtig, in der Hauptsache jedoch stellen sie eine Unverschämtheit dar.

Ja, es ist richtig, daß der Islam Zinsen verbietet. Aber es ist nicht richtig, daß Zinsen eine wirtschaftliche Notwendigkeit darstellen. In der heutigen Welt existieren zwei Wirtschaftstheorien, die sich beide nicht auf dem Zinssystem errichten: Dies ist zum einen die islamische, zum anderen die kommunistische Theorie, die sich jedoch in Herkunft und Zielsetzung unterscheiden. Dies liegt daran, daß der Kommunismus eine Kraft gefunden hat, mit der er sein System und seine Ökonomie regelt, während der Islam seine Kraft bisher noch nicht gesammelt hat, jedoch hoffentlich auf dem Weg dorthin ist. Das geschieht durch den natürlichen Lauf der Dinge, bedingt

durch all die problematischen Entwicklungen in mehreren Ländern, die alle auf eine islamische Renaissance hinweisen.
Sollte der Islam als System wieder neu erstehen, so wird seine Wirtschaft ohne Zinsen arbeiten, und es wird keine "Notwendigkeit" geben, die ihn dazu zwingen wird. Ebenso konnte auch das kommunistische Wirtschaftssystem aufgebaut werden, ohne daß diese eingebildeten Zwänge eine Rolle gespielt hätten.
Zinsen sind ja in Wahrheit nur notwendiges Grundprinzip des Kapitalismus. Dennoch gibt es auch da namhafte Wirtschaftsexperten, einer davon ist Dr. Schacht, die am Zinssystem offene Kritik üben, da es dazu führt, den Reichtum in der Hand einiger weniger zu konzentrieren, und somit die Volksmehrheit nach und nach in Abhängigkeit von diesen wenigen Auserwählten gestürzt wird. Man muß nicht näher in das Wirtschaftstudium eindringen, um den Beweis dieser Theorien heute in der Realität erkennen zu können. Wichtig ist für uns dabei, daß der Islam sowohl die Zinswirtschaft als auch die Verachtung und Demütigung von Mitmenschen als verboten erklärt hat, und dies geschah fast 1000 Jahre vor dem Auftauchen des Kapitalismus. Denn derjenige, der dieses System für die Menschen bestimmte, ist über Zeit und Generationen erhaben. Es ist der Allmächtige, der Allwissende über alle Geschehnisse des Universums und Er weiß daher auch über die negativen Auswirkungen, ja Katastrophen, die eine solche Wirtschaftsform verursacht, Bescheid.

Die verwunderlichsten Aussagen aber kann man von sogenannten erfolgreichen "Denkern" lesen, wie z.B. in einer wöchentlich erscheinenden Zeitung, in der Kritik am Islam geübt wird, da er gegen das Zinssystem auftritt, während zur selben Zeit sich der Schreiber den sozialistischen Grundprinzipien zubekennt, die ja eigentlich ganz und gar nicht auf dem Zinssystem aufbauen. Dies, wo noch dazu in dieser Zeit selbst der Kapitalismus sich langsam aus den Fängen dieses Systems befreit und immer mehr zum Sozialismus hinneigt. Daran ist zu erkennen, daß es dem Verfasser nicht um Prinzipien oder um das Glaubensverständnis geht, sondern daß es ihm in Wahrheit nur darum geht, den Islam anzugreifen!
Ebenso verwunderlich ist es, wie ein "muslimischer" Minister versucht, auf religiöse Institutionen einzuwirken, um ausländische Kapitalisten zufrieden zu stellen, und zu erreichen, daß von den religiösen Gelehrten endlich eine Änderung der *Scharīᶜa* vorgenommen wird, damit die "Versteinerung" des Islam in eine "Entwicklung" in Richtung der heute üblichen Umstände hin verwandelt würde. So erkaufte er sich die Gunst einiger reicher Geldgeber mit der Mißgunst seines Schöpfers, und er spricht von ökonomischem Fortschritt und zeigt dabei selbst seine Laienhaftigkeit auf diesem Gebiet.

Ähnlich verhält es sich mit dem Scheich der Al-Azhar-Universität, der seine Meinung nun geändert hat, obwohl er vor seiner Amtsernennung entschieden gegen die Zinswirtschaft aufgetreten war.
Diese Wirtschaftsform ist für uns heute in Wahrheit ein Zwang zur Demütigung und Unterdrückung, da unsere Wirtschaft ja noch völlig von ausländischer Hilfe abhängig ist. Aber es ist eine Sache, das Unvermeidliche akzeptieren zu müssen bis zu dem Augenblick, in dem man es ändern kann, und es ist eine andere Sache, dies zur Voraussetzung für den Fortschritt machen zu wollen. Zu jenem Zeitpunkt, an dem die Wirtschaft in der islamischen Welt einmal auf eigenen Beinen steht, und ihre Beziehungen zum Rest der Welt auf gegenseitigem Austausch besteht, anstatt die Form der Abhängigkeit einzunehmen, - zu jener Zeit können wir unsere islamische Wirtschaft auf unseren eigenen Prinzipien erbauen, und die Zinsen verbieten. Dann können wir dem Rest der Welt den Fortschritt zeigen!

* * *

Was die Zakat anbelangt, so haben wir bereits in einem vorhergehenden Kapitel ausreichend darüber berichtet, so daß kein Zweifel mehr über ihre Eigenschaften bestehen dürfte. Sie ist also kein Almosen, das den Armen gewährt wird, sondern ein rechtmäßiger Anspruch der Armen, wobei die Aufgaben, die damit zusammenhängen, vom Staat übernommen werden durch das von Gott erlassene Gesetz.
Die ausgesprochenen Bedenken gegen die Zakat richten sich aber gegen die gemeinsame Örtlichkeit der Verteilung und der Erhebung.
Es ist wirklich lächerlich, mit welch grenzenloser Bewunderung unsere "Gebildeten" alles, was aus dem "fortschrittlichen" Westen als "neueste Errungenschaften des Fortschritts" kommt, betrachten, während die Einrichtungen des Islam, die jenen "Neuerungen" zugrundeliegen, als rückständig und versteinert bezeichnet werden.

Die letzte Entwicklung des amerikanischen Ordnungssystems ist die dezentralisierte Bezirksverwaltung. Die Stadt selbst bildet eine wirtschaftlich, politisch und sozial unabhängige Einheit innerhalb ihrer Einbindung in den Verwaltungsbezirk der Hauptstadt und des Bundesstaates, dann erst ist die zentrale Regierungsstelle der Vereinigten Staaten zuständig. In dieser Kleinsteinheit also werden Steuern vom Stadtrat beschlossen und schließlich die Einnahmen innerhalb der Stadt selbst angelegt. Dies gilt für die Bildungsstätten, medizinische Versorgungsstätten, öffentliche Verkehrsmittel, soziale Dienste und anderes. Sollten dabei Beträge übrigbleiben, so werden sie an die nächst höhere Instanz in der Hauptstadt

oder der Bundesstaatsverwaltung weitergegeben. Dies ist ein gutes System, das die Aufgaben verteilt und auf diese Weise den zentralen Verwaltungsapparat erleichtert. Diese Selbstverwaltung der kleinen Einheiten ist auch deshalb erfolgreicher, weil die örtliche Bevölkerung über ihre Bedürfnisse natürlicherweise besser Bescheid weiß, als der ferne gewaltige Hauptverwaltungsapparat.
Unsere Intellekutellen hier loben dieses System.... und der verknöcherte Islam führte genau das gleiche bereits vor 1300 Jahren ein! Er ließ die Steuern am Ort eintreiben und auch wieder ausgeben, wenn etwas davon übrig blieb, so wurde dies in die zentrale Verwaltung geschickt, dem allgemeinen *Baytu-l-Mal* (Staatskasse), und wenn zuwenig eingenommen wurde, so wurden Mittel aus dem Staatsfiskus beigesteuert.

Das ist das grundlegende Prinzip, nach dem der Islam eine Verteilung der Aufgaben und eine Dezentralisierung erstellte, die heute als Rückständigkeit kritisiert wird.

Über die Verteilung der Zakat haben wir bereits ausführlich gesprochen und festgestellt, daß im Islam diese Auszahlung nicht nur in Bargeld erfolgen kann, sondern auch in der Schaffung von Schulen, Krankenhäusern und sozialen Dienststellen Form annehmen kann. Hinzu kommt noch die direkte Unterstützung der Arbeitsunfähigen.
Wenn wir also vom Errichten eines islamischen Systems sprechen, so bedeutet das in dieser Hinsicht nichts anderes, als die Errichtung solch kleiner selbständiger Verwaltungseinheiten, die in Verbindung mit der jeweiligen Zentralregierungsstelle stehen, sodann verbunden sind mit der islamischen Welt in ihrer gesamten Ausbreitung.

* * *

Ja, der Alkohol, das Glücksspiel und die Vermengung der Geschlechter sind im Islam verboten, und er besteht auf diesem Verbot, was immer auch andere daran auszusetzen haben!
Die Diskussion um diese Angelegenheiten ist sicherlich eine längere. Aber wir versuchen, den kürzesten Weg zu nehmen und beginnen damit, daß in Frankreich eine weibliche Abgeordnete des Parlaments das Alkoholverbot forderte!
Ich nehme dieses Thema sehr ernst, denn ich sehe in diesem Problem die Widerspiegelung einer kranken Gesellschaft in der ebenso kranken Seele des Individuums. Es ist eine Gesellschaft, in der die Unterschiede zwischen den Klassen zunehmen, so daß wir auf der einen Seite die Vertreter der reichen

Schicht sehen, deren Sinne bereits derart abgestumpft sind, daß sie künstlicher Mittel bedürfen, um sich damit aufzuputschen. Auf der anderen Seite steht die arme Masse des Volkes, die dieser Mittel bedürfen, um aus ihrem tristen Alltag zu flüchten. Unsere Gesellschaft wird von Terror und von der Unmündigkeit der Gedanken und Meinungen regiert. Eine Gesellschaft, deren Gefühle darauf reduziert werden, sich das tägliche Brot zu verdienen, und die von der Hoffnungslosigkeit gelähmt wird, die der lästige, unvermeidliche Lärm der Maschinen über sie bringt, oder das langweilige, sinnlose Herumsitzen hinter dem Schreibtisch innerhalb der vier Bürowände, - diese Gesellschaft sucht Zuflucht im Alkohol und anderen Rauschmitteln, um sich selbst eine Traumwelt zu schaffen, die frei von Mühen ist.

Dennoch ist dies alles noch keine Rechtfertigung, sondern nur der Beweis für das Vorhandensein einer Krankheit, die danach ruft, geheilt zu werden.

Als der Islam den Alkohol verbot, geschah dies, nachdem die Gründe für den Alkoholkonsum aus der Welt geschafft worden waren. So sollte die moderne Zivilisation erst lernen, wie man psychischen Erkrankungen begegnet, indem man die Wirtschaft, die Sozialpolitik, die Politik im allgemeinen, die gedankliche, seelische und körperliche Welt in Ordnung bringt.

Über das Glücksspiel brauche ich keine lange Abhandlung zu führen, da ich der Meinung bin, daß sich nur oberflächliche Menschen, die ein unausgefülltes Leben führen, dieser Beschäftigung widmen.

Das Thema der freien Vermengung der Geschlechter jedoch verlangt nach einer ausführlicheren Untersuchung. Auf die Frage, wie lange wir noch in unserer Rückständigkeit stecken bleiben wollen, kann ich nur antworten: Wie einmalig ist doch die französische Zivilisation! Dort ist es möglich, daß zwei Verliebte mitten auf der Straße eng umschlungen in einem innigen Kuß vertieft stehenbleiben, und daß sogar der Polizist den gesamten Verkehr aufhält, bis die beiden aus dieser Verschlingung erwachen. Und wehe dem, der es wagt, mit strafendem Blick die beiden zu tadeln, auf daß er selbst dem Gespött und der Verachtung der anderen ausgeliefert sei!

Wie einmalig ist doch die amerikanische Lebensart! Dort ist das Volk ehrlich mit sich selbst, sie kennen keine Umwege und keine Heuchelei. Sie erkannten, daß die Sexualität eine natürliche, biologische Notwendigkeit des Menschen ist und bekannten sich offen dazu. Aus diesem Grund erleichtern sie auch das Erlangen dieser biologischen Unerläßlichkeit und geben ihr gesellschaftliche Fürsorge und Interesse. So hat jeder Jüngling seine Freundin, und jedes Mädchen seinen Boyfriend, sie gehen offen im Haus miteinander ein und aus, und sie unternehmen miteinander Ausflüge, bei denen sie die Gelegenheit wahrnehmen, der biologischen Notwendigkeit ihr

Recht zu geben und sich von dieser Last für Körper, Seele, und Nerven zu befreien. So ziehen sie danach aufs Neue los, frisch und frei, voller Energie, um ihre Aufgabe in der Gesellschaft mit Elan zu erfüllen, und sie produzieren und produzieren, auf daß die Gesamtheit nach vorne strebe, jawohl!
Frankreich war es, das sich sofort nach dem ersten Angriff Hitlers angstvoll vor den Deutschen niederwarf. Nicht weil es an militärischer Ausrüstung mangelte, sondern weil es ein Land ohne Ehre ist, das hauptsächlich den sinnlichen Genüssen verfallen ist, und um die stolzen Pariser Bauten und um seine berühmten Etablissements fürchtete. Ist es also das, wozu uns die "Kultivierten" unseres Landes einladen wollen, oder sind auch sie nur ein armes irregeführtes Volk, das nicht weiß, was es sagt?

Und wie steht es um das fortschrittliche Amerika?
Es wurden Untersuchungen angestellt, die ergaben, daß 38% der Mädchen der Oberstufe schwanger sind! Der Anteil an schwangeren Universitätsstudentinnen ist geringer, da sie bereits über mehr Erfahrung verfügen und auch mit Verhütungsmittel besser umzugehen wissen!
Ist es das, wonach es die Weltverbesserer gelüstet? Oder verstehen sie tatsächlich nicht, was sie von sich geben?
Das Fertigwerden mit der Sexualität ist tatsächlich ein ernsthaftes Anliegen, und der Islam läßt dieser Problematik größte Vorsorge zuteil werden. Er entdeckte nämlich bereits lange vor Amerika, daß Personen, die keine Möglichkeit haben, mit ihrer Sexualität fertigzuwerden, dadurch in ihrer Produktivität eingeschränkt sind. Sie sind Gefangene ihrer Triebe und unfähig, sich zu höheren menschlichen Ebenen emporzuschwingen. Jedoch muß dieser Erscheinung mit anderen Mitteln begegnet werden. Der richtige Weg besteht sicherlich nicht darin, junge Menschen wie die Tiere aufeinander losstürzen zu lassen. Ein rechtes Ziel kann immer nur über die rechtmäßigen Wege erreicht werden. Wenn einige Kurzsichtige der Meinung sind, daß diese immense Produktionsrate Amerikas durch dieses sexuelle Chaos begünstigt wird, so sei ihnen vor Augen gehalten, daß es sich dabei um eine rein materielle Produktion handelt, die sehr bald schon von Computern übernommen werden kann. Was die geistige und charakterliche Entwicklung dieses Volkes jedoch anbelangt, so sei an die abscheuliche und grausame Art der Behandlung gegenüber der schwarzen Bevölkerung Amerikas erinnert, die bis in die neueste Geschichte hinein praktiziert wird. Amerika ist es auch, die hinter jeder imperialistischen Politik steht, und es lassen sich direkte Verbindungslinien zwischen dem charakterlichen Verfall dieses Volkes auf sexueller Ebene und dem Zug hin zum Großmachtstreben und zur Versklavung anderer Menschen und Völker ziehen. Das sind aber

niedere menschliche Eigenschaften, die einem wahrhaft kultivierten Volk nicht zueigen sein sollten.

Die Freude, die die Allgemeinheit erfüllt, wenn ihre Frauen hübsch gekleidet und leichten Fußes ihre Häuser verlassen, rundherum die Herzen höher schlagen lassen und die Blicke auf sich ziehen, so handelt es sich hier zweifellos um ein wirkliches Vergnügen, denn schließlich ist der Anblick der verschiedensten einladend angerichteten Speisen auch wesentlich appetitlicher als immer nur das gleiche Essen Tag für Tag vor sich zu haben. Jedoch müssen wir uns erst über unsere Ziele im Klaren sein. Ist es unsere Aufgabe im Leben, den größtmöglichen Anteil an Vergnügen und Freude zu erlangen, und dabei den Blick auf den Rest der Zielsetzungen zu verlieren? Hat denn irgendjemand geleugnet, daß die Lusterfüllung eine dem Menschen liebenswerte Angelegenheit sei? Oder warum nennt man es dann "den Genuß des Lebens"? Diese Lebensfreuden sind keine neuen Erfindungen der Moderne, sie waren vielmehr bereits den alten Griechen, den Persern und den Römern bekannt, die alle im Genuß der Sinnesfreuden untergegangen sind. Sie alle sind schließlich so weit gegangen, sich von diesem Genuß so einnehmen und beherrschen zu lassen, daß sie aufhörten, an ihrem Fortschritt zu arbeiten. So geschah es auch mit Frankreich, und mit verschiedenen anderen Ländern und Völkern im Laufe der Geschichte, dies ist das göttliche Gesetz auf Erden:" *Derart ist Allahs Vorgehen, wie es zuvor gewesen ist; und nie wirst du in Allahs Vorgehen einen Wandel finden.*" (48:23)

Der Westen war in der letzten Zeit im Besitz der materiellen Kraft, er war im Besitz des Wissens, rang verbissen im Kampf mit der Arbeit und war ernsthaft an Produktion interessiert. Dann fingen langsam jene charakterlichen Entwicklungen an, von denen wir gesprochen haben, und der Rest der Geschichte ist wahrscheinlich nicht mehr weit entfernt.
Wir hingegen besitzen keine Macht, da die gesellschaftlichen, wirtschaftlichen und politischen Verhältnisse in den letzten beiden Jahrhunderten nicht zu unseren Gunsten standen. Was also sollten wir davon profitieren, wenn wir uns nun auch noch im Namen des Fortschritts und der Zivilisation oder aus Flucht vor der Anschuldigung, rückständig und verknöchert zu sein, unseren Begierden ergeben? Wir werden gar nichts davon haben, außer daß uns der Rausch und das Verderben ergreift, so daß wir jedesmal, wenn wir nahe daran wären, uns endlich wieder zu erheben, abermals in den Abgrund gestürzt werden. Jeder sogenannte freie Denker oder Literat, der zur Loslösung von den religiösen Traditionen aufruft, unter welch schöner Titulierung auch immer, ist ein Gesandter jener Imperialisten,

ob gewollt oder nicht. Die Anstifter wissen sehr genau Bescheid über die Dienste, die diese Schreiber und "Denker" ihnen bei der Auflösung unserer Gemeinschaft erfüllen, und sie wissen genau, welche Wirkung die Suche nach dem "Vergnügen" und der "Freude" bei der Jugend auslöst, und aus diesem Grund verhelfen sie ihnen in den Medien und in den Regierungsstellen zu Ansehen und Erfolg.
So wird gesagt: "Seht doch die Frau dort! Sie wurde vom Weib zur Frau! Sie wurde zu einem menschlichen Wesen erhoben, das seine Aufgabe in der Gesellschaft erfüllt!"
Wir haben über diese "Erhebung" bereits ausführlich im Kapitel "Der Islam und die Frau" gesprochen. Hier fügen wir nur noch hinzu, daß das Ausgehen der Frau und ihre Beteiligung im Berufsleben eine Seite der Gesellschaft schwer getroffen und vernachlässigt hat, nämlich die menschliche Nachkommenschaft und die Fürsorge für sie. Wir wollen folgende Frage stellen: Wurde hier tatsächlich der Persönlichkeit der Frau etwas Zusätzliches geschenkt, oder wurde nicht vielmehr auf der einen Seite etwas weggenommen, um etwas anderes auf einer anderen Seite wieder hinzuzufügen? Und zweitens: Wurde dadurch der Menschheit insgesamt etwas Gewinnbringendes hinzugegeben, oder wurde auch hier auf der einen Seite etwas gegeben, um es auf der anderen Seite wegzunehmen?
Die Frau ist im Westen zur "guten Freundin" geworden, die den Anzüglichkeiten der Männer ausgeliefert ist und der Erledigung seiner körperlichen Dringlichkeiten nachkommt, und sie teilt mit ihm einige seiner Probleme, aber sie wird nicht mehr als "gute Ehefrau" oder "gute Mutter" gesehen. Diese Tatsache können auch die Verfechter der westlichen Ideen bei uns nicht ableugnen, denn die Scheidungszahlen sprechen dafür: In Amerika stieg die Rate auf 40%, und dies ist eine erschreckende Zahl und ein gefährliches Zeichen. In Europa mag diese Rate noch um einiges geringer sein, aber es ist dort ein offenes Geheimnis, daß sich eine Vielzahl von verheirateten Personen mit "Verhältnissen" weiterhelfen. Wäre die Frau dort noch als Ehefrau anerkannt, in dem Verständnis, daß sie fähig ist, innerhalb ihrer Familie zu bleiben und ihr Fürsorge zukommen zu lassen, wäre es wohl kaum zu so hohen Scheidungsraten in Amerika gekommen, oder zu dem, was wie eine Flucht vor der häuslichen Atmosphäre in Europa aussieht.

Über die Mutterschaft sprachen wir bereits, und wir stellten fest, daß die Beschäftigung der Frau ihr nicht genügend seelische und zeitliche Möglichkeit bietet, diesen Verpflichtungen nachzugehen. Die Frau, die ausgelaugt und müde von der Arbeit nach Hause kommt, hat meistens nicht mehr genügend nervlich-seelischen Spielraum, um noch mehr Anforderungen völlig gewachsen zu sein.

Worin liegt aber nun der Vorteil für die gesamte Menschheit, abgesehen vom hübschen Zeitvertreib und vom Lebensgenuß? Wurden durch die Anwesenheit einiger Frauen im Parlament und in den Ministerien, oder durch Tausende und Millionen von Frauen in Fabriken und Büros die Probleme der Menschheit geklärt? Erfüllt sie denn nur dann ihre Rolle in der Gesellschaft, wenn sie im Parlament eine Ansprache hält, oder wenn sie eine Erklärung der Beamtenschaft unterzeichnet? Und wenn sie Söhne und Töchter unter einer bestimmten Zielsetzung bewußt zu Erwachsenen und aufrechten Staatsbürgern erzieht, die mit beiden Beinen im Leben stehen und nicht so ohne weiteres durch Schicksalsschläge oder Prüfungen aus der Bahn zu werfen sind, dann erfüllt sie keine Aufgabe in der Gesellschaft? Sie mag von Begeisterung erfüllt werden, wenn ihr im Parlament applaudiert wird, oder wenn sie im Salon oder auf der Straße Bewunderung spürt, doch diese Begeisterung ist nur von oberflächlichem und zeitlich sehr begrenztem Wert in diesem menschlichen Leben, wenn es der Anlaß dafür ist, Generationen von Menschen ohne Mütter aufwachsen zu lassen, denen die Liebe abhanden gekommen ist, die das rechte Gegengewicht zur Aggression im Menschen darstellt. Diese Liebe jedoch kann nur durch eine Mutter, die ihre Persönlichkeit und Einzigartigkeit in die Entstehung des menschlichen Nachwuchses legt, begründet werden.

Unsere Absicht ist es keineswegs, der Frau die Freude am Leben zu verbieten, oder ihr die Entwicklung einer eigenen Persönlichkeit zu untersagen. Doch wann ließ das Leben uns denn, egal ob Mann oder Frau, genießen, wie es uns beliebt, oder unsere individuelle Persönlichkeit entwickeln, wann und wie wir es wollten? Wenn uns der Egoismus vereinnahmt und wir uns darauf verlegen, unser Leben grenzenlos nur noch so zu genießen, wie es uns gefällt, wie wird dann die Zukunft aussehen? Es werden neue Generationen entstehen, die die Bürde und Qual als Ergebnis unserer Eigenliebe ertragen werden müssen, und dies wird sowohl Frauen als auch Männer betreffen. Nützt es also dem Anliegen der Frau, daß einige von ihnen für einige Zeit ihr Leben genießen, während nachfolgende Generationen später die Last tragen müssen?

Ist es denn wirklich ein Fehler, daß der Islam die Menschheit als eine Kette betrachtet, und die Verbindung der einzelnen Glieder nicht bei einer bestimmten Generation endet, sondern daß sie alle zum Wohle aller Generationen zu wirken haben?

Man könnte es dem Islam verübeln, wenn er dem Menschen die Freude und das Vergnügen am Leben gänzlich verboten hätte, oder den Weg zur Befriedigung der natürlichen Triebe im Menschen versperrt hätte. Verhält es sich aber tatsächlich so?

Das zu beantworten ist Aufgabe des folgenden Kapitels: "Die Religion und der Selbstzwang"

Die Religion und der Selbstzwang

Seht, was westliche Psychologen über die Religion zu sagen haben! Sie meinen, daß die Religion den Lebensgeist des Menschen und seine Energie unterdrückt, und sein Leben werde überschattet durch das ständige Bewußtsein der Sünde. Dieses Gefühl befällt besonders stark religiöse Menschen, die unter der Vorstellung leiden, daß alles, was sie tun, fehlerhaft und sündig sei, und sie dies nur damit wieder wett machen könnten, indem sie allen Sinnesfreuden entsagen. Europa blieb in Dunkelheit versunken, solange man sich noch an der Religion festhielt, und als die Ketten der zum Teil lächerlichen Vorschriften der Religion gesprengt waren, befreiten sich auch die innersten Gefühle, und Europa begann seinen weltweiten Aufstieg in der Arbeitswelt und der Produktion.
Da wollt ihr noch zur Religion zurückkehren? Wollt ihr die Gefühlswelt, die wir befreiten, wieder einsperren und die Jugend wieder mit der Aussage "Das ist erlaubt und das ist verboten" lähmen?

* * *

Lassen wir Europa über seine Religion sagen, was es will. Es kann hier nicht unsere Aufgabe sein, darüber zu entscheiden, ob das richtig oder falsch ist, denn wir sprechen nicht über die Religion im allgemeinen, sondern wir beschäftigen uns mit dem Islam. Bevor wir jedoch etwas darüber aussagen, wie weit der Islam die Lebensenergie nun lähmt oder nicht, ist es wichtig zuerst abzuklären, was man unter Selbstzwang versteht, denn gerade dieser Begriff leidet sehr häufig unter Mißverständnissen und Mißbrauch.

Mit Selbstzwang meint man nicht die Zurückhaltung von sexueller Betätigung, wie sehr oft geglaubt wird, sondern man versteht darunter das Leugnen des Sexualtriebes an sich selbst, so daß der Mensch sich nicht eingesteht, daß diese Triebe ihn beherrschen oder beschäftigen könnten. Dieser Zwang stellt ein Problem dar, und es handelt sich dabei nicht nur einfach um eine Gefühlssache. Selbst der Geschlechtsverkehr kann diesem Problem keine Abhilfe verschaffen, er vermittelt dem einzelnen nur das Gefühl, eine schmutzige Sache zu begehen, die seiner eigentlich nicht würdig ist. Das bedeutet, daß eine solche Person von diesem Zwang befallen ist, auch wenn sie die "böse Tat" zwanzig Mal pro Tag "begehen" würde. Sein innerer Kampf mit sich selbst wird jedesmal wieder aufs Neue beginnen.

Diese Definition stammt übrigens von niemand geringerem als Freud, der sein gesamtes Lebenswerk in die Erforschung dieser Problematik stellte, und die Religion als Verursacherin dieser psychischen Zwänge verurteilte. So meint er auf Seite 82 seines Buches "Three Contributions to the Sexual Theory", daß es nötig sei, eine genaue Unterscheidung zu treffen zwischen diesem reflexartig ablaufenden psychischen Zwang und der willkürlichen Ablehnung des Sexualverkehrs. Letzteres bedeute nur eine vorübergehende Erscheinung.

Nun haben wir eine Feststellung über den Begriff der sexuellen Unterdrückung gemacht und können daran gehen, über diese Erscheinung im Islam zu sprechen.
Es existiert keine andere Religion neben dem Islam, die so offen und unumwunden über die natürlichen Veranlagungen des Menschen spricht und ihnen den rechten Platz in der Gefühls- und Gedankenwelt des Menschen einräumt. "*Zum Genuß wird den Menschen die Freude gemacht an ihrem Trieb zu Frauen und Kindern und aufgespeicherten Mengen von Gold und Silber und Rassepferden und Vieh und Saatfeldern. Dies ist der Genuß des irdischen Lebens; doch bei Allah ist die schönste Heimkehr.*" (3:14). In diesem Vers werden alle Freuden und Begierden des Lebens aufgezählt, und es wird betont, daß sie in der Wirklichkeit des Menschen ihren Platz haben und ihm als schön und begehrenswert erscheinen, daß dagegen im Prinzip nichts einzuwenden sei, und daß niemand diese natürlichen Begierden abzuleugnen habe.
Es ist zwar richtig, daß sich die Menschen von diesen Trieben nicht so weit beherrschen lassen sollen, daß sie zu Sklaven ihrer niederen Instinkte werden, da das Leben nicht auf einem solchen Status erbaut werden kann. Der Islam erlaubt es dem Menschen jedoch nicht, sich auf ein animalisches Niveau reduzieren zu lassen, und hier besteht ein außerordentlicher Unterschied zwischen diesem Extrem und dem psychisch zwanghaften Komplex. Die Triebe werden nicht als etwas Schmutziges, Unreines gebrandmarkt, und so gibt es keine Versuche, sich selbst zu reinigen, indem man von diesen Instinkten Abstand nimmt. Der Islam behandelt die menschliche Seele in der Weise, daß er sich grundsätzlich zu den natürlichen menschlichen Anlagen bekennt und verbietet, sie zu unterdrücken. Sodann wird die Befriedigung des Triebes selbst in den angemessenen und vernünftigen Grenzen erlaubt, so daß weder ein Schaden für das Individuum, noch für die Gesellschaft entstehen kann, jedoch dennoch dem Einzelnen ein gewisses Maß an Genugtuung zuteil wird.
Der Schaden, der den Einzelnen befallen kann, besteht in der Abhängigkeit von diesen Trieben, die ihn seine Lebenskraft vorzeitig verlieren läßt, und

die ihm nach einiger Zeit als ständig quälende Eigenschaft erscheint, die ihn dauernd hungern läßt aber nie sättigt.

Der Schaden für die Gemeinschaft besteht im Verlust der Lebenskraft, die ihm zum Zwecke vieler nützlicher Aufgaben innerhalb der Gesellschaft gegeben wurde. So wird die Familie zerstört, gesellschaftliche Bande werden gelöst, und es werden getrennte Gruppen gebildet, die nicht durch ein gemeinsames Ziel verbunden werden. So wird es anderen leicht gemacht, sie anzugreifen und zu zerstören.

Innerhalb seiner Grenzen, die Schaden verhindern sollen, erlaubt der Islam den Genuß der schönen Dinge dieses Lebens, ja er lädt sogar offen dazu ein und meint verurteilend: *Sprich: Wer hat die schönen Dinge Allahs verboten, die Er für Seine Diener hervorgebracht hat und die guten Dinge der Versorgung?*" (7:32). Im Koran heißt es auch: "... *und vergiß deinen Teil an der Welt nicht;*" (28:77), und an anderer Stelle: "*Und esset von den guten Dingen, die Wir euch beschert haben.*" (7:160), "... *und esset und trinkt, doch überschreitet (dabei) das Maß nicht;*" (7:31)

Die offene Anerkennung der Sexualität reicht sogar so weit, daß der Prophet in einem Ausspruch erklärte: "Besonders lieb sind mir in dieser Welt der Wohlgeruch und die Frauen, und das Gebet ist mein Augentrost." (erwähnt von Ibnu Kathir in seinem "Tafsir"). Hier wird das geschlechtliche Gefühl auf die gleiche Ebene mit dem Wohlgeruch gestellt, und es wird mit dem Gebet verglichen, dem edelsten, das uns an Gott annähert.

Darüber hinaus wurde bestimmt, daß demjenigen, der seine Sexualität mit seiner Frau befriedigt, Lohn zuteil wird. Als die Muslime daraufhin verwundert fragten: "Wenn einer von uns seine Lust befriedigt, wird ihm dafür auch noch Lohn zuteil?", kam zur Antwort: "Seht, wenn er es auf verbotene Weise getan hätte, würde er dafür nicht Bestrafung erhalten? Genauso wird ihm Lohn zuteil, wenn er es auf erlaubtem Wege tut."

Aus einem solchen Verständnis heraus kann keine Triebunterdrückung entstehen. Wenn junge Menschen also ihr geschlechtliches Verlangen bemerken, so ist dies keine verabscheuungswürdige Sache, und es gibt keinen Anlaß, diese Gefühle als schmutzig zu empfinden und vor ihnen Reißaus zu nehmen.

Der Islam verlangt von den jungen Leuten nur, diese Gefühle zu steuern, ohne sie zu unterdrücken. Eine Steuerung aber erfolgt mit eigenem Willen und im vollen Bewußtsein. So wird die Tat auf den rechten Zeitpunkt verschoben, und dies bedeutet laut Freud nicht eine Verdrängung ins Unbewußte, und es entstehen daraus keine Komplexe oder psychische Schäden.

Diese Regelung der triebhaften Gefühle bedeutet nicht, daß der Islam den Menschen die Lust verbietet. Die Geschichte zeigt uns vielmehr, daß es auch in nicht islamischen Ländern und Völkern unmöglich war, die Persönlichkeit und Eigenständigkeit eines Volkes zu erhalten, wenn es nicht die Fähigkeit besaß, seine Instinkte zu beherrschen.

Auf dieser Ebene begegnen wir dem Fasten im Islam. Manche fragen, was denn das für eine Dummheit sei, sich selbst für nichts und wieder nichts mit Hunger und Durst zu quälen, nur aus Befolgung einer Vorschrift, die weder Weisheit noch Grenzen besitzt. Aber was ist der Mensch ohne die Fähigkeit zur Selbstbeherrschung? Wie kann er zum Menschen werden, ohne daß er gelernt hat, sich für ein Weilchen in der Hand zu haben? Wie kann er geduldig im Kampf gegen das Böse ausharren, wo doch dieser Kampf von ihm den Verzicht auf so vieles erfordert? Hätten die Kommunisten, deren Anhänger sich in unseren Ländern über die Fastenden lustig machen, in Stalingrad aushalten können, wenn sie nicht trainiert gewesen wären, besonders schwere Lebensumstände auszuhalten, oder erklären sie die Dinge ein Jahr für erlaubt und ein Jahr verboten? Oder besser gesagt, sie sehen es als erlaubt an, wenn der Befehl dazu von der Regierung kommt, da diese eine Macht ist, die man mit seinen Augen wahrnehmen kann, jedoch hält man die gleiche Angelegenheit für verboten, wenn die Anweisung dazu von Allah kommt, dem Schöpfer aller Staaten und alles Lebenden!
Welche Art des Gottesdienstes gibt es im Islam denn noch außer dem Fasten? Das Gebet? Wieviel Zeit nimmt es denn dem Muslim? In einer Woche verbraucht er dafür nicht soviel, wie ein einziger Kinobesuch dauern würde. Kein Mensch wird diese Gelegenheit opfern, seinem Herrn zu begegnen, Seine Hilfe zu erlangen, seine Sicherheit bei Gott zu finden, die Ruhe in Seiner Weite zu finden, außer die Krankheit hat bereits Besitz von seinem Herzen ergriffen und seine Seele ist abgeirrt.
Was den Vorwurf anbelangt, die Religion würde das Leben des Menschen mit Komplexen belasten und mit einem ständigen Gefühl der Sündhaftigkeit verfolgen, so ist der Islam weit davon entfernt, denn er versichert dem Menschen zuerst die Verzeihung, ehe er die Strafe erwähnt.
Die Sünde besitzt im Islam nicht die Gestalt eines Ungeheuers, das die Menschen verfolgt, und es existiert auch nicht die Vorstellung einer ewigen Dunkelheit, in die niemals Licht dringt. Die Sünde Adams ist nicht ein Schwert, das die gesamte Menschheit durchbohrt, und sie bedarf keiner Sühne oder Reinigung: "*Da empfing Adam von seinem Herrn Worte, worauf Er ihm verzieh; wahrlich, Er ist der Allverzeihende, der Barmherzige.*" (2:36). So einfach ging das vor sich, und ohne irgendwelche besonderen Riten.

Auch die Kinder Adams sind wie ihr Stammvater selbst, nicht von der Barmherzigkeit Gottes ausgeschlossen, falls sie Fehler begehen. Allah kennt ihre Natur, daher trägt Er ihnen nicht mehr auf, als sie ertragen können. Er stellt sie auch nur innerhalb ihrer Grenzen zur Rechenschaft: "*Allah fordert von keiner Seele etwas über das hinaus, was sie zu leisten vermag.*" (2:286). "Jeder Mensch sündigt, und die besten der Sünder sind jene, die bereuen." (überliefert von At-Tirmidhi)

Die Verse, die von der Barmherzigkeit, der Verzeihung, der Reue handeln, sind im Koran zahlreich, jedoch wollen wir einen auswählen, der in besonderer Weise das Ausmaß der Barmherzigkeit Allahs zeigt: "*Und wetteifert nach der Vergebung eures Herrn und nach einem Garten, dessen Breite der von Himmel und Erde entspricht, der für die Gottesfürchtigen vorbereitet ist, die da spenden in Freud und Leid und den Groll unterdrücken und den Menschen vergeben. Und Allah liebt die Rechtschaffenen. Und diejenigen, die - wenn sie etwas Schändliches getan oder gegen sich gesündigt haben - Allahs gedenken und für ihre Sünden um Vergebung flehen; und wer vergibt die Sünden außer Allah? - und diejenigen, die nicht auf dem beharren, was sie wissentlich taten; für diese besteht ihr Lohn aus Vergebung von ihrem Herrn und aus Gärten, durch die Bäche fließen; darin werden sie ewig sein, und herrlich ist der Lohn der Wirkenden.*" (3:133-136)

Oh Allah, wie weit reicht doch Dein Erbarmen mit Deinen Dienern !

Man kann sich der tiefen Betroffenheit nicht entziehen, wenn man die Barmherzigkeit Allahs erkennt. Und wann? Nachdem die Menschen die gewaltigsten Sünden begangen haben! Er nimmt von ihnen nicht nur die Reue an, und Er nimmt von ihnen nicht nur die Sünden, sondern Er gewährt ihnen sogar Seine Zufriedenheit und Barmherzigkeit und erhebt sie zur Ebene des Paradieses!!

Gibt es nach all dem noch Zweifel an der Verzeihung Gottes? Wo verfolgt hier die Seelenqual die Menschen, wenn Allah sie mit solchem Mitgefühl willkommen heißt, nachdem sie nur ein einziges Wort gesprochen haben: "Reue!" ?

Es bedarf keiner weiteren Textproben, um das, was wir hier gezeigt haben, zu wiederholen. Wir wollen nur noch eine Aussage des Propheten zitieren, die in besonderer Weise das vorher Erwähnte unterstreicht: "Bei dem, in dessen Hand meine Seele ist, würdet ihr keine Sünden begehen, so würde Allah euch fortnehmen und ein anderes Volk bringen, das sündigt und dem er verzeiht." (überliefert von Muslim). Also was sollte Allah mit der Qual der Menschen bezwecken, wo Er die Verzeihung und die Barmherzigkeit liebt?

Der Islam und die Freiheit der Gedanken

Jemand sagte einmal zu mir: "Du bist nicht frei in deinen Gedanken!"
Ich fragte: "Warum?" Darauf wollte er wissen: "Glaubst du an Gott?" Ich bejahte, worauf er mich wieder fragte: "Und du betest und fastest?" Ich bejahte abermals, worauf er entschied: "Also bist du nicht frei in deinen Gedanken!" Ich fragte abermals: "Warum?" Darauf antwortete er: "Weil du an Hirngespinste glaubst, die nicht existieren!" "Und ihr, an was glaubt ihr? Wer hat das Universum und das Leben erschaffen?", gab ich zurück. "Die Natur!" - "Und was ist die Natur?!" - "Sie ist eine verborgene Kraft, die keine Grenzen besitzt, aber sie besitzt ein Äußeres, das durch die Sinne wahrnehmbar ist." Da sagte ich: "Ich verstehe, daß du mir meinen Glauben an eine verborgene Kraft verwehren willst, und mir statt dessen eine ebenfalls verborgene Kraft anbieten willst, die sich dadurch unterscheidet, daß sie sinnlich wahrnehmbar ist. Aber wenn es nur darum geht eine verborgene Kraft durch eine andere zu ersetzen, warum willst du mir dann meinen Gott nehmen, zu dem ein ernsterer Glaube möglich ist, und der mir mehr Ruhe und Frieden im Glauben bietet, um mir an seiner Stelle einen anderen Gott zu geben, der mir nicht antwortet, und mein Bittgebet nicht erhört?!"

* * *

Dies ist die Thematik der Freiheit der Gedanken bei fortschrittlich denkenden Menschen! Die Freiheit der Gedanken ist also gleichbedeutend mit dem Abfall von der Religion. Der Islam duldet keine Apostasie, daher schließt man daraus, daß er auch keine Gedankenfreiheit erlaubt. Jedoch lautet meine Frage: Wozu nützt diese Lossagung im Schoß des Islam?
Vielleicht hatte die Abkehr von der Religion in Europa aus verschiedensten Gründen Sinn gehabt. Denn das Bild, das die Kirche auf der einen Seite von der christlichen Religion entwarf, und ihre Stellung gegenüber der Wissenschaft auf der anderen Seite, forderte die Abkehr jedes Menschen, der gedankliche Freiheit ausüben wollte, von der Religion. So entstand eine Kluft zwischen dem natürlichen Hang des Menschen zum Glauben und dem Glauben an die wissenschaftlich erforschbare Wahrheit.
Es war eine ganz natürliche Folge, daß die Menschen sich über diesen neuen Weg von den Problemen und Schwierigkeiten mit der Kirche befreien wollten. So war es, als wollten sie der Kirche sagen: "Nimm dir deinen Gott, in dessen Namen du uns versklavst, und in dessen Namen du uns schwere Steuerlasten aufbürdest und uns durch tyrannische Diktatur beherrschen willst, und uns an Träume und Hirngespinste glauben läßt und von uns

verlangst, sie zu verehren und anzubeten. Wir werden nun an einen anderen, neuen Gott glauben, der fast alle Eigenschaften des alten Gottes in sich vereint, der aber keine Kirche besitzt, die uns unterdrücken kann, und der uns auch nicht zu charakterlichen, seelischen oder materiellen Verpflichtungen zwingt, so daß wir in seinem Raum ohne Ketten leben."

Aber wozu brauchen wir im Islam eine Abkehr von der Religion?
Es gibt keine offenen Fragen bezüglich der grundlegenden Theologie, denn man geht vom Glauben an einem Gott aus, der alles erschaffen hat, zu dem allein die Rückkehr ist, der keinen Teilhaber hat, und dessen Wort durch niemanden verändert wird. Eine schlichte, klare Vorstellung, über die keine Meinungsverschiedenheit herrschen kann, und jeder der Verstand besitzt, wird dies bestätigen. Es gibt keine Priester im Islam, so wie sie im Christentum bekannt sind, die Religion gehört allen, alle schöpfen aus ihr, jeder nach seinen natürlichen und ihm eigenen gedanklichen und seelischen Gegebenheiten, alle sind sie Muslime, und jedem wird seine Stellung zuteil nach dem, was er an Gutem leistet, und der von Allah am meisten geliebte Mensch ist der Gottesfürchtigste unter ihnen. Alle Arten des Gottesdienstes werden ohne die Vermittlung eines Priesters verrichtet. Für den Bereich des islamischen Gesetzes jedoch gibt es Leute, die sich darauf spezialisieren, da darauf das Verwaltungs- und Verfassungsgesetz der Regierung beruht. In dieser Eigenschaft unterscheiden sie sich allerdings nicht von den Fachleuten auf diesem Gebiet in anderen Teilen der Welt, und sie besitzen auf keinen Fall Macht über die Menschen, noch sind sie als besondere "Klasse" zu verstehen. Sie können als Fachleute nur beratende Funktion neben der Regierung einnehmen. Die Vereinigung mit dem schönen Namen "Hay'at Kibar Al-ʿUlama'" (Oberster Rat der Gelehrten) mag sich so oder anders nennen, aber sie besitzt dennoch keine Macht über die Bevölkerung, und sie vermag nichts anderes zu bestimmen, als Angelegenheiten innerhalb der islamischen *Schariʿa.* Die Al-Azhar Universität ist ein wissenschaftliches Institut, hat jedoch nicht die Macht, Menschen zu foltern oder zu verbrennen. Alles was die Gelehrten tun können, ist zum religiösen Verständnis der Menschen beizutragen und ihre Meinung dazu sagen. Und in dieser Meinungsäußerung sind sie frei, ebenso wie alle anderen die Freiheit besitzen, zum Verständnis der Religion beizutragen und ihre Meinung zu äußern, da die Religion nicht irgendeiner Kommission oder einem Einzelnen vorbehalten ist.

Im Fall einer islamischen Regierung überströmen nicht die Religionsgelehrten die Ministerien und Verwaltungsbüros, sondern das einzige, was sich ändert, ist die Begründung der Regierung auf der islamischen Schariʿa. Selbstverständlich bleiben aber z.B. Angelegenheiten des Städtebaues in den Händen von Ingenieuren, der medizinische Sektor in den Händen von Ärzten, usw.

Der Islam stellte sich niemals gegen die Wissenschaft, denn er lädt offen dazu ein, in den Himmel und auf die Erde zu blicken, um über ihre Natur und ihre Erschaffung nachzudenken und zu forschen, um dadurch den Weg zu Gott zu finden. Tatsächlich wurden auch viele der westlichen, atheistischen Gelehrten durch ihre wissenschaftliche Arbeit wieder zu Gott geführt.
Was also im Islam lädt dazu ein, den Pfad der Religion zu verlassen, außer blinde Nachahmung des Westens?
Die eigentliche Zielsetzung, die hinter all diesem Gerede von Freiheit und Loslösung von Prinzipien steckt, ist in Wirklichkeit die Auflösung des Charakters und die Verwirrung und Vermengung der Geschlechter. Der gedankliche Vordergrund ist nichts anderes als ein Vorhang, der die wahren Interessen zudeckt, nämlich die Anbetung der sinnlichen Leidenschaften. Und dies wird dann als "gedankliche Freiheit" bezeichnet! Es ist nicht die Aufgabe des Islam, Sklaven zu gehorchen, sondern er ruft zur Befreiung von jeder Unterdrückung auf, und dazu gehört auch die Unterdrückung durch Triebe.

* * *

Es wird immer wieder behauptet, daß das islamische Regierungssystem von seiner Natur her diktatorisch sei. Der Staat besitze eine weitgreifende Macht, was noch dadurch verschlimmert wird, daß diese Macht im Namen der Religion ausgeübt wird, also im Namen einer den Menschen heiligen Sache. Was ist also leichter und naheliegender, als diese Macht zur Diktatur zu mißbrauchen und die Volksmasse damit lahmzulegen. Auf diese Weise gibt es auch keine freie Meinungsäußerung, denn wer aus diesem System ausbricht, wird auch als jemand gesehen, der aus der Religion ausgebrochen ist. Woher kommt diese eigenartige Meinung über die Religion?
Hat sie ihren Ursprung in den Worten Gottes: "... *deren Handlungsweise (eine Sache) gegenseitiger Beratung ist,...*" (42:38); oder aus den Worten: "*...und wenn ihr zwischen Menschen richtet, nach Gerechtigkeit zu richten.*" (4:58); oder wird es aus den Worten Abu Bakrs abgeleitet: "...wenn ich mich gegen Allah und seinen Gesandten wenden sollte, so gebührt mir von euch kein Gehorsam mehr"? Oder war es das Wort ʿUmars: "Wenn ihr an mir Fehltritte bemerkt, so wehrt euch dagegen", so daß einer der Muslime sagte: "Bei Allah, wenn wir an dir Fehltritte bemerken, so werden wir das Schwert

dagegen erheben", und ʿUmar war daraufhin zufrieden und pries Allah für eine solch lobenswerte Einstellung!

Ja natürlich, es gab auch Tyrannei im Namen des Islam, und das kann auch wieder geschehen, so wie solche Dinge immer wieder zu den verschiedenen Zeiten passieren können. Doch wer da meint, daß nur im Namen der Religion Unterdrückung stattgefunden hat, den muß man z.B. an Hitler erinnern, denn er tyrannisierte das Volk sicher nicht im Namen der Religion. Man kann die Namensliste natürlich noch fortsetzen mit Stalin, Franco, Mao Zhe Dong usw. Gerade dieses Jahrhundert sah die fürchterlichsten Bilder der Diktatur, die nicht unter dem Titel der Religion standen, deren Ideologien aber um nichts weniger den Herzen ihrer Anhänger heilig waren.

Niemand verteidigt die Diktatur, und jeder Mensch mit freiem Geist und Gewissen, lehnt diese Regierungsform ab. Jede Ideologie, die auf der Aufrechterhaltung des Rechts besteht, ohne persönlichen Interessen folgen zu wollen, kann trotzdem für schlechte Zwecke und Interessen mißbraucht werden. So wurden z.B. im Namen der Freiheit während der Französischen Revolution die fürchterlichsten Verbrechen begangen. Wird aber dadurch der Glaube an die Freiheit ausgelöscht? Im Namen der Verfassung wurden Unschuldige gefangengenommen, gefoltert und getötet. Wird dadurch die Festlegung einer Verfassung als unnötig angesehen? Und im Namen der Religion wurde Unterdrückung praktiziert, aber ist das ein Grund, die Religion deshalb für unnötig zu erklären? Diese Forderung wäre angebracht, wenn die Prinzipien und Lehren der Religion selbst Unterdrückung und Ungerechtigkeit predigten. Aber das trifft auf den Islam nicht zu, der ein Beispiel der vollkommenen Gerechtigkeit gibt, und das nicht nur unter den Muslimen, sondern auch in der Umgangsweise zwischen Muslimen und Feinden, die sie bekämpfen.

Das Heilmittel gegen die Tyrannei besteht in der Hervorbringung eines gläubigen Volkes, das die Freiheit, nach der der Islam ja ruft, zu schätzen weiß, sie verteidigt und so dem Regenten den Weg zur Tyrannei versperrt. So sagte der Prophet: "Wer von euch Unrecht sieht, der ändere es..." (von Bukhari, Muslim und At-Tirmidhi), und er sagte auch: "Der vor Allah vorzüglichste Dschihad ist ein gerechtes Wort vor einem tyrannischen Herrscher" (überliefert von Abu Dawud und At-Tirmidhi).
Der rechte Weg zur Befreiung ist also nicht die Loslösung von der Religion, sondern die Menschen diesen revolutionären Geist zu lehren, der vor der Unterdrückung flieht und der in den Grundfesten dieser Religion verankert ist.

Religion ist Opium für das Volk

Dies sind die Worte von Karl Marx. Die Vertreter des Kommunismus im asiatisch-östlichen Raum wiederholen diesen Satz gerne, und sie wünschen sich die daraus gezogenen Konsequenzen gegen den Islam.

Karl Marx und seine Mitstreiter waren vielleicht in ihrer Revolution gegen die Religion unter jenen Umständen, die sie erlebten, zu entschuldigen. Denn die Leibeigenschaft bot in Europa ein schreckenerregendes Bild, ganz besonders in Rußland, wo jedes Jahr Tausende von Menschen aus Hunger und Millionen an Schwindsucht und anderen Krankheiten sterben mußten. Die Großgrundbesitzer lebten vom Blut dieser Armen und genossen unerhörten Luxus. Wann immer es diesen bedauernswerten Volksmassen aber einfallen wollte, auch nur einen Gedanken daran zu verschwenden, daß sie von ihren Herren unterdrückt werden, eilte die Kirche herbei, um ihnen zu predigen: "Wenn man dich auf die rechte Wange schlägt, so halte auch die linke hin. Und wer dir deinen Mantel nimmt, dem gib auch noch das Kleid darunter." Auf diese Weise, betäubte man den Schmerz dieser Armen und nahm ihnen den Mut zur Empörung. Sie wurden auf die Genüsse im Paradies vertröstet, die sie die Tyrannei in Ergebenheit aushalten ließ.
Wo jedoch diese Versprechungen auf eine ferne bessere Welt nicht ausreichten, verwendete man die Drohung, um den gewünschten Erfolg zu erzielen. So wurde dem geplagten Volk eingeredet, daß eine Auflehnung gegen den Feudalherrn gleichbedeutend sei mit dem Ungehorsam gegen die Kirche und die Priester. Dabei darf man nicht aus dem Gedächtnis verlieren, daß die Kirche selbst einen Großteil der Leibeigenen zu ihren eigenen Gunsten hielt. Daher vertrat sie natürlich die Interessen der Reichen, der Adeligen und des Zaren. Man wußte genau, daß eine Revolution, falls sie ausbrechen würde, nicht nur das Blut der Adeligen, sondern auch der Vertreter der Kirche vergießen würde.
Wo selbst das Versprechen des Paradieses und die Drohung nicht mehr nützte, da traf die Strafe die Aufsässigen, die als Ketzer im Namen Gottes und seiner Heiligen Schrift gebrandmarkt wurden.
Aus diesem Grund stellte sich die Religion tatsächlich als Feind des Volkes dar, und das Wort "Religion ist Opium für das Volk" drückte das Empfinden der breiten Masse aus.
Die Kommunisten im islamischen Orient weisen auf diese Methodik der Kirchenvertreter hin und vergleichen sie mit den Machthabern in unseren Ländern und ihrer Politik der Unterdrückung der Volksmasse. Auch hier gab es eine Kommission von Gelehrten der Al-Azhar Universität, die der

Regierung dabei half ihre Ziele durchzusetzen, und die den Menschen einredete, sie hätten mit ihrer Situation zufrieden zu sein und die Unterdrückung zu ertragen. Diese Vertreter der Al-Azhar gingen sogar so weit, die Hand des Königs zu küssen und ihn mit dem Majestätstitel anzusprechen (der nur Allah alleine gebührt; Anm.d.Übers.). Sie sprachen Bittgebete für ihn, und legten die koranischen Verse so aus, wie es ihnen dienlich war. Sie veranlaßten die verschiedenen islamischen Gelehrten dazu, Rechtsurteile zu fällen, die seine Macht unterstützten. Dazu gehörte natürlich auch, daß sie das Volk daran hinderten, eine Revolution gegen den Herrscher zu unternehmen, da dies ein Verlassen der Religion und eine Auflehnung gegen die Befehle Gottes bedeutete.
Die Kommunisten ordneten dieser Situation eine Begründung aus dem Islam zu und meinten, daß er selbst diese Grausamkeiten anordne, da es im Koran heiße: "*Und begehrt nicht das, womit Allah die einen von euch vor den anderen ausgezeichnet hat*" (4:32); außerdem führten sie noch folgende Stelle an: "*Und richte deinen Blick nicht auf das, was Wir einigen von ihnen zu (kurzem) Genuß gewährten - den Glanz des irdischen Lebens-, um sie dadurch zu prüfen. Denn die Versorgung deines Herrn ist besser und bleibender.*" (20:131). So wird daraus geschlossen, daß der Islam wie jede andere Religion Opium ist, das das arbeitende Volk betäubt. Hier sind wir bei jenen Bedenken gegen den Islam angelangt, über die wir sprechen wollten. Wir untersuchen nun, ob diese zu verurteilende Methodik der religiösen Gelehrten in der Religion selbst den Ursprung hat, oder ob sie eine Abweichung von den wahren religiösen Prinzipien ist, und diese Gelehrten mit allen anderen gleichzusetzen sind, die als Schriftsteller oder Journalisten Verderben über die Religion bringen wollen, die ihren Stolz und ihr Gewissen tief im Boden verscharrt haben, um ein wenig Genuß und Luxus in diesem kurzen Leben zu erlangen.

Ich selbst bin tief überzeugt davon, daß die Schuld, die Religionsgelehrte auf sich nehmen, wesentlich größer ist, als die von Schriftstellern oder Journalisten, da sie ja das Buch Gottes in den Händen haben und Seine geoffenbarten Verse lesen. Sie kennen die Wahrheit der Religion und ihren Stellenwert, während sie die Worte Allahs um einen geringen Preis verkaufen, und nichts als Feuer in ihren Leibern dafür ernten werden.
Ich kann nur wiederholen, daß es im Islam kein Priesteramt gibt, und daher alles, was sie behaupten, nicht dem Islam zur Last gelegt werden kann. Das Unglück, das in Wahrheit über die muslimische Bevölkerung gekommen ist, hat seinen wirklichen Ursprung in der Unwissenheit der Menschen über die Wahrheiten ihrer Religion. Aber Unwissenheit war niemals eine Forderung des Islam! Um die Anschuldigungen vom Islam wegzuweisen, genügt es zu

wissen, daß die Bewegung, die sich gegen den König formierte, eine wahrhaft islamische war. Der Beweis dafür liegt darin, daß der König dies sehr rasch bemerkte und damit begann, sie zu verfolgen und ihre Anhänger in Gefängnisse werfen zu lassen, um seine Haut und seinen Thron zu retten. Es war seine Absicht diese Bewegung auszulöschen, doch Allah wollte etwas anderes.

Genauso wie diese Bewegung gegen den ehemaligen König Faruq, war auch jede andere Freiheitsbewegung des islamischen Orients eine der Religion. So z.B. die Bewegung des ägyptischen Volkes gegen die französischen Kolonialherren, die von religiösen Gelehrten angeführt wurde. Die Revolution gegen den Tyrannen Muhammad ʿAli wurde vom religiösen Führer ʿUmar Mukarram geleitet, ebenso verhielt es sich mit der Revolution gegen die Kolonialherren im Sudan, in Libyen, in Marokko. Und auch die andalusische Bewegung gegen Spanien war eine im Namen der Religion.
Alle diese Revolutionen zeigen, daß diese Religion eine Befreiungsbewegung ist, und keine Einladung zum Aushalten und Ertragen von Unrecht und Tyrannei. Doch um die Vorwürfe und Anschuldigungen der Kommunisten zu entkräften, bedarf es vielleicht einer noch eingehenderen Untersuchung.

* * *

Die Koranexegeten erklären den oben genannten Vers: "*Und begehrt nicht das, womit Allah die einen von euch vor den anderen ausgezeichnet hat*" so, daß diese Worte offenbart wurden, als eine Frau fragte, warum der Dschihad nur für die Männer bestimmt und den Frauen verboten sei. Es wurde damit den Menschen gesagt, daß sie sich sinnvoll beschäftigen sollen, um das Entstehen von Neid und anderen schlechten Eigenschaften zu verhindern und für das Wohl der Allgemeinheit zu arbeiten.
Mit dem anderen Vers: "*Und richte deinen Blick nicht auf das, was Wir einigen von ihnen zu (kurzem) Genuß gewährten*", ist gemeint, die Menschen zur Erhebung über materiellen Werte aufzufordern, die die Reichen in den Augen der Armen zu etwas Großem, Bewunderungswürdigem aufsteigen lassen könnte. Die Sprache wird dabei an den Propheten gerichtet, der dazu angehalten wird, die reichen Ungläubigen Mekkas nicht aufgrund ihres Vermögens als zu wichtig zu nehmen, denn er stehe über ihnen, da er die Kraft der Wahrheit besitze. So geht die wahre Bedeutung dieses Verses in die genau entgegengesetzte Richtung, als manche oberflächliche Menschen sie verstanden haben wollen.
Der Islam muß als Ganzes betrachtet und akzeptiert werden. So gibt es nicht nur auf der einen Seite eine Ermahnung an die Armen, nicht auf die

Reichtümer von anderen zu achten, sondern es gibt eine wesentlich schärfere Ermahnung, die an die Reichen gerichtet ist und sie anweist, sich nicht zu sehr von ihrem Vermögen blenden zu lassen, sondern statt dessen auf dem Weg Allahs zu spenden. Sie werden eindringlich vor den Folgen der Verantwortung, die ihnen der geschenkte Reichtum auferlegt, gewarnt.
Auf diese Weise gleichen sich die beiden Seiten der Waagschale aus: Auf der einen Seite die Spende, auf der anderen Seite die Erhaltung des Selbststolzes, das Vermeiden von Neid und damit die Reinigung der Seele von Haßgefühlen. Mit der Realisierung dieser beiden Forderungen lebt die Gesellschaft in Sicherheit und seelischem und wirtschaftlichem Frieden, da der Reichtum auf das Volk verteilt wird. Wir erwähnten bereits das System der Volksversorgung im Islam, das bis in die heutige Zeit anwendbar geblieben ist, und das Tor zur gegenseitigen menschlichen Zusammenarbeit bilden könnte. In einem solchen System kann es natürlich keine Unterdrücker geben, die von den Unterdrückten das Aushalten verlangen, bzw. keine wirtschaftliche Benachteiligung, die man zu ertragen hat.

Der Islam warnt eindeutig: "*Zu jenen, die Unrecht gegen sich selbst verübt haben, sagen die Engel, wenn sie abberufen werden: In welchen Umständen habt ihr euch befunden? Sie antworten: Wir wurden als Schwache im Lande behandelt. Da sprechen jene: War Allahs Erde nicht weit genug für euch, daß ihr darin hättet auswandern können? Sie sind es, deren Herberge Dschahannam sein wird, und schlimm ist das Ende! Ausgenommen davon sind die unterdrückten Männer, Frauen und Kinder, die über keinerlei Möglichkeit verfügen und keinen Ausweg finden. Diese sind es, denen Allah vergeben möge; denn Allah ist Allvergebend, Allverzeihend.*" (4:97-99). Daß der Mensch sich mit der Tyrannei zufrieden gibt und sich hinter der Ausrede versteckt, er sei schwach, ist also ein Vergehen, für das es keine Entschuldigung gibt. Der Koran bezeichnet sie als Menschen, die sich selbst Unrecht tun, da sie sich mit einer unehrenwerten Lebenssituation zufrieden gaben, die Allah nicht für sie vorsieht. Denn sie wurden aufgefordert, sich mit allen ihnen zur Verfügung stehenden Mitteln ein achtbares Leben zu verwirklichen.
Dies ist nicht der einzige thematische Inhalt der Aufforderung zur Auswanderung, und wir werden nochmals darauf zurückkommen, doch soll hier aufgezeigt werden, mit welcher Deutlichkeit der Islam das Schweigen zu Unrecht und das Ertragen von Bedrückung verurteilt.
Jene, die aber tatsächlich zu schwach sind, sich zu retten, werden nicht einfach sich selbst überlassen, sondern die gesamte muslimische Gemeinschaft ist dazu aufgefordert, ihnen beizustehen und das Unrecht zu bekämpfen: "*Und warum wollt ihr nicht für Allahs Sache kämpfen und für*

die der Schwachen - Männer, Frauen und Kinder - die sagen: Unser Herr, führe uns heraus aus dieser Stadt, deren Bewohner Bedrücker sind, und gib uns von Dir einen Beschützer, und gib uns von Dir einen Helfer?" (4:75). Selbst hier ist zu erkennen, daß die wirklich Schwachen, die unfähig sind, sich alleine aus ihrer Lage zu retten, nicht schweigend und duldend verharren, denn sie besitzen die Kraft des Bittgebets. Allah ist erst dann mit den Menschen zufrieden, wenn sie sich redlich bemühen, das Unrecht zu brechen.

Vielleicht dachten einige, daß sich dieser Vers nur auf die allgemeine religiöse Ideologie bezieht, bzw. auf das Leben der Muslime unter Heiden, die sie zur Vielgötterei zwingen wollen und sie an der Ausübung ihrer gottesdienstlichen Pflichten hindern wollen. Aber der Islam unterscheidet nicht zwischen den Pfeilern des Gottesdienstes und der Durchführung der gesellschaftlichen, wirtschaftlichen und politischen Grundprinzipien, da sie von der Religion ausgehen. Und er macht auch keinen Unterschied zwischen ungläubigen Heiden in Wort und Tat und Muslimen, die sich wohl so nennen, in ihren Taten sich aber nicht so verhalten: "*Und wer nicht nach dem richtet, was Allah hinabgesandt hat - das sind die Ungläubigen.*" (5:44). Der Islam sieht vor, daß das Vermögen nicht nur unter den Reichen kursiert, und fordert die Versorgung aller Bürger durch den Staat auf allen möglichen Wegen. Der Prophet befahl außerdem, daß der Staatsbeamte in angemessener Weise versorgt sein muß, und dies gilt als Maßstab für alle übrigen Arbeiter und Angestellten der privaten oder öffentlichen Wirtschaft. All das sind Bestimmungen dieser Religion, und der Glaube der Menschen wird erst dadurch gefestigt werden, daß sie sich für diese Religion entscheiden und sich bemühen, sie zu verwirklichen. Auf die anderen jedoch trifft der zitierte Vers zu, der besagt, daß sie sich selbst unterdrücken, da sie die Ungerechtigkeit erdulden und nicht versuchen, sie zu ändern.

Gehen wir aber davon aus, daß die Menschen aufgrund ihres falschen Verständnisses der beiden vorhin genannten Verse in Untätigkeit verharren, so kommt es zur Anhäufung des Vermögens in der Hand einer bestimmten Gruppe von Leuten, die das Kapital unter sich kursieren lassen, wie dies beim Kapitalismus und beim System der Leibeigenschaft der Fall ist. Es wird dann das Geld nicht mehr für die Armen oder für die breite Masse eingesetzt, sondern, um den Luxus einiger weniger zu finanzieren. Dazu heißt es im Koran: "*Und jenen, die Gold und Silber horten und es nicht für Allahs Weg verwenden - ihnen verheiße schmerzliche Strafe.*" (9:34)

Auch die Verschwendung und das Luxusleben wird im Koran streng verurteilt: "*Und wir entsandten zu keiner Stadt einen Warner, ohne daß die, die darin ein Leben in Wohlstand führten, gesprochen hätten: Gewiß, wir leugnen das, womit ihr gesandt worden seid."* (34:34)... *"Und wenn Wir eine Stadt zu zerstören beabsichtigen, lassen Wir Unseren Befehl an ihre Wohlhabenden ergehen; wenn sie in ihr freveln, so wird der Richtspruch gegen sie fällig, und Wir zerstören sie bis auf den Grund."* (17:16) ... *"Und die zur Linken- was (wißt ihr) von denen, die zur Linken sein werden? (Sie werden) inmitten von glühenden Winden und siedendem Wasser (sein) und im Schatten schwarzen Rauches, der weder kühl noch erfrischend ist. Vor diesem (Schicksal) wurden sie in der Tat mit Wohlleben verwöhnt."* (56:41-45)

Wie kann man dem Islam noch länger vorwerfen, daß er die Leute dazu auffordern würde, zum Unrecht zu schweigen? Im Koran heißt es: *"Verflucht wurden diejenigen Ungläubigen von den Kindern Israels durch die Zunge Davids und Jesu, des Sohnes der Maria. Dies, weil sie ungehorsam waren und (gegen die Gebote) verstießen. Sie hinderten einander nicht an den Missetaten, die sie begingen. Übel wahrlich war das, was sie zu tun pflegten."* (5:78-79). Hier werden das Schweigen zum Unrecht und der unterlassene Versuch, das Unrecht zu verhindern, als Zeichen des Unglaubens gewertet, was den Zorn und den Fluch Gottes nach sich zieht. Der Prophet sagte: "Wer von euch ein Unrecht sieht, soll es ändern"; und: "Der vorzüglichste Dschihad bei Allah ist ein Wort der Wahrheit vor einem ungerechten Herrscher."

Die beiden Verse, die am Beginn des Kapitels genannt wurden, bedeuten erstens die Bestimmung, daß der Mensch nicht untätig verharren soll, sondern zum Wohl der Gemeinschaft wirken soll, und zweitens, daß er sich mit Dingen, die nicht zu ändern sind, zufrieden geben soll, um nicht Haß und Mißgunst gegenüber anderen entstehen zu lassen. Wenn z.B. einer über eine besondere Begabung verfügt, durch die er Beifall und Berühmtheit erlangt, so soll nicht ein anderer, der nicht über diese Gabe verfügt, dem Neid verfallen. Was kann der Staat in einem solchen Fall tun, um diese Situation zu ändern? Kann er in ihm Begabung "erzeugen"?

Man kann u.a. das Beispiel einer schönen Frau nennen, der die Herzen aller zufliegen, und einer anderen, die nicht so anziehend erschaffen ist, und trotzdem wünscht sie sich die gleiche Aufmerksamkeit. Oder ein Ehepaar, zwischen dem Liebe und Verständnis herrscht, und dem wunderbare Kinder geschenkt sind, und im Gegensatz dazu ein anderes Paar, dem keine Übereinstimmung und Zuneigung gelingen kann, oder die keine Kinder bekommen können, - was kann der Staat in all diesen Fällen tun? Kann er hier die vielgerühmte Gleichheit schaffen? Keine irdische Macht kann hier etwas ändern, denn diese Dinge sind nicht von ökonomischen Faktoren begründet. Hier kann nur der Aufruf zur Zufriedenheit nützen, das sichere Vertrauen auf Allahs weitsichtige Versorgung. Er beurteilt die Menschen

nach anderen Maßstäben und gleicht die Plagen des Diesseits durch die Freuden im Jenseits aus!
Das ist die Aufforderung des Islam: Arbeit zur Verwirklichung der legitimen Forderungen, und Zufriedenheit mit Gegebenheiten, die nicht zu ändern sind. Wenn es jedoch Unrecht gibt, so ist es die Pflicht, des Muslims, sich dagegen zu wehren: "*Und wer für Allahs Sache kämpft, alsdann getötet wird oder siegt, dem werden Wir einen gewaltigen Lohn geben.*" (4:74)

Der Islam und Minderheiten

Die Stellung, die nicht-muslimische Minderheiten in einem islamischen Staat einnehmen, ist eine Thematik, von der oft geglaubt wird, sie sei sehr heikel. Viele vermeiden das Gespräch darüber, um Problemen mit Nichtmuslimen aus dem Weg zu gehen.
Ich habe mich aber an unumwundene Offenheit mit mir selbst und mit anderen gewöhnt, und daher wage ich zu fragen: Was fürchtet ihr eigentlich von seiten eines islamischen Regimes? Sind es die Textstellen, die euch Angst machen oder deren Anwendung?

Nun, was die Teststellen anbelangt, so heißt es im Koran: "*Allah verbietet euch nicht, gegen jene, die euch nicht des Glaubens wegen bekämpft haben und euch nicht aus euren Häusern vertrieben haben, gütig zu sein und redlich mit ihnen zu verfahren; wahrlich, Allah liebt die Gerechten.*" (60:8)
An anderer Stelle heißt es: "*Und die Speise derer, denen die Schrift gegeben wurde, ist euch erlaubt, wie auch eure Speise ihnen erlaubt ist. Und ehrbare gläubige Frauen und ehrbare Frauen unter den Leuten, denen vor euch die Schrift gegeben wurde, wenn ihr ihnen die Brautgabe gebt, und nur für eine Ehe und nicht für Unzucht und heimliche Liebschaften. Und wer den Glauben verleugnet, dessen Tat ist ohne Zweifel zunichte geworden; und im Jenseits wird er unter den Verlierern sein.*" *(5:5)*
Der allgemeine Grundsatz unter den Gelehrten lautet: "Ihnen gehört, was uns gehört, und sie geben, wie wir zu geben haben."
Diese Grundsätze fordern Gerechtigkeit und guten Umgang mit ihnen, und die Gleichberechtigung zwischen Muslimen und Nichtmuslimen in Rechten und Pflichten in den Angelegenheiten, die nicht mit der Religion oder dem Gottesdienst zusammenhängen. Dies betrifft vielmehr nur das gesellschaftliche System und die Rechte des Staatsbürgers. Hinzu kommt noch, daß man sich um die Verfestigung der Bindungen zwischen Muslimen und Nichtmuslimen bemühen muß, und zwar im Zusammenleben, im Essen und Trinken, was nur zwischen guten Freunden der Fall sein kann, und dies alles wird noch durch die Erlaubnis zur Ehe verstärkt, da dies die stärkste Art der Verbindung darstellt.

Was die Anwendung der Gesetze anbelangt, so überlassen wir das Urteil darüber einem christlichen Europäer. W.Arnold sagt auf Seite 48 seines Buches "Die Einladung zum Islam", daß man aus den guten Beziehungen, die zwischen Christen und Muslimen bestanden, ableiten kann, daß es nicht die Gewalt war, die die Leute zum Islam brachte. Denn Muhammad selbst hatte Verträge mit einigen christlichen Stämmen gemacht, und verpflichtete sich zu ihrem Schutz und gewährte ihnen freie Ausübung ihrer Religion. Ebenso hatte er den Priestern zugesagt, ihre Ämter wie bisher in Sicherheit ausüben zu dürfen.

Auf der Seite 51 heißt es, daß aus diesen Beispielen der Nachsicht von Seiten der Muslime gegenüber den arabischen Christen im ersten Jahrhundert nach der Hidschra, die bis in die nachfolgenden Generationen noch weiter andauerte, geschlossen werden kann, daß die christlichen Stämme, die vom Islam überzeugt wurden, aus freien Stücken dazu kamen, und daß jene arabischen Christen, die bis heute in den muslimischen Gemeinschaften leben, von dieser Nachsicht zeugen.

Auf Seite 53 wird davon berichtet, wie Abu ʿUbaida mit seinem Heer vor Jordanien lag und die christlichen Einwohner an ihn schrieben: "Oh, ihr muslimisches Volk, ihr seid uns lieber als die Römer, wenn sie auch die gleiche Religion wie wir haben. Ihr seid zu uns treuer, gütiger und unterdrückt uns nicht und seid sensibler in unserer Verwaltung." Solche Gefühle brachte man dem arabischen Heer entgegen, das in den Jahren zwischen 633 und 639 n.Chr. die Römer nach und nach aus diesen Kolonien verdrängte. Wegweisend dafür war der Friedensvertrag mit Damaskus, der mit den Arabern im Jahre 637 nach Christus geschlossen wurde, und in dem sich die Stadt vor Zerstörung und Plünderung schützte, so wie auch noch weitere Bedingungen angefügt wurden. Es schlossen sich daraufhin noch weitere syrische Städte diesem Vorgehen an und unterzeichneten Verträge, so wie auch Jerusalem sich den Muslimen zu ähnlichen Bedingungen ergab. Die Angst vor dem römischen Kaiser, der sie mit Gewalt zur Annahme seiner religiösen Richtung zwingen wollte, ließ ihnen die Muslime, die ihnen freie Religionsausübung zusicherten, vorteilhafter erscheinen als jede christliche Regierung. So wich die anfängliche Angst vor den arabischen Eroberungsheeren sehr rasch einer Begeisterung.

Auf diese Weise legt ein europäischer Christ Zeugnis über den Islam ab. Was fürchten also die Christen noch von einer islamischen Regierung? Den Fanatismus der muslimischen Bevölkerung ihnen gegenüber? Dann wissen sie anscheinend noch nicht genug über die Bedeutung dieses Wortes. Wir wollen daher einige Beispiele bringen.

Die spanische Inquisition wurde vordringlich zur Vernichtung der Muslime eingerichtet. Es wurden dabei die grausamsten Foltermethoden verwendet, angefangen von der Verbrennung bei lebendigem Leib, bis zum Ziehen der Nägel, Ausstechen der Augen, Abschneiden von Gliedmaßen und ähnlichem, um die Muslime von ihrer Religion abzubringen und zu "christianisieren". Ist den Christen im islamischen Orient jemals solches Leid zugefügt worden?

Und was ist mit den Verfolgungen, denen die Muslime in den verschiedensten europäischen Ländern ausgesetzt sind, bzw. die ihnen in ihren eigenen Ländern, die von europäischen Mächten besetzt sind, widerfahren, wie z.B. in Jugoslawien, Albanien, Rußland; aber auch in Nordafrika, Somalia, Kenia und Senegal, in Indien und Malaysia, einmal im Namen der "Reinigung der Reihen", ein anderes Mal unter dem Vorwand des "Friedens" und der "Sicherung der Stabilität".
Aber lassen wir dies alles beiseite und nennen wir das Beispiel eines anderen Landes, das mit uns durch geographische und geschichtliche Gemeinsamkeiten verbunden ist. Ich spreche von Äthiopien, das von der koptischen Kirche aus gesteuert wird. Seine Einwohner setzen sich zu 55% (andere Zahlen sagen 65%) aus Muslimen und zu 45% aus Christen zusammen. Trotzdem gibt es in Äthiopien keine einzige Schule, in der für muslimische Schüler islamischer Religionsunterricht erteilt wird. Schulen, die auf Eigeninitiative von Muslimen eröffnet wurden, bedachte man mit derart hohen Steuern und Auflagen, und verübte an ihnen noch allerlei andere Schikanen, daß sie wieder geschlossen werden mußten, und auch jeder weitere Versuch im Keim erstickt wurde. Die Muslime sind daher allein auf Koranschulen angewiesen.
Bis vor nicht allzu langer Zeit, genau gesagt vor der Besetzung durch die Italiener, war es noch üblich, daß ein Muslim, der sich von einem Christen Geld geborgt hatte und es nicht zurückzahlen konnte, Sklave des christlichen Abessiniers wurde, der gekauft, verkauft und gequält werden konnte.
Natürlich ist es einem Muslim unmöglich, den Posten eines Regierungsbeamten oder gar Ministers einzunehmen, um den muslimischen Volksanteil, der mehr als die Hälfte beträgt, in der Regierung interessenmäßig zu vertreten. Dies alles unter den Augen der Regierung, die ihre Anweisungen von der koptischen Kirche erhält!

Sahen die Christen in den muslimischen Ländern etwas Ähnliches? Würden sie es wünschen, auf diese Weise behandelt zu werden?
Dies ist der wahre Fanatismus. Was haben die Christen aber beispielsweise in Ägypten zu befürchten?
Der Meinung der Kommunisten nach, ist der Mensch nach seiner wirtschaftlichen Existenz zu beurteilen. Wenn das stimmt, so ist diese Art der Persönlichkeit den Christen in muslimischen Ländern gewährt, denn sie haben Recht auf Besitz und verfügen nach ihrem Belieben darüber.
Oder wie hätte es sonst geschehen können, daß ein Christ beim Besuch des Königs Fu'ad in Saʿid von seiner Pflanzung früchtetragende Orangenbäume ausgraben und entlang des Weges auf der Länge von 25 Kilometern wieder

eingraben ließ. Woher hätte er diesen Reichtum gehabt, wenn die obige Behauptung nicht zutreffen würde?

Ebenso steht es mit dem Recht auf Wissen und Bildung, dem Recht auf Beamtenposten in der Regierung, das Recht auf Beförderung, usw. Wo ist hier ein religiöser Rassismus zu bemerken?

Wir geben den Kommunisten nicht Recht, und glauben an das Vorhandensein der seelischen und juristischen Persönlichkeit ebenso. So gab es keinerlei Unterdrückung oder Zwang in der Ausübung der Religion, außer in einigen wenigen Ausnahmefällen, die die englischen Okkupanten anzettelten, um Unfrieden unter das Volk zu bringen und so ihre Anwesenheit rechtfertigen zu können.

Es wird des öfteren über die Ungerechtigkeit in der Bestimmung der *Dschizya* (Schutzsteuer) gesprochen. Wir können darauf mit dem antworten, was Sir Arnold in seinem Buch darüber zu sagen hat. Dort heißt es auf Seite 58, daß die Schutzsteuer nur auf die zahlungsfähigen erwachsenen Männer entfiel, die dadurch vom Militärdienst befreit waren, während die Muslime dazu verpflichtet waren. Wenn sich aber die Christen zur Leistung des Heeresdienstes bereit erklärten, so wurden sie freilich der Zahlung dieser Steuer enthoben. Ein Beispiel dafür ist der christliche Stamm der "Dscharadschima", die bei Antakya lebten und den Muslimen anboten, ihnen bei sämtlichen kriegerischen Auseinandersetzungen beizustehen, dafür aber keine *Dschizya* zu bezahlen und ihren Anteil an der Beute zu erhalten. Im Gegensatz dazu wurden die ägyptischen Bauern, die Muslime waren, von der Wehrpflicht befreit, mußten als Gegenleistung aber die *Dschizya* bezahlen.

Daraus ist leicht zu erkennen, daß es sich bei der *Dschizya* nicht um eine Angelegenheit handelt, die zur Unterscheidung und Entzweiung der Menschen verschiedener Religion gemacht wurde, sondern es ging hier einzig und allein um die Ableistung der Wehrpflicht.

Die Koranstelle, die in diesem Zusammenhang oft fälschlicherweise zitiert wird, ist jedoch zu einer völlig anderen Thematik offenbart worden. In der Sura At-Tauba heißt es in Vers 29: "*Kämpft gegen diejenigen, die nicht an Allah und an den Jüngsten Tag glauben, und die das nicht für verboten erklären, was Allah und Sein Gesandter für verboten erklärt haben, und die nicht dem wahren Glauben folgen - von denen, die die Schrift erhalten haben, bis sie eigenhändig den Tribut in voller Unterwerfung entrichten.*"

In dieser Textstelle werden ausschließlich jene angesprochen, die die islamische Gemeinschaft bzw. islamische Länder zu okkupieren versuchen, und es sind auf keinen Fall jene gemeint, die in den islamischen Ländern leben!
An jene aber, die versuchen, durch das Verbreiten von Angst und Unsicherheit das Volk zu entzweien und für ihre Zwecke zu gewinnen, ist meine Versicherung gerichtet, daß es nicht der Islam ist, der zwischen den Menschen aufgrund ihrer Religion Unterschiede in der Behandlung macht. Der Islam versammelt sie alle unter dem Aspekt der ihnen gemeinsamen Menschlichkeit, und stellt sie unter seinen Schutz und unter seine Fürsorge. Aber ich bin mir sicher, daß auch unsere christlichen Mitbürger nicht daran interessiert sind, die Verbindungen und Beziehungen, die uns in langer Geschichte miteinander verknüpfen, aufs Spiel zu setzen.

Der Islam und der Idealismus [1]

Wo ist denn dieser Islam, von dem ihr Muslime uns so viel erzählt? Wann wurde er denn jemals in seiner wahren Form angewandt? Ihr erzählt uns ständig von einem System, das in seinen Strukturen einmalig ist, jedoch existiert dieses ideale Bild nicht. Wenn wir euch nach der tatsächlichen Anwendung dieses Systems fragen, so finden wir nichts als die kurze Zeit, in der der Prophet und die ersten vier Kalifen, oder genauer gesagt sogar nur die beiden ersten Kalifen, lebten. Aus ʿUmar Ibn Al-Khattab wurde im Besonderen das Ideal der islamischen Persönlichkeit geschaffen, wenn man jedoch ein wenig herumschaut, so findet man nichts als Dunkelheit, Leibeigenschaft, Tyrannei, Unterdrückung und Rückständigkeit.
Ihr erzählt uns vom Recht des Volkes auf die Wahl des Regenten, doch wann außer zur Zeit der ersten vier Kalifen durften die Muslime sich jemals ihren Herrscher wählen?
Ihr sprecht von der Verpflichtung des Staates, für jeden Bürger Arbeit zu beschaffen, aber was ist mit den Millionen von Menschen, die von der Bettelei oder in Armut und Elend leben?
Ihr redet von den Rechten der Frau im Islam, doch wann hat sie sie jemals erhalten, oder wann gab es die sozialen und ökonomischen Umstände, die es ihr ermöglichten, sie durchzusetzen?
Ihr rühmt euch der islamischen Erziehung, die das Selbstbewußtsein stärkt und zur Gottesfurcht bewegt, so daß die Regierenden und das Volk, bzw. die verschiedenen Gruppierungen des Volkes in Kooperation miteinander zum Wohl und zum Guten wirken. Wann außer in dieser kurzen Zeit, von der ihr uns vorphantasiert, war dies aber jemals Wirklichkeit, und seit wann hindert die Furcht vor Gott die Menschen daran, den Armen ihr Recht zu rauben und für die eigenen Vorteile zu arbeiten?

---

[1] Der Idealismus ist eine dem orientalischen Ohr liebenswerte Eigenschaft, denn darunter versteht man im allgemeinen ein System, das alle Vorzüge in sich vereint. Natürlich verwenden wir dieses Wort hier nicht in diesem Zusammenhang, da wir über die Anschuldigungen sprechen, die gegen den Islam vorgebracht werden. Wir gebrauchen den Ausdruck vielmehr in der Bedeutung, in der sie im Westen verstanden wird, und die eine philosophische Richtung meint, die von einem unwirklichen, niemals realisierbaren Ideal ausgeht, und dabei die Situation der breiten Volksmasse völlig vernachlässigt. Diese Denkweise war auch der Hintergrund für das Entstehen der Leibeigenschaft in Europa, die es als selbstverständlich ansah, daß das Volk in Armut, Qual und Demütigung lebte. Die Europäer verabscheuen diese Einstellung heute zu Recht, doch kommt von den Kommunisten immer wieder der Vorwurf gegen den Islam, daß er solche idealistischen Ansätze besäße.

Ihr erzählt uns von Träumen, die jeder realen Basis entbehren, außer jenen wenigen Ausnahmen, die aber nicht als Ausgangsbasis für ein System gelten können, sondern nichts weiter als lobenswerte Vorbilder der Geschichte sind.

* * *

So meinen nicht nur Kommunisten oder andere Kritiker, sondern auch die Muslime selbst können sich solcher Zweifel nicht erwehren, besonders wenn sie ihren Geschichtsunterricht aus dem Mund der europäischen Imperialisten erfahren haben. Es ist hier notwendig, zweierlei grundsätzliche Dinge zu unterscheiden: Die Idealisierung des Systems selbst, und die Idealisierung seiner Anwendung.

Ist also der Islam ein System, das nicht zu verwirklichen ist und sich auf Vorstellungen begründet, die keinen Platz in der Realität finden, oder ist er ein anwendbares Gefüge, das nur noch nicht verwirklicht wurde ?

Wenn er ein idealistisches System ist, so gibt es keinerlei Hoffnung auf eine tatsächliche Umsetzung in die Realität, so sehr sich auch die äußeren Umstände verändern würden.
Handelt es sich jedoch um ein anwendbares System, so besteht die Hoffnung, mit dem Niederreißen der Hindernisse die Realisierung zu erreichen. Wie verhält es sich also mit dem Islam?

Die Sachlage ist eigentlich recht deutlich, und braucht keine große Auseinandersetzung. Schon die einmalige Anwendung eines Systems, und sei es auch nur über jene kurze Zeitspanne hinweg, zeigt, das es sich um ein praktizierbares System, und nicht um ein Traumgebilde ohne Realitätsbezug handelt. Die Menschen haben sich im Wesentlichen nicht verändert, und was einmal durchführbar war, kann wiederholt werden. Oder wollen unsere "fortschrittlich" Denkenden behaupten, daß die Menschheit am Beginn des Islam auf ein Niveau erhöht wurden, das nicht wieder erreichbar ist? Das widerpricht aber ihrer These vom andauenden Fortschreiten der menschlichen Entwicklung.
Nun stellt sich trotzdem die Frage, warum sich diese Zeit des anfänglichen Islam nicht wiederholte, außer in wenigen Fällen, wie z.B. zur Regierungszeit des ʿUmar Bin ʿAbdul-ʿAziz. Die Antwort darauf ist in den jeweiligen Begleitumständen zu finden, die sowohl lokal bedingt waren, als auch durch allgemeine von außen herangetragene Lebensumstände verursacht waren. So müssen wir unser Augenmerk auf zweierlei richten:

1.) Der Sprung, den die Menschheit durch den Islam nach vorn gemacht hatte, war kein gewöhnlicher, sondern an sich schon ein Wunder, das der Islam verwirklicht hatte. Aber dieses Wunder wurde durch eine gründliche Vorbereitung und vorzügliche Erziehung seiner tragenden Figuren erreicht. Der Islam breitete sich mit besonderer Schnelligkeit aus, die ihresgleichen in der Geschichte der Menschheit sucht. Und dies ist ein weiteres Wunder des Islam, das durch keine ökonomischen oder materiellen Theorien zu erklären ist. Durch diese rasche Ausbreitung jedoch wurden Völker in den Islam aufgenommen, die seinen wahren Geist noch nicht wirklich in sich aufgenommen hatten, noch hatten sie sein wirtschaftliches, soziales oder politisches System verstanden, noch war Zeit und Raum gegeben, um all diesen Völkern jene vorzügliche Erziehung, wie sie die ersten Muslime genossen hatten, angedeihen zu lassen. So hatten sich die Muslime zahlenmäßig äußerst rasch ausgebreitet, doch die islamischen Prinzipien hatten nicht in ausreichender Weise in den Seelen der Muslime Aufnahme gefunden. So war es für selbstsüchtige Herrscher ein Leichtes, diese Unwissenheit zu ihren eigenen Gunsten auszunutzen, wie wir es in der Geschichte der Umayyaden, Abbasiden, Türken und Mameluken nachlesen können, die sich zumeist nicht gerade durch islamische Eigenschaften auszeichneten.

2.) Dieser gewaltige Sprung, den die Menschheit mit dem Islam gemacht hatte, war ein unnatürlicher, im Bezug zu ihrer menschlich möglichen Entwicklung. So blieb das islamische System in seiner Reinform bis zum heutigen Tag revolutionär und progressiv. Was den Menschen diese Erhöhung ermöglicht hatte, war die beinahe magisch wirkende Kraft, die vom Propheten und seinen Gefolgsleuten ausging, und die die Menschen Leistungen vollbringen ließ, die eigentlich über ihre normalen Fähigkeiten hinausreichten. Nachdem diese Antriebskraft verschwunden war, fielen die Menschen wieder allmählich von ihrem Höhenflug zurück, doch sie behielten trotz allem einen Schimmer dieses Glanzes bei sich, und wir werden über dessen Auswirkung auf die Geschichte der Menschheit noch berichten. Doch das bedeutet nicht, daß wir die Anwesenheit des Propheten oder seiner Gefährten benötigen, um den Islam wieder auferstehen zu lassen. Denn was damals in politischer, ökonomischer, sozialer Hinsicht wie ein Wunder für die Menschheit gewirkt hatte, ist in der heutigen Zeit nach der langen Geschichte der menschlichen Entwicklung und der Erprobungen, und auch der Erfahrungen der islamischen Geschichte, in den Bereich des Möglichen gerückt. Wenn wir also heute die Anwendung des Islam wünschen würden, so wäre der Sprung, der heute zu machen wäre, ein weitaus weniger gewaltiger als jener der ersten Muslime, da die vorhergehenden Erfahrungen aus der Geschichte uns diesem Ziel nähergebracht haben, daher der Übergang ein wesentlich sanfterer und auch die aufzubringende Anstrengung eine weitaus geringere wäre.

Es lassen sich zur Veranschaulichung einige Beispiele anführen:
So finden wir heute auf der ganzen Welt Regierungen, die durch öffentliche Wahlen eingesetzt, und bei Versagen auch wieder abgesetzt werden können. Genau das würde auch im Islam stattfinden und wäre also sehr leicht bereits in die Tat umzusetzen. Zur Zeit von Abu Bakr und ᶜUmar war dies eine großartige Angelegenheit, doch heute wäre es ein Leichtes, wenn wir endlich auch das politische Verständnis jener Nationen gewinnen könnten. Wenn wir aber imstande sind, England oder Amerika in so vielen Dingen nachzuäffen, warum sollte es uns dann nicht möglich sein, etwas "nachzumachen", das im Islam längst vorhanden und von ihm verlangt wird?

Oder die Zusicherungen zur Versorgung der grundlegenden Bedürfnisse der Regierungsangestellten bzw. die sozialen Einrichtungen für jedermann, der in der privaten oder öffentlichen Wirtschaft arbeitet, - alles Einrichtungen, die im Islam vorhanden sind. Die Kommunisten verwirklichten diese Forderungen bereits, wenn dafür auch die Diktatur in Kauf zu nehmen war, während der Islam diese Dinge auf nichtdiktatorischem Weg erreichen kann. Warum also wollen wir diese Dinge, die in unserer Reichweite sind, von den Kommunisten annehmen, nicht aber vom Islam akzeptieren?

Auf diese Weise ließen sich noch zahlreiche Beispiele anführen, die uns durch die Entwicklung der Menschheit heute näher denn je zur Verwirklichung des Islam gebracht haben. Warum betrachten wir also diese Errungenschaften als anwendbar und praktisch, wenn sie aus Europa stammen, und wenn sie der Islam will, werden sie als irreal und idealistisch gebrandmarkt?!
Überdies können sich gerade die Kommunisten nicht der Illusion hingeben, daß sich ihr "modernes" System einer größeren Anwendbarkeit erfreut, und dem Islam vorwerfen, er wäre nur auf Gefühlen und guten Absichten erbaut. Gerade die islamische *Schariᶜa* hat absolut nichts mit Gefühlen zu tun. Die ersten vier Kalifen, die sich intensivst mit der Anwendung der *Schariᶜa* auseinandersetzten und die Gesetze des *Fiqh* daraus ableiteten, waren alles andere als Träumer, und sie haben sich sicher nicht dabei auf die gute Absicht im Menschen verlassen! Der Islam verläßt sich nur nicht ausschließlich auf das Gesetz, sondern will die Menschen durch Charakterbildung dazu veranlassen, daß sie freiwillig mehr zu geben bereit sind, als das Gesetz von ihnen fordert. Dies ist eine sehr weise

Vorgangsweise und eine wirkungsvolle Politik, da die Menschen dann aus innerem Antrieb das Gute tun, und nicht aus Angst vor der Bestrafung und dem Gesetz. Trotzdem bleibt das Gesetz, für alle Fälle sozusagen, immer präsent und wird unbeeinflußt von den Gefühlen der Menschen angewendet.

* * *

Einige glauben, daß sie die Muslime in peinliche Verlegenheit bringen, aus der sie keinen Ausweg mehr finden, wenn sie ihnen hinwerfen: "Haltet euch doch nicht immer an ʿUmar fest, denn er ist eine einmalige Persönlichkeit, die sich in der Geschichte nicht mehr wiederholt!"
Dies ist ein oberflächliches Argument, denn wir "reden uns nicht auf seine Persönlichkeit heraus", auch wenn er ohne Zweifel das Paradebeispiel dafür ist, was die islamische Erziehung zu bilden vermag. Wir nehmen aber ʿUmar hauptsächlich deswegen als Beispiel, weil er die praktische Anwendung des islamischen Systems zeigte. Wenn zum Beispiel ʿUmar entschied, einem Dieb nicht die Hand abschneiden zu lassen, weil ein Zweifel daran bestand, daß der Dieb aus Hunger gestohlen hatte und so zum Verbrechen aufgrund von wirtschaftlichen und sozialen Problemen genötigt worden war, so hängt diese Gesetzesauslegung nicht von der Person ʿUmars ab, da das Prinzip im Islam festgelegt ist: "Grenzt die Höchststrafen durch Zweifel ein." Wenn wir heute zur Anwendung dieses Gesetzes schreiten würden, so würde nicht eine verborgene Macht erscheinen, uns an der Hand ergreifen und sagen: "Wie könnt ihr so etwas tun, wo ʿUmar nicht vorhanden ist?" Wenn ʿUmar einst beschloß, die brachliegenden Vermögen der Reichen zu beschlagnahmen, um sie auf die Armen zu verteilen, so würde dieses Gesetz heute in der Ableitung aus der *Scharīʿa* angewendet, und nicht weil ʿUmar das tat. Denn er berief sich auf ein islamisches Prinzip: "*...damit es nicht nur unter den Reichen unter euch herumläuft*" (59:7), und es bedarf nicht der Person ʿUmars, um dieses Prinzip durchzuführen. Übrigens haben es die Engländer in praktische Anwendung gebracht in der Festsetzung der Vermögenssteuer.
Als die Gouverneure sich vor ʿUmar zur Rechtfertigung einfinden mußten, um nach ihrem Vermögen befragt zu werden, über dessen Herkunft sie genaue Auskunft geben mußten, so ist dies ein Gesetz, das zu jeder Zeit durchführbar ist.
Wenn ʿUmar beschließt, daß ein unehelich gezeugtes Kind aus der Staatskasse versorgt werden muß, da das Kind nicht für das Vergehen der Eltern verantwortlich sei, so haben wir damit ein Gesetz vor uns, das in Europa und Amerika erst im 20. Jahrhundert angewendet wurde. Zu seiner Verwirklichung brauchen wir nicht mehr als eine gesetzliche Bestimmung.

Aus diesem Grund nehmen wir immer wieder Bezug auf ᶜUmar, da er der brillanteste Ausleger des islamischen Gesetzes war, der wohl am meisten den islamischen Geist in seinen Handlungen verkörperte, und nicht wegen seiner einzigartigen Persönlichkeit. Trotzdem hindert uns das böse Gerede mancher Schriftsteller nicht, weiterhin ᶜUmar als Beispiel zu nehmen, selbst in seinen persönlichen Handlungsweisen, die deshalb so vorbildhaft waren, weil er aus freiem Willen vieles auf sich nahm, ohne dazu verpflichtet gewesen zu sein. Und so mag er das große Vorbild bleiben, dem die Muslime aller Generationen nachzueifern versuchen. Erreichen sie es jemals, dann wäre das ein Vorteil für die Menschheit. Schaffen sie es nicht, so bleibt ihnen die Anwendung seiner Gesetzesauslegung, die sie praktizieren können!

* * *

Es ist eigentlich ein großer Irrtum, anzunehmen, daß es den wahren Islam nur zur Zeit der ersten vier Rechtgeleiteten Kalifen gegeben hätte, obwohl selbst viele Muslime von dieser Vorstellung ausgehen.

Ja, es ist richtig, daß nach den Rechtgeleiteten Kalifen der Islam nur während einer recht kurzen Zeit nochmals Anwendung fand, nämlich unter ᶜUmar Ibn ᶜAbdul-ᶜAziz. Aber das bedeutet noch lange nicht, daß der Islam bereits damals geendet hätte. Die Regierungen wichen wohl mehr oder weniger von diesem Bild ab, doch es blieb die Gesellschaft, außer in der Hauptstadt, hauptsächlich noch islamisch. Man lebte noch im islamischen Geist der gegenseitigen Hilfe und Fürsorge weiter, und man unterschied nicht reich und arm, Herr und Knecht, sondern lebte in Bruderschaft, gemeinsamer Anstrengung und Belohnung.
Und es blieb auch das islamische Gesetz, das in allen Teilen der islamischen Welt richtete. Es wurden keine eigenen Gerichtshöfe mit selbstgemachten Gesetzen eingerichtet, wie zur Zeit der Leibeigenschaft Europas.
Und es blieb die islamische Tradition der Kriegsführung weiter bestehen, wie selbst die Kreuzzügler zugeben mußten, und dies in besonderer Weise unter Salahu-d-Din.
Und es blieben die Muslime weiterhin Menschen, die zu ihren Versprechen und Verträgen standen, wofür sie beispielgebend unter den Nationen der Erde sind.
Und es blieb der Forschungsdrang und die Wißbegierde der Muslime, und ihre Liebe zu Kunst und Kultur, was sich daran zeigte, daß die islamische Welt für lange Zeit das Mekka von Forschung und Kunst war.
Man kann ruhig behaupten, daß der Islam die leuchtende Fackel blieb, von der Europa lernte, seine Systeme entwickelte, und immer wieder versuchte,

sie zu erreichen. Und nachdem es glaubte, es wäre endlich so weit, brachte es diese Fackel mit der Vernichtung Andalusiens zum Verlöschen. Danach setzte es seinen Weg alleine fort und versuchte, den Ruf des Islam zu schänden, zu zerstören und vom Horizont verschwinden zu lassen.

Der Islam ist daher kein idealistisches System, sondern ein praktisch anwendbares Gefüge, von dem die Menschheit bereits profitierte, und zu dessen Anwendung sie heute mehr als vor 1300 Jahren befähigt ist.
Es ist vielmehr das kommunistische System, auf das diese Beschuldigung zutrifft, denn bislang wurde die kommunistische Phase, von der sie träumen, noch nicht erreicht, sondern sie befinden sich noch immer in der sozialistischen Vorphase, die dann abgelöst werden soll, wenn die Produktion ihren Höhepunkt erreicht, und die gesamte Welt unter einer Regierung vereint wird. Dann wird der Weltkommunismus erreicht sein, der auf dem Gesamterfolg der Menschheit aufbauen wird, und für immer den erniedrigenden, heute noch vorhandenen, Kampf um die Produktion beenden wird!
Dies ist wahrhaftig eine idealistische Vorstellung, die nicht auf realen Prinzipien, sondern auf unmöglich verifizierbaren Vorstellungen beruht. Sie geht davon aus, daß die Menschheit sich irgendwann einmal begnügen wird, zufrieden sein wird. Doch der Mensch wurde nicht so erschaffen, sondern er wird selbst dann noch nach dem Mehr Ausschau halten, wenn er seine Bedürfnisse bereits befriedigt hat. Wäre es nicht so, so hätte sich die Menschheit niemals zu dem fortentwickelt, was sie heute darstellt!

Der Islam und der Kommunismus

Mehrmals behaupteten wir, daß der Islam alle den Menschen nützlichen Prinzipien umfasse, und die Religion für alle Generationen und alle Völker dieser Erde sei. Die islamische Rechtsauslegung ist aber nun in wirtschaftlichen Angelegenheiten bereits seit vier Jahrhunderten lahmgelegt worden. Daher stellt sich die Frage, warum wir nicht eine andere Ideologie annehmen, die unser Gewissen beruhigt und unsere Gedanken auffrischt. So könnten wir den Kommunismus nur als Wirtschaftssystem übernehmen, ohne Einwirkung auf das staatliche Gefüge oder auf die Charakteristik der Gesellschaft. Auf diese Weise hätten wir unsere Persönlichkeit und Tradition bewahrt und eines der modernsten Systeme der Wirtschaftswelt eingeführt.

* * *

Dies ist ein verführerischer, doch äußerst hinterhältiger Gedanke, den uns die Kommunisten schon seit längerem schmackhaft machen wollen. Sie begannen ihre Tätigkeit im Orient mit der Bekämpfung des Islam im Geheimen. Danach streuten sie die verschiedensten Zweifel und abwegigen Theorien über diese Religion unter das Volk. Als sie jedoch bemerkten, daß die Menschen dadurch nur noch mehr an ihrer Religion festhielten, begannen sie einen anderen Weg zu suchen. Der neue Zugang, den sie propagierten lautete so: Der Kommunismus ist nicht gegen den Islam, denn er beruft sich auf die soziale Gerechtigkeit, und die Verpflichtung des Staates zur Versorgung der Bürger, und beides sind doch Anliegen des Islam, oder etwa nicht?

Die gleiche Methode hatten bereits die Engländer und Franzosen während ihrer Besatzungszeit benutzt. Auch sie begannen mit dem Angriff auf den Islam und mit dem Aufruf an die Muslime, endlich zu erwachen. Wenn diese Methodik nicht die gewünschten Erfolge brachte, so ging man zum nächsten Schritt über. So machte man den Leuten weis, daß den Westen in Wirklichkeit doch nur eines interessiere, nämlich den Fortschritt und die Zivilisation an dieses Volk weiterzugeben, und dies sind doch Anliegen des Islam, oder etwa nicht?! "Ihr könnt ja Muslime bleiben, also beten, fasten, *Dhikr* machen, usw. und zur gleichen Zeit die westliche Zivilisation annehmen", so belehrte man das Volk. Natürlich waren sie sich sicher, daß die Menschen, falls sie dieses Angebot akzeptierten, nicht mehr lange beim Islam bleiben würden, und ohne daß sie etwas davon bemerkten, würden sie langsam in die Knechtschaft des Westens eingehen. So geschah es auch tatsächlich - und Generationen wuchsen heran, die vom Islam keine Ahnung hatten, ja sogar vor ihm flohen.

Nun wollen die Kommunisten dieses Spielchen auf ihre Art wiederholen. Also, liebe Muslime, bleibt bei eurem Gebet, beim Fasten und beim *Dhikr* usw., denn alles was wir wollen, ist die Verwirklichung der kommunistischen Wirtschaftslehre, und die ist ein Teil der islamischen Prinzipien, die durch europäische Gelehrte weiterentwickelt und zur Blüte gebracht wurden, also könnt ihr sie ohne Bedenken annehmen! Und auch sie wissen genau, daß die Muslime, falls sie dieses Angebot akzeptierten, in wenigen Jahren zu Kommunisten würden. Trotzdem sind viele der Muslime dazu bereit, da dies ein Weg ist, der leicht zu gehen ist und der sie vor Problemen und der Mühe des Wiederaufbaus bewahrt.

* * *

Wir wollen hier nochmals betonen, daß der Islam vom Prinzip her jedes System, das den veränderten Ansprüchen der Gemeinschaft entgegenkommt und nicht gegen die islamischen Prinzipien gerichtet ist, in sein Gefüge aufnimmt.

Aber in Wirklichkeit haben gerade die Prinzipien des Kommunismus nicht das Geringste mit dem Islam zu tun, wenn auch in einigen wenigen Facetten Gemeinsamkeiten zu finden sind. Der Islam, der das bessere, vollkommene System besitzt, kann sich keinesfalls mit einem System wie dem kommunistischen, kapitalistischen oder sogar dem sozialistischen zufrieden geben, wenn auch in allen diesen Gefügen Teile der islamischen Lehre ähneln. Allah sagt: "*Und wer nicht nach dem richtet, was Allah herabgesandt hat, das sind die Ungläubigen*". Und es heißt nicht: "... wer nach dem richtet, was **wie** oder **so ähnlich** wie das ist, was Allah gesandt hat"!

* * *

Würden wir es denn tatsächlich fertigbringen, Kommunisten zu sein und gleichzeitig Muslime zu bleiben? Bei einer praktischen Anwendung der kommunistischen Ideen, bzw. der kommunistischen Wirtschaftslehre, wie man sie nennt, muß es unweigerlich zu einem Zusammenprall der unterschiedlichen Ansichten in den Prinzipien und der Praxis kommen.

Alleine von den Vorstellungen her gibt es bereits mehrere Punkte, die zu beachten sind:

1.) Der Kommunismus begründet sich auf einer rein materialistischen Philosophie. Er glaubt grundsätzlich nur an wahrnehmbare Wirklichkeiten, alles andere wird als Halluzination und Traumvorstellung abgetan, die keinerlei wirkliche Existenz besitzt oder zumindest außerhalb der Berechnung steht. Engels meint: "Die Wirklichkeit der Welt beschränkt sich auf das Materielle." Und so meinen die Materialisten: "Der Verstand ist nichts anderes als eine Materie, die durch seine äußere Erscheinung widergespiegelt wird." So meinen sie zum Begriff "Seele": "Sie ist keine selbständige Wesenheit, sondern sie ist aus der Materie geboren." Auf diese Weise lebt man im Kommunismus in einer rein materialistischen Weltanschauung, die sich über den Begriff der Seele und des Geistes lächerlich macht, da sie sie nicht als wissenschaftliche Realitäten anerkennt. Der Islam lehnt es auf das Entschiedenste ab, sich auf eine solch enge menschliche Existenzauffassung einschränken zu lassen, und den Menschen, der wohl mit seiner Körperlichkeit auf der Erde wandelt, doch mit seiner Seele und seinem Geist nach der Ewigkeit verlangt, auf ein Geschöpf zu reduzieren, das wie die Tiere rein materielle Existenz besitzt, und dessen wichtigstes Anliegen die Befriedigung seiner grundlegenden Bedürfnisse ist, die Karl Marx mit Nahrung, Wohnen und Sexualität definierte! Niemand kann behaupten, daß wir uns nicht durch diese materialistischen Ideen lenken lassen müssen, sondern unsere Religion, unseren Propheten, unseren Gott und unsere Seele behalten können, da man ja nur die wirtschaftliche Seite annehmen würde, die getrennt von all diesen Dingen betrachtet und angewendet werden kann. Die Kommunisten selbst verneinen diese Möglichkeit, da sie sehr stark zwischen dem Wirtschaftssystem und der Ideologie und Philosophie verbinden. Sie sind der Überzeugung, daß das Wirtschaftssystem die Ideologie und Philosophie begründet. Daher ist es unmöglich, daß sich dieses Wirtschaftssystem, das sich auf einer klaren materialistischen Basis aufbaut (wie es Marx und Engels selbst betonen), sich mit einer Philosophie des Geistes und der Seele vereinen oder verstehen könnte.

Die Kommunisten glauben, daß der Kampf um die Materie der alleinige Grund für die Entwicklung der Menschheit und ihrer Wirtschaftssysteme sei, angefangen vom Urkommunismus, zur Sklaverei, zur Leibeigenschaft, zum Kapitalismus, bis zum zweiten und endgültigen Kommunismus. In dieser Theorie bleibt kein Platz mehr für das Eingreifen Gottes, seiner Propheten und ihrer Sendung, da all diese Erscheinungen laut kommunistischer Auffassung nur gemäß ihres Ortes und ihrer Zeit aufgetaucht sind, also nie eine Entwicklung vorwegnehmen oder beschleunigen konnten. Dadurch verliert auch in ihren Augen die islamische Lehre heute an Bedeutung. Diese Theorie, die den Fortschritt des Menschen auf die Entwicklung der Produktionsmittel eingrenzt, steht aber im Grunde ratlos vor dem Problem,

das Auftauchen des Islam zu erklären, denn welche Produktionsmittel hatten sich schon auf der arabischen Halbinsel vor dem Auftauchen des Islam verändert? Die dort stattfindenden Veränderungen waren allesamt das Ergebnis der Sendung Muhammads gewesen!
Wie könnten sich also jemals diese beiden Ideologien vereinen, wo der Muslim doch an die Führung und Fürsorge Gottes für seine Geschöpfe glaubt, und daran, daß der Islam nicht nur wegen wirtschaftlicher Mißstände erschien?

2.) Nach kommunistischer Auffassung ist der Mensch ein passives Wesen, das gegenüber der materiellen und wirtschaftlichen Kraft keinen freien Willen besitzt. Karl Marx meint, daß man im sozialen Schaffen, das die Menschen betreiben, sie nur begrenzt Beziehungen knüpfen sieht, die unabhängig von ihrem Wollen sind. Es sei nicht das Gefühl der Menschen, das ihr Dasein bestimme, sondern ihr Dasein bestimme ihre Gefühle.

In der islamischen Begriffswelt ist der Mensch eine tätige Persönlichkeit mit eigenem Willen, der sich jedoch dem Willen Gottes unterwirft. So sagt der Koran: "*Und Er hat das dienstbar gemacht für euch, was in den Himmeln und auf Erden ist; alles ist von Ihm.*" (45:13). So wird bestimmt, daß der Mensch die oberste Kraft auf Erden ist, und daß die wirtschaftliche und materielle Kraft seinem Willen unterworfen ist. Der größte Beweis dafür ist der Islam selbst. Als die Menschen als Muslime in der Zeit des anfänglichen Islam lebten, bemerkten sie nicht, daß der ökonomische Fortschritt eine tyrannische Gewalt wäre, die sie in ihren Dienst stellte, unabhängig von ihrem eigenen Willen. Sie fühlten vielmehr, daß sie die Ökonomie nach den Anweisungen Gottes und mit Hilfe Seines Propheten formten. Sie schufen die sozialen Beziehungen nach der Leitung des Islam, und ließen Sklaven frei, ohne daß sie durch die ökonomischen Verhältnisse dazu gezwungen worden wären, oder daß sie zuerst durch die Phase der Leibeigenschaft hätten marschieren müssen. Wenn wir also die kommunistische Wirtschaftslehre wählen, so gehen wir den Weg von willenlos der wirtschaftlichen Entwicklung ausgelieferten Menschen, die nur noch getrieben werden, ohne einen Gedanken an eine Veränderung zu verschwenden, da dies ja unmöglich wäre!

3.) Den nächsten Punkt haben wir bereits im Kapitel "Der Islam und das Recht auf Eigentum" ausgeführt. Wir sagten, daß man unmöglich zwischen Wirtschafts- und Sozialsystem trennen kann. So müssen wir im Kommunismus akzeptieren, daß das Sozialsystem darauf aufbaut, daß die Gesellschaft der Kern ist, während das Individuum unwichtig ist, bzw. nur als Teil dieser Gesellschaft gesehen wird. Im Gegensatz dazu hält die islamische Erziehung besondere Aufmerksamkeit für den Einzelnen für angebracht. So erwählt der Einzelne nach Ausbildung seines Gewissens seinen Platz in dieser Gesellschaft, indem er entscheidet, was und wo er arbeiten will, ja indem er sogar den Herrscher, der nicht nach dem Gesetz Gottes regiert, seines Amtes entheben kann. So macht der Islam den Menschen gerade durch die besondere Erziehung zum Selbstbewußtsein zum Wächter des Charakters der Gesellschaft, der versuchen muß, Unrecht zu ändern.

4.) Der letzte Punkt ist der, daß die kommunistische Philosophie sich alleine auf der wirtschaftlichen Antriebskraft begründet. Der islamische Verstand leugnet zwar nicht die Wichtigkeit der Ökonomie, noch die Notwendigkeit des gesellschaftlichen Aufbaus auf einer gesunden Wirtschaft, doch er glaubt nicht daran, daß das Leben des Menschen nur aus der Sicht der Ökonomie beurteilt werden kann, und sich alle Probleme dadurch lösen lassen.
Wenn wir z.B. von zwei Jünglingen ausgehen, die beide wirtschaftlich völlig gleich gestellt sind, der eine jedoch sich nur dem Genuß seiner Leidenschaften hingibt, in denen er ausweglos verstrickt ist, und der andere wohl in Maßen für seine körperlichen Bedürfnisse sorgt, jedoch den Rest seiner Energie dafür aufspart, seinen geistigen und wissenschaftlichen Horizont zu erweitern, dann können wir die beiden nicht gleichsetzen.
Oder wenn von zwei Männern einer eine solch starke Persönlichkeit besitzt, daß ihm alle Leute zuhören und seinen Anweisungen folgen, der andere aber nichts anderes als das Scherzobjekt seiner Freunde ist, so kann hier auch das wirtschaftliche Umfeld wenig ausrichten.

Aus diesem Grund existieren im Islam auch noch andere Werte als nur die wirtschaftlichen, und ganz besondere Betonung erfahren dabei die charakterlichen. Diese anderen Werte benötigen ebenfalls ein funktionierendes System, das nicht weniger wichtig als das ökonomische ist, und das auf einer ständigen Verbindung zwischen dem Herrn und Seinem Geschöpf begründet ist. So erfahren die Menschen eine Erhebung in eine Welt, in der das Gute und das Mitgefühl überwiegt.

Der Islam geht zusätzlich davon aus, daß gerade die seelische Kraft einen besonderen Stellenwert besitzt, die einen gewaltigen Einfluß auf das Leben des Menschen hat. Sie ist sogar in manchen Situationen beherrschender als alle anderen Kräfte, wie wir das am Beispiel Abu Bakrs ersehen können, der nach dem Tod des Propheten ganz alleine gegen die Masse von Menschen auftrat, die vom Glauben abfallen wollten. Woher hatte er diese Energie? Die

materielle, wirtschaftliche, menschliche Kraft hätte ihn auf den Kampf verzichten lassen. Aber diese geheimnisvolle seelische Kraft war es, die Abu Bakr mit seinem Schöpfer verband und ihm Persönlichkeit und Größe verlieh. Sie verwandelte die Zweifler nicht nur in Rückkehrer, sondern sogar in Begeisterte. Sie war es auch, die das Gefühl in eine materielle und wirtschaftliche Stärke verwandelte, die die Menschheit noch nie gesehen hatte. Ein anderer Beweis für diese besondere seelische Kraft ist ᶜUmar Ibn ᶜAbdul-ᶜAziz, der alleine gegen die Unterdrückung und das Unrecht auftrat, das die Bani Umayya begonnen hatten, und alleine dafür kämpfte, daß alles wieder so wurde, wie es sein sollte, so daß in seiner Zeit das wirtschaftliche Wunder erreicht wurde, daß es keine Armen mehr gab!
Aus diesem Grund glaubt der islamische Verstand an die seelische Energie, weil sie keine Gelegenheit vorbeigehen läßt, den Menschen von ihren Wundern profitieren zu lassen.

* * *

Manche Leser werden nach den praktischen Auswirkungen dieses "Zusammenprallens" zwischen Islam und Kommunismus fragen und sich mit der geistigen Auseinandersetzung nicht begnügen. So sollen hier noch einige Punkte aufgezählt werden:
1.) Der Islam sieht die Hauptaufgabe der Frau in der Fürsorge und Pflege des menschlichen Nachwuchses, und stimmt einem Verlassen dieser Pflicht nur unter der Bedingung einer Notwendigkeit zu.
Der Kommunismus jedoch sieht die Frau genauso wie den Mann dazu verpflichtet, an der wirtschaftlichen Produktion teilzunehmen. Die Unfähigkeit der Frau zur Teilnahme am Produktionsprozeß in den Wochen bzw. Monaten vor oder nach einer Geburt bedeutet bereits Verlust genug. So übernehmen Kindergärten und -krippen die Aufzucht der Kinder nach dem Prinzip der wirtschaftlichen Massenproduktion.

2.) Das kommunistische System ist auf der Diktatur begründet. Es ist der Staat, der den Arbeiter anstellt, die Art der Arbeit für ihn bestimmt, und den Platz seines Wirkens festlegt. Der Staat ist es auch, der den politischen Weg vorzeichnet, während es dem Volk aufgetragen ist, diesen Weg mitzugehen. Das kann nur funktionieren, wenn der Staat auch die Aufsicht über alle Gedanken, Aussprüche, Versammlungen und Belehrungen ausübt. Freiheit kann nicht geduldet werden, da sie zur Kritik am System oder an der Regierung führen könnte, und das kann der Staat auf keinen Fall dulden. Die "Diktatur des Proletariats" ist eine Diktatur des Staates, die zu unterscheiden ist von der Diktatur eines einzelnen Regierenden. Der Regent selbst kann in seiner Person ein umgänglicher, bescheidener Mensch sein, der das Gute für die Menschheit verwirklichen will. Doch die Diktatur des Staates bedeutet ein Weiterführen des Wirtschaftssystems und seine Überwachung mit Gewalt.

Als letzter Zusatz ist noch zu erwähnen, daß der Kommunismus sich selbst widerlegt. Man begann den Weg mit der Aufhebung des persönlichen Eigentums und der Nivellierung aller Arbeitslöhne. Sodann stellte sich heraus, daß der Druck der Wirklichkeit doch größer war, als man angenommen hatte, und so ging man wieder schrittweise dazu über, Privateigentum zu erlauben und besondere Leistungsprämien auszubezahlen, um die Arbeiter zu besseren Ergebnissen anzuspornen. So verzichtete man auf zwei grundsätzliche Prinzipien und machte zwei Schritte näher zum islamischen System. Warum also sollten wir das Original bleiben lassen, und zu Systemen greifen, die selbst immer wieder auf diesen Ursprung zurückgreifen, wenn sie ins Wanken geraten?

Was ist der rechte Weg ?

Was ist nun der rechte Weg zur Verwirklichung des Islam?
Wir glauben, daß der Islam das beste aller Systeme auf Erden ist. Und wir glauben durch unsere geschichtliche, geographische und nationale Stellung, daß der Islam der einzig mögliche Weg ist zu Selbstachtung, Stolz und Gerechtigkeit zu gelangen. Aber wie kann man heute, in einer islamfeindlichen Welt, den Weg zur Verwirklichung dieses Systems gehen?

Zur Verwirklichung dieses Vorhabens gibt es nur einen einzigen Weg - den Glauben! Das, was diese Religion so groß werden ließ, ist auch jetzt wieder seine Heilung.

Wir stehen heute vor dem gleichen Punkt, vor dem die ersten Muslime am Beginn des Islam standen. Sie waren nur ein kleines Häufchen, und boten trotzdem zwei Riesenreichen die Stirn: dem Römischen und dem Persischen Reich. Die Ausrüstung dieser beiden Giganten war ungleich besser als die der Muslime, sei es an Waffen, an Vermögen, Kriegskunst, militärischer und politischer Erfahrung. Trotz allem wurde dieses Wunder vollbracht, das zu den größten der Geschichte zählt. Diese kleine Häufchen brachte es fertig, die Übermacht zu besiegen, und innerhalb eines halben Jahrhunderts völlig aus dem Weg zu räumen, deren Königreiche zu übernehmen und seine Hand vom einen zum anderen Ozean auszustrecken.
Wie konnte das geschehen? Alle materialistisch-wirtschaftlichen Erklärungen der Geschichte reichen nicht aus, um das Geheimnis vollkommen zu lüften. Nur ein Phänomen ist dazu fähig, nämlich der Glaube.

* * *

Der Ruf des Islam fragt nach einer neuen Welt, die nicht vom Geld, nicht vom Materialismus und nicht von der Wirtschaftslehre geleitet wird, sondern von einem Mosaik all dieser Bestandteile. Denn eine Welt, die nur der Materie hörig ist, deren Seele wird nicht satt werden, noch wird sich Zufriedenheit in sie senken. Es gibt keinen Zweifel daran, daß sich die Menschheit eines Tages in eine Welt retten muß, in der die Materie mit dem Geist und der Seele vereint ist. Es besteht kein Zweifel daran, daß sie sich eines Tages in den Islam ergeben wird.
Unser Weg dahin wird sicherlich nicht mit Rosen gepflastert sein, und es werden Opfer gebracht werden müssen, die im Diesseits und im Jenseits ihre

Niederlegung erfahren: "*Und Allah wird sicher dem beistehen, der Ihm beisteht. Allah ist wahrlich Allmächtig, Erhaben.*" (22:40)

wa sadaqa allahu -l-ᶜazhim